BASIC ACCOUNTING

IFRS 기초회계학

홍승범 저
洪承範

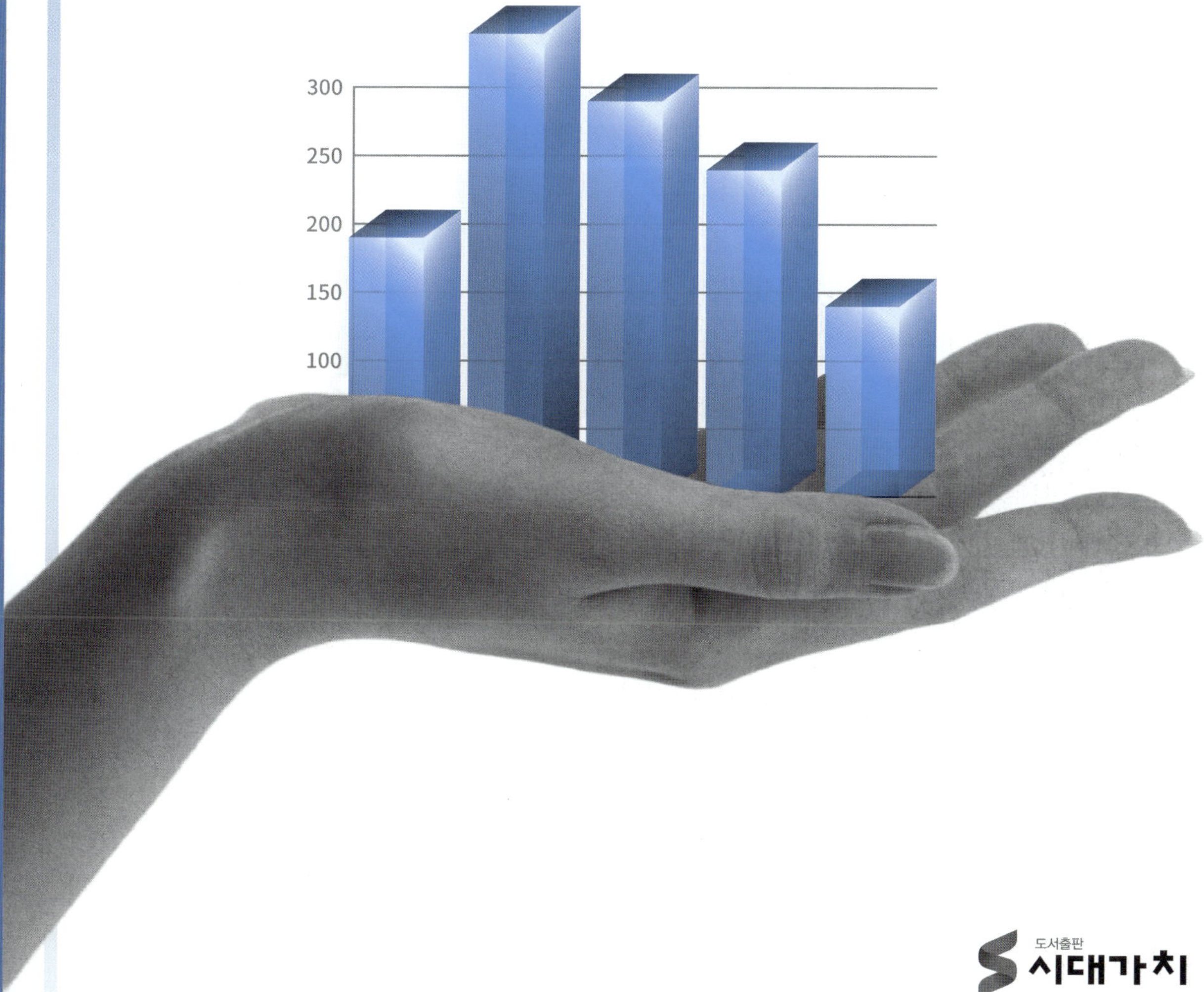

머리말

우리는 일상생활 속에서 필요에 따라 각양각색의 지식을 획득하고 응용하면서 세상을 이해하거나 문제를 해결하고 있다. 회계지식은 경제활동 분야에서 건전한 부(富)의 축적을 통해 삶의 윤택함과 자기실현을 추구하고 합리적 의사결정을 하는 데 도움을 주는 실용적인 지식에 해당한다.

회계는 15세기 후반 기본 개념과 원리가 구축된 이후 지속적으로 발전해 오늘에 이르고 있다. 경제주체, 특히 기업의 발전과 확장에 따라 회계의 역할도 확대되었으며 이제 정부 및 지방자치단체를 비롯한 비영리조직도 회계를 조직 유지 · 발전의 동반자로 여기고 있다. 영리조직이나 비영리조직에 노동력을 제공하고 그 대가로 소득을 획득해 경제활동을 영위하는 개인은 이해관계가 있는 조직의 재무건전성과 성장가능성, 투자가능성 등을 회계정보를 통해 분석할 수 있다.

회계는 영리 · 비영리조직의 경영에 신호등 역할(적신호, 청신호)을 하며, 조직 경영의 이정표를 제시하는 기능을 한다. 조직 실체의 재무상태나 경영성과를 나타내는 회계지표의 모습에 따라 조직 실체의 현재 상태와 문제점, 대처방안, 미래청사진 등이 정해지기 때문이다.

회계의 이러한 연혁이나 기능과 무관하게 회계가 초심자에게 어렵게 느껴지는 것은 회계정보의 측정 · 산출과정에 담겨 있는 기본 개념과 원리가 낯설기 때문인 것으로 보인다. 이 책은 거래와 회계처리를 적절하게 예시함으로써 독자들이 회계 기초지식인 회계의 기본 개념과 원리를 어렵지 않게 이해할 수 있도록 하는 데 중점을 두고 쓰여졌으며, 다음의 몇 가지 사항에 많은 시간을 투입했다.

첫째, 각 장마다 그 배경을 도입부에 소개했으며, 각 장의 내용을 설명할 때 가능한 한 개념과 원리를 간단 · 명확하게 정의하고 예시를 통해 독자들의 이해를 도우려 노력했다. 각 장의 단락 사이사이에 본문의 내용을 복습할 수 있는 〈복습문제〉를 제시하고 각 장의 끝부분에 계산문제를 주로 하는 〈연습문제〉를 수록했으며, 각 장의 〈주요용어〉에 대한 간단한 해설도 덧붙였다. 독자들은 제공된 문제들을 풀어봄으로써 각 장의 회계처리를 이해하는 데 도움을 얻을 수 있을 것으로 본다.

둘째, 각 장별로 개념부터 상세한 회계처리까지 단계적이고 체계적인 설명을 하려고 노력했다. 앞의 개념을 익히면 다음 개념을 수월하게 습득할 수 있도록 개념 간 연결에 유의했고, 각 장의 본문에 어울리는 연습문제를 제시하는 데도 관심을 두었다.

셋째, 혼자 공부하더라도 내용이 쉽게 이해될 수 있도록 문장 서술에 각별한 주의를 기울였다. 회계는 단순 암기로는 부족하고 이해가 선행되어야 기본원리를 편하게 파악할 수 있다.

이 책이 출판되기까지 많은 분들이 도움을 주셨다. 바쁜 연구활동에도 흔쾌히 시간을 내어 저자의 원고를 검토하고 귀중한 조언을 해주신 박희진 연구교수(경기대학교), 기꺼이 원고에 수록된 문제의 오류를 점검하고 본문에 필요한 각종 도표를 잘 만들어 준 조희연 회계학사, 본문 및 문제의 부족한 점과 개선점에 대해 값진 언급을 해준 권다영 학생, 이 책의 출간을 즐거운 마음으로 허락해주신 도서출판 시대가치 김광범 대표, 지루하고 까다로운 조판작업을 깔끔하게 잘 처리해주신 편집부 직원분들께 심심한 감사의 말씀을 드린다.

2019. 6. (기해년 단오 무렵)
저자 씀

차례

제 1 부 회계정보의 이해

제 1 장 회계의 기초

1. 회계 들어서기 ······ 5
가. 회계의 의의 / 6
나. 회계정보의 쓰임새 / 9
다. 회계의 기능 / 14

2. 회계주(실)체(회계를 하는 자)와 회계객체(회계의 대상 : 경제활동으로서의 거래) ······ 15
가. 회계주체 / 16
나. 회계객체(거래) / 18

3. 회계처리의 기본 틀 ······ 19
가. 복식부기 / 19
나. 회계의 기본 5개념과 분개 / 20
다. 회계기준(관습)과 회계이론 / 26
라. 회계가치와 경제가치 / 28
마. 거래인식기준 : 현금주의 대 발생주의 / 30

4. 요 약 ······ 32

❏ 주요용어 / 33
❏ 연습문제 / 35

제 2 장 재무상태표

1. 재무상태표의 의의와 내용 ···················· 44
   가. 자산의 분류 / 44
   나. 자산의 예시와 회계처리 / 45
   다. 부채의 분류 / 49
   라. 부채의 예시와 회계처리 / 50
   마. 자본의 분류 / 54
   바. 자본의 예시와 회계처리 / 54

2. 재무상태표의 작성 ···················· 56
   가. 작성원리 이해 / 56
   나. 분개, 전기, 시산표 / 58
   다. 재무상태표 정보의 분석기법 / 62

3. 요 약 ···················· 62

❏ 주요용어 / 63　　❏ 연습문제 / 66

제 3 장 손익계산서

1. 손익계산서의 의의와 내용 ···················· 75
   가. 수익의 예시와 회계처리 / 76
   나. 비용의 예시와 회계처리 / 78
   다. 순손익(순이익 또는 순손실) / 80
   라. 기타포괄손익, 당기총포괄손익 / 82

2. 손익계산서의 작성 ···················· 82
   가. 분개, 전기, 시산표 / 82
   나. 다단계 손익보고 / 83

3. 요 약 ···················· 85

❏ 주요용어 / 86　　❏ 연습문제 / 87

제 4 장 회계순환

1. 회계순환의 의의 ········· 96

2. 회계순환과정의 내용 ········· 96

가. 분개장과 총계정원장 / 97

나. 분 개 / 98

다. 전 기 / 99

라. 조정전 시산표 / 99

마. 조정사항 / 100

바. 상품매매업의 조정사항(매입할인, 매출할인, 매입에누리및환출, 매출에누리및환입, 매출원가) / 103

사. 조정후 시산표 / 108

3. 회계순환과정의 예시 ········· 109

가. 분 개 / 110

나. 원장전기와 계정 잔액 산정 / 111

다. 조정전 시산표 작성 / 113

라. 조정분개와 조정후 시산표 작성 / 113

마. 재무상태표와 손익계산서 작성 / 115

바. 계정마감 / 116

사. 정산표 / 120

4. 요 약 ········· 122

❑ 주요용어 / 122 ❑ 연습문제 / 124

제 5 장 현금흐름표

1. 현금흐름표의 의의 ········· 135

가. 현금의 정의와 특성 / 136

나. 현금 대 순이익(현금주의와 발생주의) / 137

2. 현금흐름표의 구성 : 세 가지 활동 140
가. 투자활동 / 141
나. 재무활동 / 141
다. 영업활동 / 142
라. 각 활동별 구성 계정 / 142

3. 현금흐름표의 작성방법(직접법, 간접법) 143
가. 직접법에 의한 현금흐름표 작성 / 143
나. 간접법에 의한 현금흐름표 작성 / 148
다. 직접법과 간접법의 비교 / 155

4. 현금흐름표의 작성방법 정리 157
가. 현금흐름표의 작성방법 요약 / 157
나. 직접법과 간접법의 구체적 비교 / 158

5. 요 약 159
❑ 주요용어 / 160 ❑ 연습문제 / 161

제 2 부 자산, 부채, 자본의 유형별 회계처리

제 6 장 현금, 예금, 현금흐름의 시간가치

1. 현금, 예금의 회계처리 174
가. 현금거래와 신용거래의 현금회수(판매 측) / 174
나. 소액현금 계정 / 174
다. 당좌거래 / 175
라. 은행계정조정표 작성 / 178

2. 현금흐름의 가치평가 181
가. 현금흐름의 미래가치 / 182
나. 현금흐름의 현재가치 / 184

3. 요 약 ········ 188

❑ 주요용어 / 189 ❑ 연습문제 / 190

제 7 장 유동채권과 유동채무

1. 채권 · 채무의 발생원인 ········ 208

2. 채권 · 채무의 예시 ········ 208

가. 미지급채무 / 208
나. 선급채권 / 210
다. 미수채권 / 212
라. 선수채무 / 213

3. 외상매출금 ········ 215

가. 발생 · 회수 / 215
나. 기말평가 / 216
다. 대손확정 / 217
라. 대손확정 후 회수 / 217
마. 대손충당금 계정 분석 / 218
바. 외상매출금 매각 / 219

4. 받을어음, 지급어음 ········ 220

가. 발생 · 회수 · 유통 / 220
나. 기말평가 / 221
다. 대손확정 / 221
라. 대손확정 후 회수 / 222
마. 대손충당금 계정 / 222
바. 어음할인 / 222
사. 융통어음 / 223
아. 기업(금융)어음 / 224

5. 기타 유동채권 · 채무 ········ 224
가. 가지급금, 가수금 / 224
나. 예수금 / 224

6. 요 약 ········ 225

❑ 주요용어 / 226 ❑ 연습문제 / 227

제 8 장 재고자산

1. 재고자산의 회계처리 ········ 238
가. 재고자산의 발생 · 소멸 / 238
나. 재고자산과 매출원가 / 239
다. 기말재고자산평가 / 243

2. 요 약 ········ 255

❑ 주요용어 / 256 ❑ 연습문제 / 257

제 9 장 시장성 있는 유가증권

1. 유가증권의 의의 ········ 265

2. 시장성 있는 유가증권의 회계처리 ········ 266
가. 취 득 / 267
나. 보유수익 / 267
다. 기말평가 / 268
라. 처분(매각) / 272

3. 요 약 ········ 273

❑ 주요용어 / 274 ❑ 연습문제 / 275

제 10 장 비유동자산(유형자산, 무형자산)

1. 유형자산의 회계처리 ······ 284
가. 유형자산의 획득 / 284
나. 보유 중 지출 / 287
다. 기말평가 / 288
라. 매각(처분) / 297
마. 회계추정변경, 투자자산 / 297

2. 무형자산의 회계처리 ······ 298
가. 취득(발생) / 298
나. 기말평가(무형자산 상각) / 300
다. 매각(처분) / 300

3. 요 약 ······ 301
❑ 주요용어 / 302 ❑ 연습문제 / 303

제 11 장 비유동부채

1. (회)사채의 회계처리 ······ 314
가. 사채 발행 / 314
나. 사채 보유 / 317
다. 사채 기말평가 / 317
라. 사채 조기상환 / 322

2. 퇴직급여채무의 회계처리 ······ 324
가. 의 의 / 324
나. 퇴직급여의 회계처리 / 324

3. 기타 비유동부채 ······ 327
4. 요 약 ······ 328
❑ 주요용어 / 329 ❑ 연습문제 / 330

제 12 장 자 본

1. 자본의 의의 ······ 339

가. 개인기업, 조합기업의 자본 / 340

나. 주식회사의 자본항목 / 341

2. 주식회사 자본의 회계처리 ······ 343

가. 자본항목의 발생 / 343

나. 자기주식의 취득과 처분 / 345

다. 배 당 / 346

라. 자본전환 / 347

3. 자본변동표의 예시 ······ 347

4. 주당순이익 ······ 348

5. 요 약 ······ 349

❑ 주요용어 / 350 ❑ 연습문제 / 351

■ 참고문헌 / 356

■ 찾아보기 / 357

Basic Accounting

제 1 부

회계정보의 이해

제 1 장 회계의 기초

제 2 장 재무상태표

제 3 장 손익계산서

제 4 장 회계순환

제 5 장 현금흐름표

제 1 장

ACCOUNTING

회계의 기초

1. 회계 들어서기
2. 회계주(실)체(회계를 하는 자)와
   회계객체(회계의 대상 : 경제활동으로서의 거래)
3. 회계처리의 기본 틀
4. 요 약

1 회계 들어서기

회계(Accounting)는 '셈', '헤아림'이라는 단순한 의미를 넘어 현대 경제생활에서는 '경제적 의사결정에 유용한 도구로서의 정보시스템'으로 불리며, 회계주체가 경제활동의 내용과 결과를 화폐단위로 측정, 산출, 제공하는 과정을 포함하고 있다. 의사결정에 도움을 주는 자료를 정보라고 하며, 정보이용자에게 회계정보를 산출, 제공하는 경제주체를 회계주체라고 한다. 주체란 어떤 목적을 지닌 활동을 하고, 이에 수반되는 의무를 이행하며, 활동의 결과를 누리거나 책임지는 실체를 말한다. 회계는 경제환경의 영향을 받아 형성되는 관습이나 기준을 토대로 체계적, 논리적으로 이루어지는 시스템이며, 경제 개념을 밑바탕으로 한다.

회계는 자산, 부채, 자본, 수익, 비용의 기본 5개념을 사용해 경제가치를 측정하며, 측정된 회계가치를 통해 회계실체의 경영성과, 성장가능성, 지속(생존)가능성, 재무건전성 등을 파악할 수 있게 한다. 경영성과는 수익과 비용의 차이인 순이익을 통해 평가할 수 있고, 성장가능성이나 지속가능성은 순이익의 크기 및 일관성, 수익과 비용의 질적 특성(예 : 매출에 따른 불량채권 증가 여부, 비정상으로 과다한 이자비용 유무) 등에 의해 판가름 난다. 재무건전성은 자산과 부채의 비중, 현금회수가 불투명한 자산의 정도, 이자부담이 큰 악성부채의 비율 등에 의해 결정된다. 회계가치가 경제가치의 완전한 측정치는 아니지만, 회계정보는 경제가치와 연결되어 의사결정의 적정성을 높이는 기능을 한다. 회계가 경제가치를 보다 정확하게 측정하려는 노력을 끊임없이 하는 까닭이다. 경제가치는 재화나 용역이 우리에게 주는 효용이나 쓰임새 자체 또는 그 크기를 뜻한다.

회계가 초심자에게 어렵게 느껴지는 것은 회계정보의 측정, 산출 과정에 담겨 있는 일정한 틀과 규칙이 낯설기 때문인 것으로 보인다. 회계의 기본 원리와 규칙을 익히고, 회계정보가 의사결정에 어떠한 도움을 주는가와 회계정보가 의사결정에 쓰이는 과정을 알게 되면 회계에 보다 친숙하게 다가설 수 있을 것이다.

가. 회계의 의의

회계는 조직이 한 경제활동의 내용과 결과를 화폐단위로 측정해 정보이용자에게 알리는 역할을 한다. 정보이용자는 조직 외부의 이해관계인과 조직 내부의 경영자가 있으며, 외부의 정보수요에 부응하는 회계를 재무회계, 내부의 경영활동에 기여하는 회계를 관리회계라 한다. 이 책은 재무회계에 초점을 맞춘다.

회계과정은 화폐단위로 측정된 재무자료를 쓸모 있는 기록으로 변환, 집합하여 기간별 회계(재무)보고서를 만든 후, 이를 이용자들에게 제공하는 절차로 이루어진다. 잘 만들어진 회계보고서(재무제표)는 많은 양의 유용한 정보를 담고 있으며, 회계처리 과정과 내용의 명확한 이해를 통해 회계보고서에 담긴 정보를 쉽고 편하게 의사결정에 이용할 수 있다.

회계보고서에 포함되는 회계정보는 일정 규칙을 적용해 산출하게 되는데, 그 규칙을 회계관습 또는 회계기준(원칙)이라고 한다. 회계정보의 토대인 경제가치 개념과 회계기준의 이해는 회계보고서로부터 원하는 정보를 필요한 만큼 충분히 얻기 위한 기본 지식이라고 할 수 있다. 이 기본 지식이 없으면 회계가치의 의미를 명확히 파악할 수 없다.

(1) 회계정보의 의미

회계정보를 통해 조직의 실제 경제상태를 정확히 파악하려면 회계가치의 산출과정에 담긴 경제적 의미를 이해해야 한다. 예컨대, 회계보고서에 5억원의 토지가 자산으로 보고되었을 때, 5억원의 가치가 토지의 취득원가(매수가액)를 뜻하는지, 아니면 매수 후 상당기간 사용한 시점의 장부가치를 뜻하는지에 따라 5억원의 토지가 나타내는 경제가치의 의미가 달라질 수 있다. 토지 등 자산의 취득원가와 장부가치는 회계기준에 따라 결정되고, 회계가치는 경제가치 평가를 목적으로 한다는 점에서 회계정보는 회계기준, 경제가치 개념의 영향을 받는다.

회계이익 수치가 자본시장에서 기업가치(주가)에 반영되는 것처럼 회계가치와 경제가치는 서로 뗄 수 없는 관계에 있지만, 회계가치는 대손상각비, 감가상각비 등 검증이 완전하지 않은 추정치를 포함함으로써 경제가치의 정확한 측정에 실패할 수 있다. 때로는 조직 경영자가 실제 경제가치와 동떨어진 회계수치를 일부러 공시하기도 한다(분식회계). 제3의 감독기관 규제가 필요한 이유이며, 그 예로는 금융위원회와 금융감독원이 제약·바이오산업의 연구개발비 회계처리 감독지침을 마련한 사례(2018.9.20.)를 들 수 있다.[1] 회계가치가 측정 대상의 참, 거짓을 분명하게 가려줄 수는 없으나, 경제주체들의 의사결정에 영향을 미쳐 사회·경제적으로 중요한 역할을 하는 것은 분명하다.

(2) 회계정보의 구체적 내용

조직의 회계정보는 경제자원을 주된 대상으로 하며, 재무상태표, 손익계산서, 현금흐름표, 자본변동표 등의 회계보고서(재무제표)[2]를 통해 주기적으로 산출, 제공된다. 재무상태표는 일정 시점의 자산, 부채, 자본의 구성상태(재무상태)를 나타내는 회계보고서(재무제표)이며, 손익계산서는 일정 기간의 기업 경영성과(수익-비용)를 표시하는 회계보고서이다. 현금흐름표는 일정 기간의 현금유입과 현금유출 흐름을 제시하는 회계보고서이며, 자본변동표는 일정 기간의 자본변동 내역을 제공하는 회계보고서이다.

재무상태표는 일정 시점의 이용가능한 경제자원(자산)의 내용과 가액, 타 경제주체에게 넘길 의무가 있는 경제자원(부채)의 내용과 가액, 자산의 부채 초과분(자본)의 내용과 가액으로 구성된다. 일정 시점의 자산, 부채, 자본을 제시하고 있다는 점에서 재무상태표는 축적량(Stock)을 표현하며, 자산, 부채, 자본의 구성상태를 재무상태라고 한다.

자산은 현금, 당좌예금, 외상매출금(매출채권), 재고자산, 유형자산, 무형자산, 투자자산 등을 포함하고, 부채는 은행차입금, 외상매입금, 사채 등으로 구성된다. 자산과 부채의 차이로 불리는 자본은 자본금, 자본잉여금, 이익잉여금 등으로 이루어진다.[3]

---

1 제약·바이오산업의 경우, 2번의 임상시험에 성공할 때 연구비를 무형자산(개발비)으로 회계처리할 수 있다. 분식회계로 상장폐지되는 사례도 있다(예 : K제약).

2 재무상태표, 손익계산서, 현금흐름표, 자본변동표를 기본재무제표라고 한다.

3 자산과 부채, 자본은 제2장에서 상세히 다룬다.

자산과 부채의 가액은 가치평가과정을 거쳐 결정되는데, 평가된 화폐수치의 의미를 이해하는 것은 경제활동의 내용과 결과를 파악하는 밑거름이 된다. 회계의 핵심 기능 중 하나는 적절한 가치평가과정을 수행하는 것이다. 예컨대, 외상매출금 장부가치(외상매출금 − 대손충당금)는 고객으로부터의 회수기대액 추정치이지만, 토지의 장부가치는 원칙적으로 매수가액(원가)을 의미할 뿐 토지의 매도가액을 뜻하지 않는다. 기계장치의 장부가치는 취득원가에서 감가상각누계액을 차감한 수치이며, 매도가액을 나타내지 않는다. 재무상태표 가액은 회계기간 초의 가액에 기간 중의 발생가액을 더하거나 빼는 과정을 거쳐 회계기간 말의 가액을 구하는 방식으로 산정된다. 자산 가액의 합계는 부채 및 자본 가액의 합계와 일치한다. 즉, 자산은 부채와 자본의 합계이고, 자산의 부채 초과분은 순자산으로서 자본의 크기와 같다.

손익계산서는 영리조직이 손익거래를 통해 회계기간 동안 획득한 경제자원(수익)에서 소비된 경제자원(비용)을 차감하는 형식으로 회계기간의 경영성과(당기순이익)를 제시한다.[4] 손익계산서는 일정 기간의 손익거래 흐름을 제시하고 있다는 점에서 변화량(Flow)을 표현하며, 매출액, 매출원가, 판매와관리비용, 이자수익, 이자비용, 법인세비용 등의 항목을 포함한다. 한국채택국제회계기준에서 사용을 권장하는 포괄손익계산서는 기타포괄손익항목도 손익계산서에 보고한다.

각 수익(예 : 매출)과 비용(예 : 매출원가)에 화폐가치가 부여되면, 재무상태표와 마찬가지로 그 회계가치의 경제적 의미를 이해해야 한다. 수익과 비용의 차이는 순이익이라고 하며, 순이익은 회계기간 동안의 순자산 증가분을 뜻하므로 재무상태표의 자본을 증가시킨다. 손익계산서는 경영활동의 결과인 당기순이익과 그 내역을 나타낸 것이며, 손익계산서의 당기순이익은 재무상태표의 자본 구성항목인 이익잉여금과 연결되어 이익잉여금 변화의 내용과 근거를 밝혀 준다.

현금흐름표는 회계기간 동안의 현금유입, 현금유출의 내역을 제시함으로써 기초시점에 대한 기말시점의 현금 순증감액을 밝혀 주는 보고서이며, 손익계산서와 같이 일정 기간의 현금거래 흐름을 살피는 회계보고서이다. 현금은 필요할 때 바로 다른 재화나 용역으로 전환될 수 있는 중요한 경제자원으로 특별한 관리가 필요하다. 현금은 그 자체로는 비교적 쉽게 이해되는 자산항목이나, 다양한 은행계정 잔액, 외화자산, 암호(가상)화폐 등 현금 구성요소를 정확히 결정해야 하는

4 수익과 비용은 제3장에서 상세히 다룬다.

문제가 수반된다.

현금흐름표는 현금창출 활동을 영업활동, 투자활동, 재무활동으로 나누어 각 활동별 현금흐름과 회계기간 동안의 순현금 증감에 대한 정보를 보고한다. 영업활동 현금흐름은 순이익 창출에 따른 현금움직임을 나타내고, 투자활동 현금흐름은 유동·비유동자산의 매수 및 매각에 따른 현금움직임을 제시한다. 재무활동 현금흐름은 현금자금조달(예: 주식공모, 사채발행)이나 자금조달비용의 현금지급(예: 현금배당), 조달자금의 상환(예: 사채상환)에 따른 현금움직임을 보고한다.

자본변동표는 자본의 구성항목인 자본금, 자본잉여금, 이익잉여금, 자본조정, 기타포괄손익누계액 등에 대해 회계기간 동안의 변동 내역과 크기를 제공하는 회계보고서이다.

이상의 회계보고서들이 어떻게 작성되고 보고서 간에 어떠한 연관이 있는지 충분히 이해하게 되면, 일련의 재무제표로부터 유용한 정보를 폭넓게 얻을 수 있다. 또한, 회계정보가 경제주체의 의사결정에 이용되는 예들을 살펴보면 회계지식의 습득이 우리 생활에 필요한 이유를 납득할 수 있을 것이다.

복습문제

A. 기본재무제표에 해당하는 회계보고서를 각각 설명하라.

B. 재무상태표의 구성개념인 자산, 부채, 자본과 손익계산서의 구성개념인 수익, 비용의 예를 하나씩 들어라.

C. 현금흐름표의 구성활동인 영업활동, 투자활동, 재무활동의 예를 하나씩 들어라.

나. 회계정보의 쓰임새

정보는 현재, 미래의 의사결정에 쓰인다. 의사결정은 목적 달성을 위한 여러 대안 중 최적대안을 찾는 것으로서, 대부분의 경제적 의사결정은 회계정보와 함께 최적을 지향한다. 의사결정에 이용되는 회계정보는 회계보고서(재무제표)에 요약되어 있으며, 잘 짜여진 일련의 회계보고서는 조직의 경영성과, 재무상태, 경영자들의 기여도, 성장가능성 등 유용한 정보를 내포한다. 경제주체는 의사결정유형에 따라 정보사용 형태를 달리한다.

(1) 경제주체와 경제순환구조

경제주체는 생산경제주체(기업), 소비경제주체(가계), 조정경제주체(정부), 해외주체로 나뉜다. 기업이 재화(생산재, 소비재)와 용역을 제공하면 다른 기업이나 가계, 정부는 이를 사용하게 되며, 해외에서 수입(해외기업은 수출)하기도 한다. 가계는 생산요소인 노동력을 기업에 제공하고 그 대가로 소득을 획득하며, 소득세 납부 후 남는 소득으로 소비나 저축을 하며, 때로는 수입품을 사는 경제활동을 한다. 기업과 가계는 생산과 소비, 생산요소 제공과 소득 획득의 순환과정을 통해 밀접하게 연결되어 있다. 정부는 기업과 가계가 납부한 조세수입을 재원으로 국가를 경영하며, 기업과 가계의 경제활동을 건전한 방향으로 유도하는 정책을 시행한다. 기업, 가계, 정부는 해외 경제주체들과 수입, 수출, 차입, 원조를 하면서 상호작용을 한다. 회계는 이 경제주체들의 경제활동을 인식(Recognition),[5] 측정해 얻은 회계정보를 관련 이해관계자들에게 전달, 보고하는 것을 목적으로 한다.

경제순환구조를 요약하면 [그림 1-1]과 같다.

그림 1-1 경제순환구조

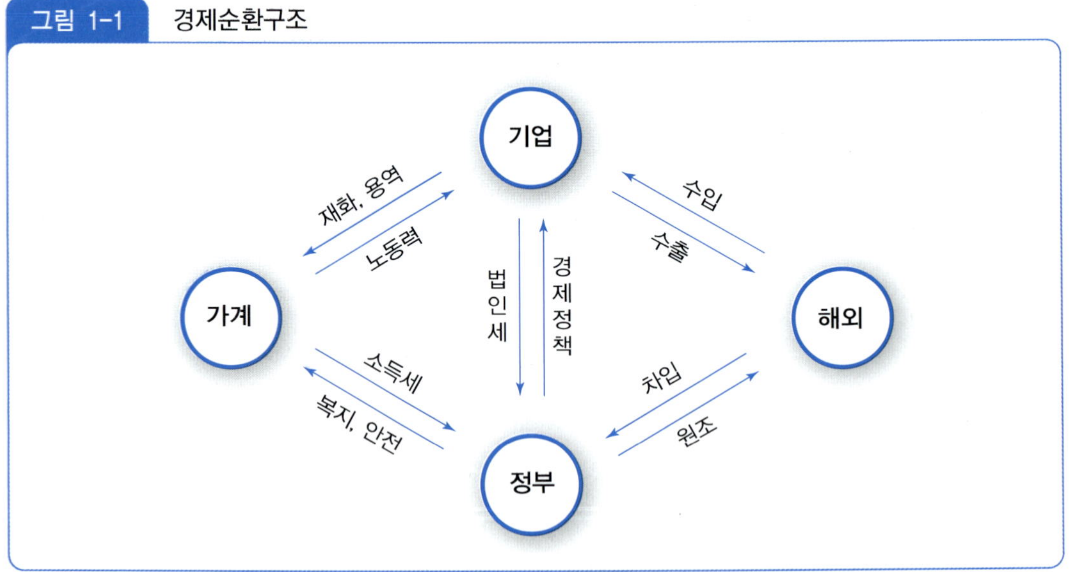

5 인식이란 특정 경제사건에 대해 회계상 기록할 만한 가치가 있다고 판단하는 것을 말하며, 그 가치 있는 경제사건을 '거래'라고 한다.

(2) 경제주체와 회계정보의 필요성

경제주체는 각양각색의 의사결정을 통해 경제활동을 하며, 다수의 의사결정은 회계정보를 통해 개선될 수 있다. 회계정보가 경제주체에게 필요한 이유이다. 회계정보가 경제주체의 의사결정과 경제활동에 사용되는 예를 제시해 보자.

소비경제주체인 가계의 경우, 가계가 통신활동을 하면서 부담하는 휴대폰 서비스 가격(요금)의 적정성은 기업이 통신서비스를 제공하는 데 소요되는 경제가치인 원가(Costs)[6]를 가격과 대비해 판단할 수 있다. 또한, 저축(투자) 활동의 방편으로 주식을 매입하는 투자자는 투자 대상 기업의 수익성, 성장성, 위험성, 자산, 부채, 경영전략과 같은 주요 요소를 해당 기업이 공시하는 회계정보(회계보고서, 재무제표)를 통해 확인하고 평가한 후, 투자 여부를 결정할 수 있다.

생산경제주체인 기업[7]의 경우, 신제품 개발의 성공은 고객의 선호도 부합, 경제환경 변화의 반영 등 외부요소와 경쟁사의 유사제품에 대한 원가경쟁력 확보 등 내부요소에 의해 좌우된다. 즉, 원가회계정보가 신제품 개발에 고려되어야 하는 것이다. 고객 신용상태를 확인하려는 경영자는 고객의 현재 부채상태와 이전 상환내역에 관한 회계기록을 검토해 신용 정도를 파악할 수 있고, 자금대출을 하는 은행은 원리금 상환능력을 증명하는 자산정보를 차입자에게 요구할 수도 있다. 이사회는 경영자의 성과평가와 연동된 보상액 결정에 회계수치를 주요 요인으로 고려할 수 있고, 불공정행위를 한 가해기업의 민사상 손해배상액 산정에 불공정이익의 회계수치를 중요하게 참고할 수도 있다. 회사는 자체의 재무상태(자산, 부채, 자본의 구성, 재무건전성)나 경영성과(영업이익, 순이익의 크기) 파악에 회계정보가 필요하고, 경쟁사의 회계보고서를 면밀히 검토함으로써 현명한 전략결정의 기회를 증진시킬 수 있다. 기업이 사업연도 소득에 대한 법인세를 납부할 때도 회계수치를 근거로 과세표준[8]과 납부할 세액을 정하게 된다.

---

6 원가는 '재화와 용역을 획득하는 데 사용(투입)된 경제가치의 화폐평가액'으로 정의된다.

7 기업은 '영리 목적의 인적 · 물적 결합체'로 정의할 수 있으며, 개인기업과 법인기업으로 나뉜다. 법인기업은 영리사단법인으로서의 회사를 뜻한다. 영리란 이익(이윤)추구, 즉 투입가치 이상의 산출가치를 좇는 것을 말한다. 영리사단법인인 회사는 이익을 구성원(사원)에게 분배하는 특성을 지니며, 수익사업을 하여 이익을 창출하더라도 분배할 구성원이 없거나(재단법인) 구성원에게 분배하지 않는 사단법인(비영리법인)은 회사가 될 수 없다.

가계와 기업이 각각의 효용(이익) 극대화를 추구하는 것과 달리, 조정경제주체인 정부는 국가의 유지·발전과 국민의 복지 향상을 목표로 한다. 경제정책 측면에서는 가계, 기업과 같은 경제주체를 보호, 조정하는 혼합경제체제(복지국가원리) 형식을 취한다. 정부의 수치화된 재정계획인 예산은 수입과 지출의 균형을 기본원칙으로 하면서 간혹 합리적 범위 내의 적자예산이 편성되기도 하지만, 조세징수액 등의 정부 수입이 적정하게 쓰였는가를 파악하기 위해서는 이에 관한 정확한 회계정보를 얻을 수 있어야 한다. 최근 정부가 기업회계에서 사용하는 복식부기시스템[9]을 도입한 것은 이런 점에서 매우 바람직하다고 할 수 있다. 공기업이나 공공기관도 공익사업의 회계보고서를 살펴봄으로써 공익시설 이용에 대한 요율(가격) 결정 등 관련 의사결정을 보다 현명하게 할 수 있다.

이들 예는 회계정보가 다양한 형태의 의사결정에 여러모로 요긴하게 쓰일 수 있음을 보여준다.

(3) 단순한 화폐수치 이상의 의미를 갖는 회계정보

경제가치와 괴리된 회계의 화폐수치는 공허한 숫자에 불과하다. 경제가치는 재화나 용역의 잠재된 경제효익을 뜻하며, 다수의 경제주체가 만나는 시장에서 경제가치가 결정되기 때문에 경제활동의 측정치인 회계의 화폐수치는 경제가치를 지향할 수밖에 없다. 회계가치는 다양한 경제가치 개념을 내포한다. 취득시점의 경제가치를 나타내는 수치(예: 건물의 취득원가)가 있는가 하면, 일정 기간 사용 후의 경제가치를 나타내는 수치(건물의 장부가치: 취득원가 - 감가상각누계액)도

---

8 과세표준은 '세액산출의 기초'이며, 과세표준에 세율을 곱해 산출세액을 구한다. 법인세는 법인의 소득에 부과되는 국세이다. 국세는 국가가 부과·징수하는 조세이다. 조세는 국가 또는 지방자치단체가 일방적, 강제적으로 부과·징수하는 금전급부로서, 국가가 부과·징수하면 국세, 지방자치단체가 부과·징수하면 지방세라고 한다. 경제활동에 대한 회계가치를 근거로 납부할 세액을 구하는 등 조세전반에 걸친 회계를 세무회계라 한다.

9 복식부기는 모든 거래를 차변, 대변에 한 번씩 두 번 적는 것을 뜻하며, 복식부기를 통해 자산, 부채 등의 움직임과 발생원인, 소멸원인을 명확히 파악함으로써 조직의 재무 및 경제상태의 건전성, 문제점, 개선점 등을 잘 파악할 수 있다. 한편, 복식부기를 철저히 한다고 해서 횡령 등의 재산범죄가 근절되는 것은 아니다. 기록 자체를 생략하거나 분식회계 등 거짓기록을 하면 작성된 회계문서만을 조사해서는 부정행위를 발견할 수 없기 때문이다.

있다. 가치평가가 단순하지 않은 경우, 동일 계정[10]을 기술하는 데 다양한 회계방법들이 인정되기도 한다(예 : 재고자산의 평가방법으로 선입선출법, 후입선출법, 평균법, 저가주의 허용). 이는 같은 화폐수치라도 사용된 회계방법이나 측정시점에 따라 그 의미가 달라질 수 있음을 보여 준다.

재무제표의 회계정보는 경제가치, 회계기준(관습) 외에 경영환경이나 내부 인적 요소의 영향을 받는데, 경우에 따라 회계 계정(자산, 부채, 자본, 수익, 비용)의 신뢰성이 의심받을 수 있다. 예컨대, 기업 경영진이 눈앞에 닥친 수요증가, 생산차질 등의 현안문제에 치중한 나머지 적절한 회계처리를 등한시하거나 하찮게 여기는 상태라면, 작성 · 보고된 회계자료는 신뢰성이 떨어져 정보로서의 기능을 할 수 없을 것이며, 내부부정을 덮기 위해 조작되거나 은폐된 회계기록은 의미없는 숫자에 그치게 된다. 독립된 외부 공인회계사의 회계감사가 필요한 이유가 여기에 있다.

회계기록 조작가능성이 문제된 실제 예로, S물산과 J모직 간의 합병[11] 사례를 살펴보자. 두 회사 간의 합병비율은 각 회사의 순자산가치(주가) 비율을 근거로 산출하는데, 적용된 합병비율이 불공정하다는 주장이 있었다. J모직의 피투자회사(㈜S바이오로직스)의 주식 상장가격을 결정하면서 피투자회사의 자회사 자산가치를 실제보다 크게 산정한 결과, 피투자회사(㈜S바이오로직스)의 주가가 과도하게 책정되었고, 결국 J모직의 순자산가치가 과대평가되었다는 견해이다. 합병회사 중 어느 회사의 주가가 부풀려졌다면, 주식 거래질서가 붕괴되고, 일정 투자자들은 손해를 면하기 어려울 것이다. 제약회사에서 성공여부가 불투명한 연구비를 무형자산인 개발비로 처리하는 사례도 있다. 이들 사례는 회계가치가 자칫 부정한 목적으로 악용될 수 있음을 보여주는 것으로서 사회감시의 필요성을 야기하고 있다. 분식회계는 회계가치의 조작과 거품을 수반한다.

앞의 예와 같은 의도적인 회계가치 조작이 없어도, 회계를 통한 경제자원 측정치는 강우량이나 중량의 측정치와 달리 복잡하고 분명하지 않을 수 있다. 계정마다 다른 측정방법, 동일 항목에 대한 복수의 측정치, 부채 수치에 반영되지 않

10 계정은 거래가 기록되는 자리 또는 거래의 명칭을 말한다.

11 합병은 상법(기업법)에 근거한 회사 간의 결합을 의미한다.

은 잠재적 부채 등이 그 예이다. 회계가치와 경제가치가 불일치하는 지점이기도 하다. 취득원가로 표시된 계정과 장부가치를 나타내는 계정이 섞여 있고, '신제품 개발'이라는 동일 목적의 지출이 결과에 따라 자산인 개발비로 처리되는가 하면, 비용인 연구비, 광고비로 처리되기도 한다.

이와 같이 회계정보는 경제주체의 의사결정에 다양하게 응용될 수 있지만, 회계정보에 담긴 화폐수치가 나타내는 의미를 정확히 파악할 수 있어야 의사결정의 오류를 줄이고 효과를 높일 수 있다. 우리가 회계처리의 내용과 방법을 익히는 까닭이 여기에 있다.

 복습문제

A. 경제주체별로 회계정보를 사용하는 의사결정 예를 하나씩 제시하라.

B. 같은 수치의 회계가치라도 그 의미가 달라지는 이유는 무엇인가?

다. 회계의 기능

회계는 원가, 가치를 측정하고, 그 측정정보를 정보이용자에게 전달하는 기능을 한다. 측정은 조직의 경제자원인 부(富)를 자산, 부채, 자본, 수익, 비용의 개념과 복식부기를 통해 회계수치화하는 식으로 이루어진다. 측정기준은 취득원가주의와 시가주의가 있으며, 회계기록의 대상에 따라 달리 적용된다.

취득원가주의는 거래를 통해 객관적으로 확인된 원가(역사적 원가)와 그 변화를 기록하고, 수익에서 비용(수익에 대응되는 소멸원가)을 차감해 이익을 계상한다. 획득한 원가 중 소멸되지 않은 원가(미소멸원가)는 자산으로 기록한다. 경영자의 수탁책임 수행 정도는 예측치(시가)가 아닌 실제치(원가)를 토대로 평가되어야 한다는 사고가 반영된 기준이 취득원가주의이다.

시가주의는 회계기간의 가격 변화를 반영해 기록하며, 시가는 공정가치(잘 형성된 시장을 전제), 순실현가능가치(유출 개념), 대체원가(유입 개념) 등이 있다. 시가는 자산과 기업의 현재가치를 나타낸다. 이익은 회계기간의 순현금흐름에 경제가치의 변화를 더해 산출한다. 시가주의는 경영자의 수탁책임 평가나 투자자의 기업가치 평가에 모두 적용할 수 있으며, 시가자료로 수립된 경영계획은 기업가치 증가에 더 효과적일 수 있다. 시가주의는 회계가치와 경제가치 간, 회계이익과 경제이익 간의 측정오차를 줄이는 노력의 일환이다.

회계는 정보제공 기능도 한다. 정보제공 기능을 강조할 경우, 측정에 반영되지 않은 이자율, 환율, 공정가치 변화 등이 회계정보에 포함되어 의사결정자에게 제공될 것이다. 예컨대, 수익과 비용의 적절한 대응으로 측정된 발생주의 이익정보 외에 의사결정에 필요한 현금흐름 정보도 함께 제공해야 한다는 것이다.

측정기능은 경영자의 수탁책임 평가를 가능하게 하고, 기업 의사결정에 적합한 회계수치를 제공한다는 긍정적인 측면이 있으나, 시장실패나 불완전경쟁에 따른 경제가치의 측정 오류, 이해집단 간 선호하는 회계방법의 차이, 정보이용자 간 정보수요의 차이 등으로 여러 셈법이 섞인 정치적 속성도 지닌다. 이는 회계의 정보기능이 강조되는 배경이라고 할 수 있다.

측정정보가 다른 정보와 함께 사용되면 정보내용은 증가하고, 재무보고의 범위는 확대된다. 이는 재무제표, 각주, 규제에 대한 경영자의 검토와 분석결과, 사업계획, 미래 현금흐름 평가 정보 등이 재무보고에 포함되는 결과를 가져온다.

복습문제

A. 회계의 두 가지 기능을 설명하라.

2 회계주(실)체(회계를 하는 자)와 회계객체(회계의 대상 : 경제활동으로서의 거래)

회계주체는 회계시스템을 운영하는 경제주체로서의 사람이나 조직을 뜻하며, 회계기준을 적용해 측정, 산출한 경제활동 정보를 이용자에게 제공함으로써 의사결정자의 합리적 선택에 도움을 주게 된다. 한편, 회계객체(거래)는 회계의 측정대상이 되는 경제사건을 말한다. 측정은 '복식부기'라는 일정 틀에 의해 이루어지며, 회계의 일정 틀 또는 약속을 '회계언어'라고도 한다.

가. 회계주체

회계주체는 비영리 회계주체로서 가계, 정부, 지방자치단체가 있고, 영리 회계주체로서 기업이 있다. 기업은 '영리목적의 인적 · 물적 결합체'를 말하며, 개인기업(예 : 자영업)과 법인기업(회사, 예 : 주식회사, 유한회사)이 있다. 개인과 법인에서의 '인'은 '권리를 누리고 의무를 지는 자(권리의무주체 또는 권리주체)'라는 법개념이다. 법인[12]은 재단법인(출연된 재산이 기본요소)과 사단법인(사람들이 기본요소)으로 나뉜다. 법인기업인 '회사'를 뜻하는 영리사단법인은 이익을 획득해(영리성)[13] 구성원에 분배하는 것을 본질로 한다. 재단법인은 획득한 이익을 분배할 구성원이 없기 때문에 태생적으로 비영리법인이다.

비영리 회계주체인 가계는 자연인으로서의 권리주체이고 정부와 지방자치단체는 법인으로서의 권리주체이다.[14] 가계의 회계처리는 관련 이해관계인이 적어 기록 여부와 방식에 큰 제한이 없으나 정부,[15] 지방자치단체의 회계처리는 국민이나 주민 등 여러 이해관계인의 욕구를 충족해야 하므로 비영리회계기준에 따른 복식부기[16]에 의해 이루어진다.

---

12 법인은 사람의 경제, 법률 활동의 범위를 넓히기 위해 인위적으로 만들어진 개념으로, 경제활동, 법률활동의 실체를 확정하는 데 유용한 도구가 된다. 법인은 실체형성, 정관작성, 설립등기의 3요소를 갖출 때 성립된다. 재단법인은 모두 비영리법인이며, 사단법인은 비영리법인과 영리법인이 있다. 영리사단법인(회사)은 이익추구와 이익의 구성원 분배 등 2가지 요건을 충족할 때 성립한다. 재단법인과 비영리사단법인은 기업(회사)이 될 수는 없지만, 모든 법인은 법인의 목적 달성을 위한 수익사업을 할 수 있으므로, 법인소득에 대한 조세(법인세)의 납세주체가 될 수 있다.

13 회사는 권리주체이기 때문에 획득된 이익은 일단 회사 소유이다. 회사의 대표이사 등이 회사소유 자산을 대표이사 개인의 소유인 것처럼 처분하면 형법상 횡령죄 등의 재산범죄행위가 된다.

14 국가나 지방자치단체는 정관작성이나 설립등기가 없더라도 법인으로 본다. 관련 법률관계를 편하게 처리하기 위한 것으로서 국가나 지방자치단체는 소유권 등 권리를 보유하거나 채무 등 의무를 부담할 수 있다.

15 정부회계는 회계보고실체를 일반회계, 특별회계, 기금 등을 기준으로 식별하며, 기업회계의 '자본' 대신 '순자산'이라는 용어를 쓰고, 수익, 비용 대신 자원의 유입, 자원의 유출을 사용하는 등 기업회계와 상당 부분 다르다.

16 국가나 지방자치단체가 복식부기시스템을 도입한 것은 최근의 일이며, 이로 인해 회계투명성이 제고되고 부정이 줄어들 것으로 본다.

그림 1-2 회계주체

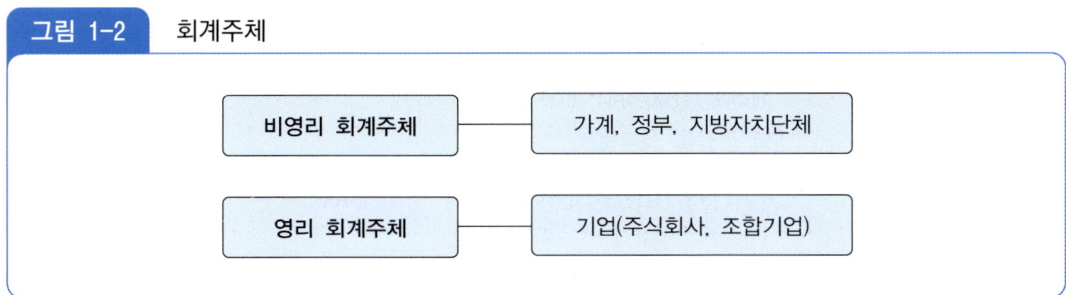

기업, 특히 회사는 외부 이해관계인에게 공시하는 회계정보와 내부 의사결정자인 경영자에게 제공하는 회계정보를 구분해 그에 맞는 회계처리를 각각 한다. 기업회계는 투자자, 채권자, 사회단체, 노동조합 등 외부 이해관계인에게 제공하는 회계정보를 다루는 재무회계와 내부이용자인 경영자에게 제공하는 회계정보를 다루는 관리회계[17]가 주를 이루며, 조세관련 정보를 다루는 세무회계[18]도 한 영역을 차지한다. 재무회계는 기업회계기준에 따라 복식부기에 의해 회계정보를 산출하는 반면, 관리회계는 재무회계 정보 외에 의사결정에 필요한 다양한 정보를 제공함으로써 경영의 최적화를 도모한다.

경제활동은 회계주체마다 다르고, 자산과 부채는 해당 주체의 관점에서 평가된다. 회계주체의 종류에 따라 경제거래에 대한 접근 시각이 제각각이고, 거래가 자산, 부채의 구성에 미치는 영향도 차이가 난다. 이 책은 법인기업(주식회사)의 재무회계 처리를 주된 대상으로 한다. 회계주체를 정리하면 [그림 1-2]와 같다.

17 관리회계는 재무회계와 달리 경영자가 이용하는 내부정보에 초점을 맞추며, 미래를 강조하고 비화폐적인 자료를 중시한다. 자료의 합목적성, 탄력성을 중시하고 회계기준의 적용을 받지 않으며, 강제성이 없다. 유사점도 있다. 재무회계와 마찬가지로 정보제공에 초점을 맞추고, 책임 · 수탁책임을 기초로 하며, 둘 다 회계정보시스템이다. 관리회계는 재무회계자료를 폭넓게 이용한다.

18 세무회계는 조세의 특성, 종류, 세액계산을 주로 다루며, 합리적인 절세방안도 강구한다. 세액계산은 세법규정의 해석에 따른다. 회사의 경우, 당기순이익과 사업연도소득 간의 세무조정을 거쳐 법인세액을 산출한다. 소득세는 개인소득에 대한 조세이며, 부가가치세는 일반소비세에 해당한다. 상속 · 증여세, 기타 국세, 지방세도 세무회계 범주에 포함된다. 모든 국세에 적용되는 공통사항은 국세기본법에 규정되어 있다.

 복습문제

A. 회계주체의 의미를 설명하고, 그 예를 들어라.

B. 법인의 의의와 종류를 설명하라.

C. 재무회계와 관리회계의 차이점, 유사점은 무엇인가?

나. 회계객체(거래)

회계객체(대상)는 모든 경제활동이 아니라 회계상 측정, 기록할 만한 가치가 있는 중대한 경제사건이며, 이를 '거래'라고 한다. 측정단위는 화폐이다. 기업의 경우, 일정 경제활동이 거래인지 여부는 1차로 재화나 용역의 이동이 있었는가와 2차로 회계의 기본 5개념인 자산, 부채, 자본, 수익, 비용에 영향을 미치는가에 의해 판단한다. 재화나 용역 등 경제가치의 이동이 있거나 회계의 기본 5개념에 영향을 미치면 거래로 본다.

기업의 경제활동은 인적자원 모집을 위한 노동계약과 물적자원 마련을 위한 자본 조달로부터 시작된다. 자본(자금)은 채권자로부터 차입한 타인자본과 투자자(또는 주주)로부터 출자받은 자기자본으로 마련한다. 이후 기업은 조달된 자본을 사용해 점포, 공장을 임차(구입)하고, 영업용자산(예: 기계장치)을 마련하는 등 개업준비를 거쳐, 재화나 용역을 판매하는 이익획득(영업)활동을 하게 된다.

이처럼 기업활동은 자본조달활동인 자본거래와 이익획득(영업)활동인 손익거래로 나눌 수 있고, 자본거래에서 자산, 부채, 자본의 개념이 등장하며, 손익거래에서 수익, 비용 개념이 추가된다. 이익은 수익에서 비용을 차감한 가액으로, 영업활동을 통한 순자산의 증가를 뜻한다. 순자산의 증가는 회계기간 초와 회계기간 말의 순자산 차이이며, 순자산은 총자산에서 총부채를 뺀 가액으로 자본과 일치한다.

기업활동의 내용을 그림으로 나타내면 [그림 1-3]과 같다.

그림 1-3 기업활동의 내용 : 자본조달활동(자본거래)과 이익획득활동(손익거래)

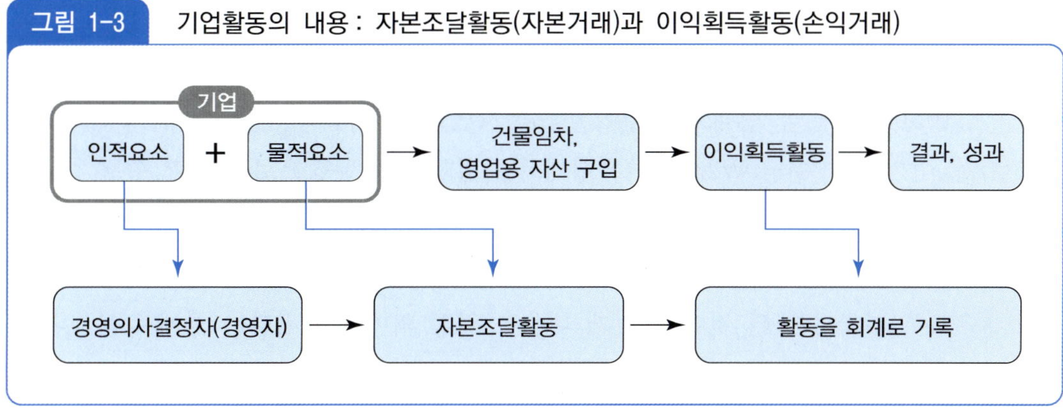

복습문제

A. 회계거래 여부의 판단기준을 설명하라.

B. 회계거래의 예를 제시하라.

C. ㈜태초가 노동자와 고용계약을 체결하는 경우와 ㈜태초에 근무하던 유능한 기술자가 사직하는 경우는 거래인가?

D. ㈜태초의 창고에 보관하는 상품이 최신 유행에 뒤처져 가치가 떨어지는 경우는 거래에 해당하는가?

3 회계처리의 기본 틀

가. 복식부기

회계처리과정은 거래를 차변(借邊 : 왼쪽)과 대변(貸邊 : 오른쪽)으로 나누어 같은 액수로 각각 적는 분개(分介 : 펼쳐 적는 것)로부터 시작된다. 복식이란 차·대변에 두 번 적는 것을 뜻하고 부기는 문서에 기록하는 것을 말하므로 복식부기는 분개를 통해 이루어진다. 모든 거래를 차변과 대변에 같은 액수로 각각 적는 것을 거래의 이중성이라고도 한다. 거래를 차변, 대변에 각각 적는 이유는 차변은 대변 내용을, 대변은 차변 내용을 검증하는 작용을 하기 때문이다. 예컨대, 차변에 현금 ₩2,000을, 대변에 은행차입금 ₩2,000을 기록했다면 차변의 현금 ₩2,000이 은행에서 빌린 것임을 대변을 통해 알 수 있고, 대변의 은행차입금 ₩2,000은 현금 형태로 이루어졌음을 차변을 통해 알 수 있는 이치이다.

거래를 '현금 ₩2,000을 은행에서 차입했다'는 문장으로 표현할 수도 있으나, 문장은 같은 거래라도 사람마다 또는 경우에 따라 달라질 수 있으며, 번잡하고 기록의 통일성을 유지하기도 어려우므로, 분개의 형식을 취해 한 눈에 알 수 있도록 기록하게 된 것이다. 분개 내용은 일정 의미를 가진다는 점에서 분개와 복식부기의 틀을 '회계언어'라고도 한다.

차변은 Debtor, 대변은 Creditor라는 어원의 번역이기도 하다. 이 용어의 사용은, 로마시절 노예가 귀족인 부재지주로부터 토지 등 자산의 관리를 맡게 되었는데, 노예 입장에서는 그 자산은 자기 것이 아니라 다시 주인에게 돌려주어야 할 것이라는 의미에서 Debtor(빚쟁이)라 칭하고 노예계정의 왼쪽에 적었으며, 돌려줄 때는 반대 의미의 Creditor(돈주인)라 이름하고 주인계정의 오른쪽에 기록한 데서 비롯된 것으로 알려져 있다.[19] 자산증가는 차변, 자산감소는 대변에 적는 분개의 기본 틀 유래가 여기에 있다고 할 수 있다. 부채, 자본, 수익, 비용의 증가와 감소에 대한 차·대변의 기록 여부는 자산 증감의 차·대변 위치에 따라 정해진다. 예컨대, 은행에서 ₩2,000을 빌렸을 경우, 자산인 현금 증가가 차변에 위치하므로 부채인 은행차입금 증가는 대변에 자리 잡는다. 이를 분개하면 아래와 같다.

(차) 현 금	2,000	(대) 은행차입금	2,000

나. 회계의 기본 5개념과 분개

(1) 기본 5개념

회계처리과정에서 자산, 부채, 자본, 수익, 비용의 5개념과 이익 개념이 등장한다. 자본의 조달과 영업용 자산의 마련 과정인 자본거래는 자산, 부채, 자본의 개념을 쓰고, 이익추구의 영업활동인 손익거래는 수익, 비용 개념을 사용한다.

19 이정호, 회계원리, 경문사(1996), pp.124-125.

그림 1-4 회계거래, 회계의 기본 5개념과 이익

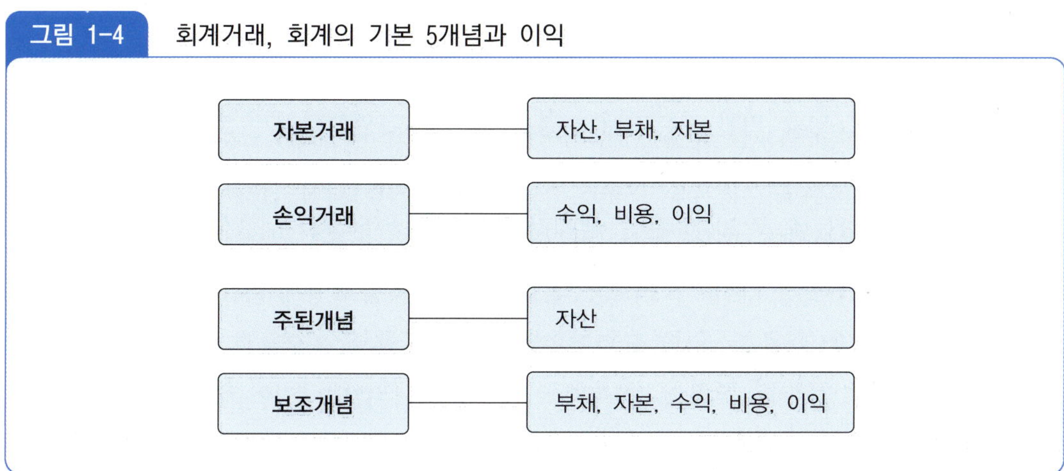

자산(Assets)은 '경제적 효익의 창출능력' 또는 '현금창출능력'이나 '용역잠재력(Service potentials)'으로 정의할 수 있으며, 현금 자체, 금전채권, 재고자산(판매목적용 자산) 등이 그 예이다. 부채(Liabilities)는 '자산의 감소를 수반하는 갚아야 할 빚'을 뜻하며, 은행차입금이 그 예이다. 자본(Equities)은 (자산-부채)로 정의할 수 있으며, 자본금이 그 예이다. 문맥에 따라서는 자산이 자본과 같은 의미(자산=자본)로 해석되는 경우도 있으며(자본이론), 이때 자본은 타인자본(부채)과 자기자본(좁은 의미의 자본)으로 구성된다. (자산-부채)를 순자산이라고도 한다.

수익(Revenues)은 '영업활동에서 자산증가 또는 부채감소를 수반하는 자본증가 항목'을 의미하며, 그 예는 매출이 있다. 비용(Expenses)은 '영업활동에서 자산감소 또는 부채증가를 수반하는 자본감소 항목'으로 정의할 수 있으며, 그 예는 매출원가, 운송(반)비가 있다. 수익에서 비용을 차감하면 이익(Income)이 되고, 이익은 영업활동으로 인한 순자산(자산-부채)의 증가분을 뜻한다.

자본거래나 손익거래 모두 자산 획득을 최종 목적으로 하기 때문에 자산이 주된 개념이고 부채, 자본, 수익, 비용, 이익은 자산의 움직임을 설명하는 보조 개념이라고 할 수 있다. 또한, 이익은 일정 기간의 영업활동 결과로서 나타나는 것이지 거래를 기록하는 과정에서 등장하는 개념이 아니므로, 자산, 부채, 자본, 수익, 비용을 회계의 기본 5개념이라고 할 수 있다. 이를 그림으로 나타내면 [그림 1-4]와 같다.

(2) 분개의 기본 원리 : 자산과 부채, 자본, 수익, 비용의 관계

자금조달을 위한 자본거래의 경우, 자금은 타인으로부터 빌리거나 기업 스스로(예 : 주식공모) 마련하게 된다. 예컨대, ㈜산천경개(山川景槪)가 현금 ₩70,000을 필요로 하는데, ₩20,000은 은행에서 차입하고 ₩50,000은 주식을 공모해 주주로부터 조달했을 경우, 그 분개는 다음과 같다.

(차) 현 금	70,000	(대) 은행차입금	20,000
		자본금	50,000

자산증가, 부채증가, 자본증가로 구성되어 있는 위 분개의 원리를 설명해보면, ₩70,000의 현금 증가는 자산의 증가에 해당하므로 차변에 적고 ₩20,000 부채와 ₩50,000 자본의 증가는 차변의 반대편인 대변에 적을 수밖에 없다. 즉 복식부기의 틀에서 모든 거래는 차변과 대변에 각각 기록해야 하는데, 먼저 자산의 움직임을 살펴 자산증가를 차변에 위치시킨 후 부채와 자본의 증가를 상대편인 대변에 배치하는 식이 된다.

차변액의 합계와 대변액의 합계는 일치되며, 차변과 대변에 적는 계정(거래를 구성하는 구체적 항목의 이름)의 개수는 거래 내용에 따라 다를 수 있다(위 분개의 경우 차변은 현금 계정 1개, 대변은 은행차입금과 자본금 계정 2개이다). 또한, 차변과 대변은 각각 상대편 거래 내용에 의해 설명된다. 위 분개에서 현금 증가는 은행차입과 자기자본(자본금)을 통해 이루어졌음을 알 수 있고, 은행차입과 자기자본(자본금)의 증가는 현금 증가에 기여했음을 파악할 수 있다.

위 분개에서 자산증가는 차변에, 부채와 자본의 증가는 대변에 적힌다는 것을 알 수 있다. 자산, 부채, 자본으로 구성된 거래에서 주된 개념은 자산이고, 부채와 자본 개념은 자산 개념을 둘러싸고 있는 보조 개념에 불과하다. 자산은 오감을 통해 직접 인식할 수 있고, 경제활동을 하는 경제주체의 궁극적인 획득 대상인 실체 개념이지만, 부채와 자본은 직접 체감할 수 없고, 자산 움직임을 설명하는 추상 개념이기 때문이다. 자산, 부채, 자본 간 거래에서 자산증가는 차변, 자산감소는 대변이므로, 부채증가는 대변, 부채감소는 차변, 자본증가는 대변, 자본감소는 차변에 자리 잡게 된다. 실제 거래의 회계처리는 거래의 세부 항목이 자산, 부채, 자본의 어느 개념에 해당하는지를 판단해 그 증감에 따라 차변 또는 대변에 기록하는 식으로 이루어진다.

판매용 자산인 재고자산(상품 또는 제품)의 매출활동에서, 자산, 부채, 자본 외에 수익, 비용 개념이 추가로 등장한다. 예컨대, ㈜산천경개가 재고자산(의류)을 매출하면서 ₩10,000에 사 온 의류를 인도하고 ₩20,000의 현금을 받았다면, ㈜산천경개는 이 손익거래에서 ₩20,000의 현금자산 증가, ₩10,000의 재고자산 감소, ₩20,000의 수익 실현의 결과를 얻게 된다. 이를 분개하면 다음과 같다.

(차)	현 금	20,000	(대) 매 출(수익)	20,000
	매출원가(비용)	10,000	재고자산	10,000

이 분개는 매출수익을 통해 현금자산이 ₩20,000 증가했고, 매출수익에 대응해 재고자산이 ₩10,000 감소함으로써 매출원가비용이 발생했다는 것을 나타낸다. 이 거래에서도 직접 인식가능한 실체는 자산인 현금과 재고자산이고 수익과 비용은 자산의 움직임을 설명해주는 기능을 하고 있음을 알 수 있다. 수익실현[20](증가)은 대변에 위치하는데 수익실현이 수반하는 자산증가가 먼저 차변에 적히기 때문이고, 비용발생(증가)은 차변에 위치하는데 비용발생이 가져오는 자산감소가 먼저 대변에 적히기 때문이다. 즉 수익실현(증가)은 대변, 수익소멸(감소)은 차변에 기록되고, 비용발생(증가)은 차변, 비용소멸(감소)은 대변에 기록된다.

수익이 실현(증가)될 때 부채가 감소하거나, 비용이 발생(증가)할 때 부채가 증가하는 경우도 있다. 매출과정에서 대금을 먼저 받거나, 재고자산을 고객에게 운송한 운송회사에 아직 대금을 지불하지 않은 경우가 각각의 예이다. 대금을 먼저 받으면 대금에 해당하는 재화나 용역을 제공할 부채를 지게 되며, 재화나 용역을 제공할 때 이 부채가 감소하면서 수익으로 실현된다. 운송용역의 소비가 있으면 용역을 이미 제공받았기 때문에 그 대금을 지급할 부채가 발생하고, 대금이 지급되면 부채가 감소하면서 자산이 감소한다. 이때의 비용 발생(증가)은 부채증

20 발생주의에서 수익의 인식은 '실현', 비용의 인식은 '발생'으로 표현하는데, 비용보다 수익을 보다 엄격하게 인식하는 데서 비롯되었다. 자산가치를 가능한 한 적게 인식함으로써 자산정보의 신뢰성을 높이려는 이 사고를 보수주의라고 한다.

가를 거쳐 자산감소로 이어진다. 비용은 '소멸된 원가'라고도 한다. 예컨대, ㈜산천경개가 ₩1,000의 계약금을 먼저 받은 후 재고자산(의류)을 ₩20,000에 신용매출했으며, 운송비 ₩1,500을 미지급했다면 다음의 분개를 하게 된다.

(계약금 수취)	(차) 현 금	1,000	(대) 선수금(부채)	1,000
(재고자산 인도)	(차) 선수금	1,000	(대) 매 출	20,000
	외상매출금	19,000		
(운송용역 소비)	(차) 운송비(비용)	1,500	(대) 미지급운송비(부채)	1,500
(미지급운송비 지급)	(차) 미지급운송비	1,500	(대) 현 금	1,500

기업이 영업활동을 하면 그 결과로서 순손익이 나타나게 되는데, 그 가액은 (수익 − 비용)의 산식을 통해 산출된다. 산식의 수치가 정(+)이면 순이익, 부(−)이면 순손실이 된다. 순이익은 자산증가로 반영되며, 이 자산증가는 기업 자체의 것이므로 순이익은 자본(이익잉여금)을 구성한다. 순이익 중 배당 등으로 감소한 부분을 제외한 나머지 부분을 '이익잉여금'이라고 한다. 수익은 순이익 또는 이익잉여금을 증가시키는 방향으로, 비용은 순이익 또는 이익잉여금을 감소시키는 쪽으로 작용하므로 수익은 '영업활동에서 자산증가나 부채감소를 수반하는 자본증가 항목', 비용은 '영업활동에서 자산감소나 부채증가를 수반하는 자본감소 항목'으로 정의할 수 있다.

포괄손익계산서의 구성 항목인 수익, 비용이 영업활동으로 인한 자산의 증감(움직임) 내역을 설명하는 보조 개념이라고 해서 재무상태표가 포괄손익계산서보다 우월한 회계보고서라고 단정하기는 어렵다. 이는 회계 또는 의사결정자의 목적에 따라 회계보고서의 쓰임새가 달라질 수 있기 때문이다. 포괄손익계산서는 기업가치 변화를 초래하는 일정 기간의 경제사건에 초점을 맞추는 반면, 재무상태표는 경제활동 결과인 일정 시점의 기업가치 자체에 중점을 둔다. 포괄손익계산서의 당기순이익은 자산의 증가를 수반하고 당기순이익 자체는 재무상태표의 자본 항목인 이익잉여금에 흡수되면서 재무상태표와 연결된다.

분개의 기본원리를 요약하면 <도표 1-1>과 같다.

〈도표 1-1〉 분개의 기본원리

	차 변	대 변
자 산	증 가	감 소
부 채	감 소	증 가
자 본	감 소	증 가
수 익	소 멸	실현(발생)
비 용	발 생	소 멸

(3) 자산 = 부채 + 자본(회계항등식)

분개의 기본원리에 의해, 차·대변에 기록된 부채와 자본의 증감은 같은 액수의 자산 증감을 초래하고, 대변의 수익은 자산증가 또는 부채감소를 수반하는 가액만큼 자본을 증가시키고, 차변의 비용은 자산감소 또는 부채증가를 수반하는 가액만큼 자본을 감소시킨다. 당기순이익은 이익잉여금으로 대체되는데, 수익은 순이익을 증가시키는 방향으로 비용은 순이익을 감소시키는 방향으로 자본 항목인 이익잉여금에 영향을 미친다. 이 내용을 식으로 나타내면 다음의 항등식이 된다.

자산 = 부채 + 자본

이 식은 회계의 모든 거래에 시점에 관계없이 적용되기 때문에 회계항등식(기본식)(Accounting equation)이라고 한다. 자본거래와 손익거래의 예를 적용해 회계항등식의 성립 여부를 살펴보기로 한다.

〈자본거래〉

• ㈜히말라야가 ₩80,000의 은행차입과 ₩90,000의 주식공모를 통해 현금을 조달했다.

(분개)	(차) 현금(자산)	170,000	(대) 은행차입금(부채)	80,000
			자본금(자본)	90,000

(회계항등식) 자산(현금) ₩170,000
= 부채(은행차입금) ₩80,000 + 자본(자본금) ₩90,000

〈손익거래〉

- ㈜히말라야가 매입원가 ₩10,000의 상품(재고자산)을 ₩15,000에 현금매출했다.

(분개)	(차) 현금(자산)	15,000	(대) 매출(수익)	15,000
	매출원가(비용)	10,000	재고자산(자산)	10,000

(회계항등식) 자산 ₩5,000(현금 ₩15,000 – 재고자산 ₩10,000)
= 부채 ₩0 + 자본(이익잉여금) ₩5,000(매출 ₩15,000 – 매출원가 ₩10,000)

복습문제

A. 분개의 기본원리를 설명하라.

B. 회계거래의 기본 5개념을 제시하고, 그 의미를 설명하라.

C. 회계거래의 기본 5개념과 분개의 관계를 설명하라.

D. 분개의 예를 몇 가지 제시하라.

E. 회계항등식을 설명하라.

F. 재무상태표와 손익계산서를 연결해주는 항목은 무엇인가?

다. 회계기준(관습)과 회계이론

(1) 회계기준(관습)

회계관습은 실무상 일정 행위가 되풀이되어 경제주체 간의 준수 합의가 있을 때 형성되며, 보편성을 지닐수록 신뢰성과 수용도가 높아진다. 회계기준은 '회계처리 및 정보공시의 지침'을 뜻하며, 회계관습을 고려해 결정한다. 일반적으로 인정된 회계기준(Generally Accepted Accounting Principles : GAAP)은 조직의 경제, 재무활동을 측정하고, 집계하며, 보고하는 관습으로 이해되어 수용되고 있다. 우리나라 기업은 기업회계기준, 한국채택국제회계기준을 적용한 회계처리를 한다.

거래의 인식시기, 자산·부채의 평가, 회계보고서의 공시내용 등 회계처리 전반을 규정하는 회계기준은 조직의 유형에 따라 내용을 달리한다. 조직에 따라 경제활동, 회계보고서의 용도, 이해관계인, 경제환경이 다를 수 있고, 회계기준도 그만큼 차이가 난다. 주식회사의 회계기준은 1인기업, 조합기업의 그것과 다르며, 비영리조직, 정부조직의 회계기준과도 다르다. 비영리조직은 영리추구(이익획득)를 목적으로 하지 않고, 손익계산서가 없으며, 회계기간 말에 이익을 남겨 차기로 이월하거나 배당하는 회계처리도 하지 않는다. 비영리조직은 기업회계기준이 아닌 별도의 회계기준에 따라 재무상태표의 자산, 부채를 평가하며, 수입과 지출의 균형을 추구한다.

모든 상황에 적용되는 회계처리 지침의 제정은 매우 어려운 일이다. 회계기준은 경제환경 변화, 정보기술 진보 등의 외부 영향을 받으며, 회계주체의 회계기준 준수 여부나 적용형태도 여러 외부 요인에 의해 달라진다. 회계기준의 내용과 준수 여부를 좌우하는 외부 환경[21]에는 공식적인 기준제정기구의 존부(예: 회계기준원), 독립 감사인에 의한 감사의 실시 여부(감사환경), 회계부정에 대한 민·형사 구제제도의 존부(법환경), 회계보고서 공시의 선호 여부(문화환경), 회계보고서의 작성 목적(회계의 사회기능) 등이 포함된다.

최근 국가 간에 회계기준을 공통으로 적용하자는 국제회계기준의 정립 논의가 활발하다. 국제회계기준이 적용되면 국가 간 회계보고의 비교가능성, 검증가능성은 증진될 수 있으나, 국가마다 경제, 사회, 정치, 문화 환경이 달라 모든 나라에 똑같이 적용되는 국제회계기준의 도출은 쉽지 않을 것으로 보인다. 우리나라는 한국회계기준원이 번역, 제정한 한국채택국제회계기준을 상장기업에 적용하고 있다.

(2) 회계이론

회계연구는 1900년대 미국대학에서 회계교육이 시작되면서 이루어졌으며,[22] 법, 경제, 경영, 사회 환경의 변화와 규제기관의 규제 정당성 확보 요구 등을 발

---

21 Antle & Garstka, *Financial Accounting*(2nd Edition), Thomson(2004), pp.16-19.

22 오용규·김갑룡, 비교회계이론, 신론사(2016), pp.24-26.

판으로 회계연구가 심화되고 회계이론이 발전하게 되었다. 안타깝게도 회계연구가 미시적이고 너무 다양하게 이루어진 탓에 회계분야를 지배하고 선도하는 이론은 탄생하지 못했으며, 회계이론이 회계기준이나 규제에 크게 작용할 수도 없었다. 회계기준이 소유주, 경영자, 채권자, 정부 또는 규제기관, 감사인, 사회단체 등 다양한 이해관계인의 영향을 받는 점도 또 다른 이유이다. 앞으로 회계연구의 진전에 따라 회계현상이나 회계기준에 대한 회계이론의 설명, 예측 기능이 향상될 것으로 본다.

복습문제

A. 회계기준의 의의와 내용을 설명하라.

B. 영리조직과 비영리조직의 회계처리는 어떻게 다른가?

라. 회계가치와 경제가치

회계는 모든 거래를 화폐단위로 측정한다. 정보이용자는 회계보고서에 제시된 회계가치를 토대로 기업의 자산가치나 수익성을 평가하게 되는데, 이때 회계가치가 각 계정의 경제가치를 정확히 측정한 결과라고 오해할 수도 있다. 경제가치는 시장에서 결정되는 가격이고, 재화나 용역이 창출하는 경제효익의 화폐평가액이다. 회계가치와 경제가치는 일정 부분 오차(차이)를 보인다. 회계에서는 거래의 측정기준(예: 원가주의, 시가주의)이 계정마다 다를 수 있고, 같은 계정이라도 측정시점(예: 취득시점, 기말평가시점)에 따라 가치가 변할 수 있기 때문이다. 재무제표는 각 계정별 측정가치의 합계 형식으로 작성되기 때문에, 재무제표에 보고된 경제자원의 의미를 이해하려면 측정가치가 무엇이고, 측정가치와 경제가치가 어떻게 연결되는지 살펴야 한다. 모든 회계거래는 자산과 연결되므로 자산거래의 측정가치와 순자산 증감치인 당기순손익의 측정가치를 검토하도록 한다.

(1) 자산거래의 측정가치

자산거래의 측정가치는 취득원가이거나 장부가치, 공정가치의 화폐평가액이다. 취득원가는 재화나 용역을 취득할 때 희생된 경제가치의 화폐평가액이고, 장부가치는 취득원가 또는 취득원가에서 가치감소분을 뺀 가액이며, 공정가치는 시장에서 형성된 재화나 유가증권, 용역의 화폐평가액이다. 예컨대, ₩10,000을 주고 산 주식의 회계기간 말 시가가 ₩15,000일 경우, ₩10,000은 주식의 취득원가임과 동시에 장부가치이고, ₩15,000은 주식의 공정가치이다. 공정가치는 자산의 수치화된 현금창출능력을 보여주는 유용한 개념이지만, 실무에서는 그 적용이 쉽지 않다. 잘 형성된 시장이 존재하지 않거나 실제 팔 수 없으면 그 자산의 공정가치를 알기 어렵기 때문이다. 공정가치가 적용되는 대표적인 예는 증권거래소에서 거래되는 금융증권을 들 수 있다. 각종 자산에 대해 24시간 거래가 보장되는 범세계적 시장 통신망 같은 기술혁신은 미래의 공정가치 결정방법에 큰 영향을 미칠 것이다.

(2) 당기순손익의 측정가치(순자산의 증감가치)

순자산은 효익 창출이 기대되는 자산과 자산 희생이 예정된 부채의 차이로 정의되며, 자본의 크기와 일치한다. 자산거래의 측정가치에 따라 순자산의 가치도 달라진다. 분개의 기본원리에 의해 회계에서 (자산 = 부채 + 자본)의 식은 항상 성립하며, 이 식을 (자산 − 부채 = 순자산(자본))으로 전환할 수 있다. 이 방정식은 회계기본식이며, 회계 체계에서는 언제나 성립하기 때문에 회계항등식으로 일컬어진다. 이 식에서 자산, 부채의 가치가 변하면 순자산의 가치도 달라지는 것을 알 수 있다.

포괄손익계산서는 영업활동에서 획득한 자산(수익)과 소비된 자산(비용)을 대응시켜, 회계기간에 발생한 순자산증감액과 그 내역을 기술한다. 순자산증감액인 당기순손익은 조직의 성공 여부를 가늠할 지표로서 일정 기간 여러 자산과 용역이 투입된 영업활동의 결과이며, 회계기간에 일어난 순자산의 변화(증감) 중 투자자(소유주)의 자본거래를 제외한 부분을 말한다. 소유주의 기여에 따른 자산 증가는 재무상태표에, 소유주 배당에 따른 자산(현금) 감소는 재무상태표와 현금흐름표에 기술한다.

조직마다 상황에 따라 경제가치를 정확하게 측정할 수 없는 자산이 있을 수 있다. 예컨대, 신약개발이나 수소자동차 같은 신제품개발의 경우, 개발 당시는 투입원가를 정확히 산정해 자산가치를 인식할 수 있으나, 판매가 계속되면서 다른 신제품과의 경쟁 등으로 나타나는 가치감소분은 제대로 파악하기 어렵다. 이 경우 포괄손익계산서의 순손익수치가 순자산의 모든 변화를 표시하는 데 실패할 수 있다. 회계 측정 및 공시에 대한 적절한 보완책이 지속적으로 강구되어야 하는 이유이다.

한편, 회계의 정보제공기능을 강조하는 견해는, 재무상태표의 회계가치(축적량)나 포괄손익계산서의 순손익측정가치(변화량) 모두 정보제공 역할을 하기 때문에, 회계가치와 정확한 경제가치 간의 오차가 있더라도, 회계는 일정한 사회경제적 기능을 충분히 수행한다고 주장한다.

 복습문제

A. 회계가치와 경제가치가 오차(차이)를 보이는 이유는 무엇인가?

마. 거래인식기준 : 현금주의 대 발생주의

거래(Transaction)는 회계상 측정·기록할 만한 가치가 있는 중대한 경제사건을 뜻한다. 거래 여부의 판단기준은 발생주의(Accrual basis)와 현금주의(Cash basis)가 있으며, 발생주의는 재화나 용역의 이동을 중대 사건으로 보는 반면, 현금주의는 현금의 움직임을 중대 사건으로 본다.

발생주의 회계는 현금흐름에 더해 비현금 정보를 반영하므로, 현금주의 회계는 발생주의 회계에 포함되는 발생주의 회계의 부분집합이다. 미래 현금흐름에 관한 정보제공 측면에서 보면, 발생주의가 현금주의보다 우월한 이유가 여기에 있다. 예컨대, 유형자산의 가치감소와 외상매출금의 미회수 추정치를 인식하고, 재고자산평가에 저가주의(원가와 시가 중 낮은 가액으로 평가)를 적용하는 것은

그림 1-5 미지급, 선급, 미수, 선수 항목의 관계

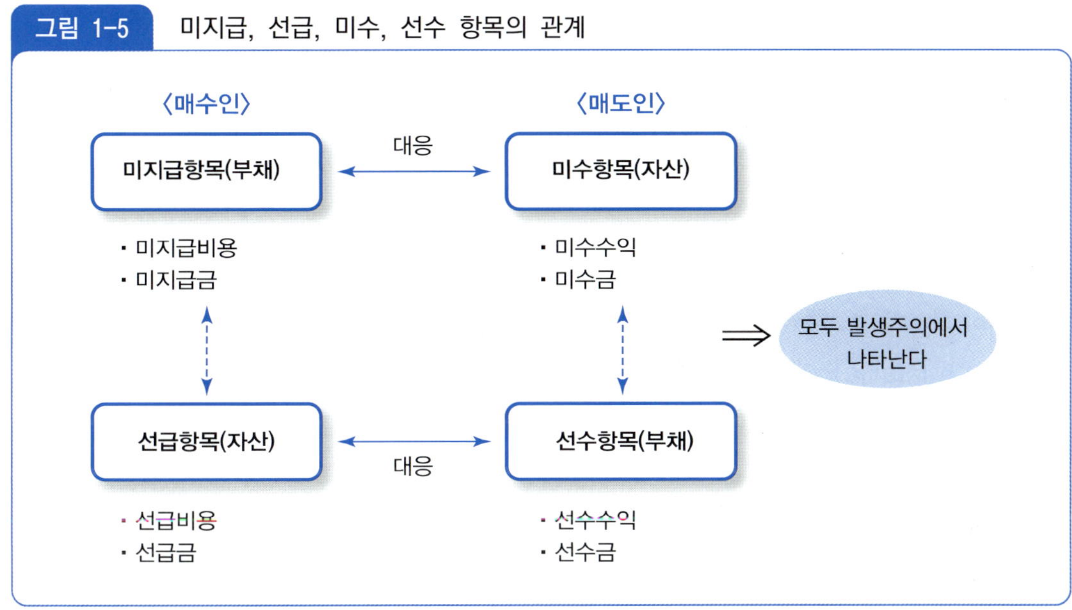

해당 자산의 경제가치 산정에 바람직하다고 볼 수 있다.

발생주의는 미래예측 정보, 현금유출입 이외의 정보를 전달함으로써 미래 현금흐름과 배당지급능력에 대해 현금주의보다 더 나은 지표를 제공할 수 있지만, 기업 경제가치의 완전한 공시시스템은 아니다. 원가-편익에 따라 현금주의와 완전한 공시시스템 사이의 일정 지점에서 형성된 사회적 합의라고 할 수 있다. 발생주의의 구체적 거래식별기준은 재화나 용역의 움직임 여부와 회계의 기본 5개념 변화 여부이다. 현재의 회계는 대부분 발생주의를 기본전제[23]로 이루어진다.

거래를 인식하면서 미지급·선급(매수인), 미수·선수(매도인)의 계정항목이 등장하는 것은 발생주의를 택했기 때문이다. 이를 정리하면 [그림 1-5]와 같다.

미지급항목은 재화나 용역을 수취했으나 현금을 지급하지 않은 것이며, 선급항목은 재화나 용역의 수취 전에 현금을 지급한 것을 의미한다. 미수항목은 미지급항목에 대응하는 것으로 재화나 용역을 제공했으나 현금을 받지 못한 것이며, 선수항목은 선급항목에 대응하는 것으로 재화나 용역의 제공 전에 현금을 수취한 것을 뜻한다. 미지급항목의 예는 외상매입금, 미지급급여(미지급비용), 기계미

23 회계에서 증명 없이 적용되는 기본전제를 회계공준이라고 한다. 발생주의는 회계공준이다.

지급금 등이 있고, 선급항목의 예는 선급임차료(선급비용), 선급보험료(선급비용), 선급계약금(선급금) 등이 있으며, 미수항목의 예는 외상매출금, 미수임대료(미수수익), 기계미수금 등이 있고, 선수항목의 예는 선수임대료(선수수익), 선수보험료(선수수익), 선수계약금(선수금) 등이 있다.[24]

복습문제

A. 발생주의 회계와 현금주의 회계를 비교하라.

4 요 약

거래의 회계처리는 차 · 대변에 각각 기록하는 복식부기로 이루어지며, 자산, 부채, 자본, 수익, 비용의 기본 5개념을 토대로 한다. 자산은 실체가 있는 주요 개념이고, 부채, 자본, 수익, 비용은 자산 움직임을 설명하는 보조 개념이다. 회계거래는 자본조달 활동인 자본거래와 이익획득 활동인 손익거래로 나눌 수 있으며, 자산, 부채, 자본은 자본거래의 내용을 이루고 수익, 비용은 손익거래의 내용을 구성한다. 분개는 자산 증감에 따른 자산의 차 · 대변 위치를 먼저 정한 후, 다른 요소들의 증감에 따른 차 · 대변 위치를 정하는 식으로 이루어진다.

경제주체의 의사결정 예를 살펴보면, 회계정보의 유용성과 가치를 알 수 있다. 정부, 지방자치단체, 가계는 비영리 회계주체이고, 기업은 영리 회계주체이다. 법인기업인 회사의 구체적인 회계정보는 재무상태표, 손익계산서, 현금흐름표, 자본변동표 등의 회계보고서(재무제표)를 통해 공시된다. 회계정보는 단순한 화폐가치 이상의 의미를 가지며, 회계처리의 내용과 방법을 익히면 회계정보의 의미를 어렵지 않게 이해할 수 있다.

회계기준은 조직형태에 따라 달리 적용되며, 정부 등의 비영리회계는 영리회계와 다르다. 영리회계의 경우, 현재 범세계적으로 통용될 수 있는 국제회계기준의 모색이 이루어지고 있다.

24 구체적인 거래 예는 관련 내용을 다루는 부분에서 제시하도록 한다.

회계가치는 정보제공 역할을 하기 때문에 회계가치와 정확한 경제가치 간의 오차가 있더라도 회계는 일정한 사회경제적 기능을 충분히 수행한다고 할 수 있다. 회계는 거래인식기준으로 발생주의를 폭넓게 사용하며, 미지급, 선급, 미수, 선수 등의 항목은 발생주의에서 등장한다.

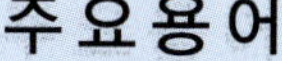 주요용어

- 회계주체 : 정보이용자에게 회계정보를 산출, 제공하는 경제주체를 말한다.
- 경제주체 : 경제주체는 경제활동을 하는 실체로서, 생산경제주체(기업), 소비경제주체(가계), 조정경제주체(정부), 해외주체로 나뉜다.
- 재무회계 : 조직외부의 정보수요에 부응하는 회계정보시스템이다.
- 관리회계 : 조직내부의 경영활동에 기여하는 회계정보시스템이다.
- 회계정보 : 의사결정에 도움을 주는 회계자료를 뜻한다.
- 자산 : '경제적 효익의 창출능력' 또는 '현금창출능력'이나 '용역잠재력'으로 정의할 수 있으며, 현금 자체, 금전채권, 재고자산(판매목적용 자산) 등이 그 예이다.
- 부채 : '자산의 감소를 수반하는 갚아야 할 빚'을 뜻하며, 은행차입금이 그 예이다.
- 자본 : (자산 - 부채)로 정의할 수 있으며, 자본금, 이익잉여금 등이 그 예이다.
- 수익 : 영업활동에서 자산증가나 부채감소를 수반하는 자본증가 항목을 말한다.
- 비용 : 영업활동에서 자산감소나 부채증가를 수반하는 자본감소 항목을 말한다.
- 의사결정 : 목적 달성을 위한 여러 대안 중 최적대안을 찾는 것으로, 대부분의 경제적 의사결정은 회계정보와 함께 최적을 지향한다.
- 회계보고서(재무제표) : 의사결정에 이용되는 회계정보가 요약되어 있는 문서를 말한다.
- 재무상태표 : 일정 시점의 자산, 부채, 자본의 구성상태(재무상태)를 나타내는 회계보고서이다.
- 손익계산서 : 일정 기간의 기업경영성과(수익 - 비용)를 나타내는 회계보고서이다.
- 현금흐름표 : 일정 기간의 현금유입과 현금유출에 대한 내역과 결과를 제시하는 회계보고서이다.
- 자본변동표 : 일정 기간의 자본변동 내역과 결과를 제시하는 회계보고서이다.
- 복식부기 : 거래를 차변(借邊 : 왼쪽)과 대변(貸邊 : 오른쪽)으로 나누어 같은 액수로 각

각 적는 것을 뜻한다.

- 분개(分介) : 회계처리의 시작이며, 거래를 차·대변에 펼쳐 적는 것을 말한다.
- 회계항등식 : 회계의 모든 거래에 시점에 관계없이 적용되는 등식으로, (자산=부채+자본)의 식을 말한다.
- 회계기준 : '회계처리 및 보고의 지침'을 뜻하며, 회계관습을 고려해 결정한다.
- 회계관습 : 실무상 일정 행위가 되풀이되어 경제주체들 간의 준수합의가 있을 때 형성되며, 보편성을 지닐수록 신뢰성과 수용도가 높아진다.
- 회계가치 : 회계가치는 회계의 토대로서, 모든 회계거래와 회계보고서는 화폐가치를 측정단위로 삼는다.
- 취득원가 : 재화나 용역을 취득할 때 소비(투입)된 경제가치의 화폐평가액을 말한다.
- 공정가치 : 재화, 유가증권 등의 시장거래가격을 말한다.
- 장부가치(장부가액) : 장부에 기록된 순가치를 뜻하며, 취득원가나 취득원가에서 가치감소분을 차감한 가액(취득원가－가치감소분)이 이에 해당한다.
- 순자산 : 자산의 부채 초과분(자산－부채)을 의미한다.
- 이익 : 영업활동의 결과인 순자산 증가치로서, 그 가액은 (수익－비용)의 산식을 통해 산출된다.
- 경제가치 : 시장에서 결정되는 가격이고, 재화나 용역이 창출하는 경제효익의 화폐평가액이다.
- 거래 : 회계상 측정·기록할 만한 가치가 있는 중대 경제사건을 의미한다.
- 발생주의 회계 : 재화나 용역의 이동을 기준으로 거래를 인식하는 회계이다.
- 현금주의 회계 : 현금의 움직임을 기준으로 거래를 인식하는 회계이다.
- 미지급항목 : 재화나 용역을 수취했으나 현금을 지급하지 않았을 때 발생하며, 미지급급여(미지급비용), 기계장치미지급금 등을 예로 들 수 있다.
- 선급항목 : 재화나 용역의 수취 전에 현금을 지급할 때 발생하며, 선급임차료(선급비용), 선급계약금(선급금) 등을 예로 들 수 있다.
- 미수항목 : 미지급항목과 반대로 재화나 용역을 제공했으나 현금을 받지 못했을 때 발생하며, 미수임대료(미수수익), 기계장치미수금 등을 예로 들 수 있다.
- 선수항목 : 선급항목과 반대로 재화나 용역의 제공 전에 현금을 수취할 때 발생하며, 선수임대료(선수수익), 선수계약금(선수금) 등을 예로 들 수 있다.

연습문제

1. ㈜물구나무의 20×8년 회계자료에 나타난 계정과 그 가액이 다음과 같다.

현 금	₩8,300	외상매출금(매출채권)	₩7,000
상품(재고자산)	₩5,000	당기손익인식금융자산	₩1,900
외상매입금(매입채무)	₩3,000	은행차입금	₩2,500
사 채	₩4,100	자본금	₩10,000
이익잉여금	₩2,600	매출(수익)	₩9,500
매출원가	₩5,400	이자비용	₩1,500

문

(1) ㈜물구나무의 재무상태표를 구성하는 자산, 부채, 자본의 계정항목을 지적하고, 자산합계, 부채합계, 자본합계를 구하라.

(2) ㈜물구나무의 포괄손익계산서를 구성하는 수익, 비용의 계정항목을 지적하고, 수익합계와 비용합계를 구하라.

(3) ㈜물구나무의 포괄손익계산서에 보고될 당기순이익은 얼마인가?

2. ㈜물구나무의 다음 분개를 보고 거래 내용을 추정하라.

(1)	(차) 현 금	5,000	(대) 자본금	5,000	
(2)	(차) 현 금	2,000	(대) 은행차입금	2,000	
(3)	(차) 외상매출금	2,700	(대) 매 출	2,700	
	매출원가	1,500	재고자산(상품)	1,500	
(4)	(차) 선급보험료	1,200	(대) 현 금	1,200	(12개월분)
(5)	(차) 이자비용	900	(대) 미지급이자	900	

(6)	(차) 현 금	2,400	(대) 선수임대료수익	2,400(12개월분)
(7)	(차) 미수이자	900	(대) 이자수익	900
(8)	(차) 건물감가상각비	1,500	(대) 건물감가상각누계액	1,500
(9)	(차) 특허권상각비	2,000	(대) 특허권	2,000
(10)	(차) 대손상각비	340	(대) 대손충당금	340
			(외상매출금 잔액 ₩17,000의 2%)	

3. 다음 사항은 ㈜적토마(赤兎馬)의 20×8년 경제활동 자료이다. 물음에 답하라.

① 20×8.1.17. 은행으로부터 현금 ₩8,000을 차입했다.

② 20×8.1.25. 당기손익인식금융자산을 ₩2,000에 현금 매수했다.

③ 20×8.1.31. 당기손익인식금융자산의 금융시장 가격이 ₩2,000에서 ₩2,500으로 상승했다. ㈜적토마는 20×8.1.31. 당기손익인식금융자산의 평가손익을 인식한다.

④ 20×8.2.1. 직원 채용을 위한 응시자 취업면접을 했다.

⑤ 20×8.2.5. 직원 합격자를 발표하고 노동계약을 체결하면서 급여수준을 정했다.

⑥ 20×8.2.9. 제품제조원가 ₩1,500의 제품(재고자산)을 ₩1,800에 신용매출했다.

⑦ ㈜적토마는 판매제품에 대해 판매 후 1년간 품질보증을 한다.

⑧ 20×8.3.3. ㈜적토마가 계열사의 부채에 대해 담보제공을 함으로써 물적 보증을 했으나, 채무지급의무는 발생하지 않았다.

⑨ 20×8.3.8. 창고에 보관 중인 ₩300의 제품(재고자산)이 수해로 파손되었다.

문

(1) 위 사항을 거래인 것과 거래가 아닌 것으로 구분하라. 거래가 아닌 것은 그 이유를 써라.

(2) ㈜적토마의 20×8년 자료 중 거래에 해당하는 경제활동에 대해 분개를 하라.

4. ㈜물구나무의 20×8년 기초 자산이 ₩1,000, 기초 부채가 ₩300, 기말 부채가 ₩500, 기말 자본이 ₩900일 때, 회계항등식을 이용해 다음 물음에 답하라.

문

(1) ㈜물구나무의 기초 자본은 얼마인가?

(2) ㈜물구나무의 기말 자산은 얼마인가?

(3) 20×8년에 이루어진 주주 투자가 ₩0일 때 ㈜물구나무의 20×8년 당기순이익은 얼마인가?

5. ㈜적토마의 20×8년 발생주의 당기순이익이 ₩5,000이고 20×8년 신용매출액이 ₩1,000일 때, 현금주의에 의한 당기순이익은 얼마인가?

연습문제 해답

1. (1) 자산 : 현금 ₩8,300 + 외상매출금(매출채권) ₩7,000 + 상품(재고자산) ₩5,000 + 당기손익인식금융자산 ₩1,900 = ₩22,200

 부채 : 외상매입금(매입채무) ₩3,000 + 은행차입금 ₩2,500 + 사채 ₩4,100 = ₩9,600

 자본 : 자본금 ₩10,000 + 이익잉여금 ₩2,600 = ₩12,600

 (2) 수익 : 매출(수익) ₩9,500

 비용 : 매출원가 ₩5,400 + 지급이자 ₩1,500 = ₩6,900

 (3) 매출(수익) ₩9,500 − 매출원가 ₩5,400 − 지급이자 ₩1,500 = ₩2,600

2. (1) ㈜물구나무가 주식을 공모해 주주로부터 ₩5,000의 현금을 조달했다.
 (2) ㈜물구나무가 은행으로부터 ₩2,000의 현금을 빌렸다.
 (3) ㈜물구나무가 매입원가 ₩1,500의 상품(재고자산)을 ₩2,700에 신용매출했다.
 (4) ㈜물구나무가 12개월분 보험료 ₩1,200을 미리 현금지급했다.
 (5) ㈜물구나무가 기말에 지급하지 않은 이자 ₩900을 비용 처리했다.
 (6) ㈜물구나무가 12개월분 임대료 ₩2,400을 미리 현금수취했다.
 (7) ㈜물구나무가 기말에 수취하지 못한 이자 ₩900을 수익 처리했다.
 (8) ㈜물구나무가 건물감가상각비 ₩1,500을 비용 인식했다.
 (9) ㈜물구나무가 특허권상각비 ₩2,000을 비용 처리했다.
 (10) ㈜물구나무의 기말 외상매출금 잔액 ₩17,000의 2%가 회수불능으로 추정되었다.

3. (1) 거래 : ①, ②, ③, ⑥, ⑨

 비거래 : ④, ⑤, ⑦, ⑧

 - 비거래인 이유 : 면접, 노동계약만으로는 어떠한 경제가치의 이동이나 회계계정의 변화가 없으므로 거래가 아니다. 품질보증이나 물적보증은 관련 채무가 확정될 때까지 거래가 될 수 없다. 물적보증은 채무지급의무가 발생하지 않았으므로 거래가 아니다. 보증사항은 재무제표에 각주사항으로 공시할 수 있다.

 (2) 분개

①	(차) 현 금	8,000	(대) 은행차입금	8,000
②	(차) 당기손익인식금융자산	2,000	(대) 현 금	2,000

③ (차)	당기손익인식금융자산	500	(대)	당기손익인식금융자산평가이익	500
⑥ (차)	외상매출금(매출채권)	1,800	(대)	매 출	1,800
	매출원가	1,500		제 품(재고자산)	1,500
⑨ (차)	제품(재고자산)감모손실	300	(대)	제 품(재고자산)	300

4. (1) 기초 자산 ₩1,000 − 기초 부채 ₩300 = 기초 자본 ₩700
(2) 기말 부채 ₩500 + 기말 자본 ₩900 = 기말 자산 ₩1,400
(3) 20×8년 자본증가는 당기순이익으로 인한 것이다. 당기순이익은 ₩200(기말 자본 ₩900 − 기초 자본 ₩700)이다.

5. ₩4,000(₩5,000 − ₩1,000), 신용매출액은 현금유입을 수반하지 않기 때문이다.

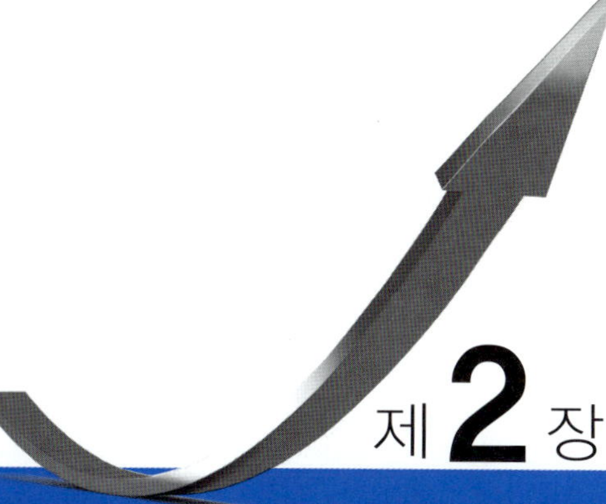

제 2 장

ACCOUNTING

재무상태표

1. 재무상태표의 의의와 내용
2. 재무상태표의 작성
3. 요 약

분개와 전기를 통해 생성된 회계정보는 보고형식의 재무제표에 담겨 정리된 형태로 외부에 공시된다. 재무제표는 집약되고 분류된 회계정보를 이해관계인들이 이해하기 쉽도록 도표 형식으로 적절히 배치한 문서를 말하는데, 재무상태표, 포괄손익계산서, 현금흐름표, 자본변동표 등이 있다. 재무상태표는 회계기간 말의 재무상태(자산, 부채, 자본의 구성상태)를, 포괄손익계산서는 회계기간의 영업활동 결과와 기타포괄손익항목 내역을, 현금흐름표는 회계기간의 현금유출입을, 자본변동표는 회계기간의 자본변동 내역과 크기를 보고한다.

재무제표는 주기적으로 공시되는데, 재무상태표와 다른 재무제표는 서로 연결되어 있다. 포괄손익계산서는 순자산증감가치인 당기순손익과 기타포괄손익이 이익잉여금과 기타포괄손익누계액으로 대체되면서 재무상태표와 연결되고, 현금흐름표는 회계기간의 현금증감 내역을 보고하면서 재무상태표의 현금(자산) 움직임을 설명하게 된다. 자본변동표는 자본항목의 변화를 설명하면서 재무상태표의 자본과 연결된다. 이런 연결관계를 토대로 재무상태표의 정보 내용을 분석할 수 있으면 관련 의사결정의 오류를 줄이고 효과를 높일 수 있다.

모든 경제주체는 각각 효용(이익)의 극대화를 추구하며, 대부분 경제가치를 취득해 목적을 충족하게 되는데, 경제가치를 지닌 실체를 자산이라고 한다. 회계에서는 모든 경제활동의 최종 지향점인 자산에 대해 그 종류, 취득, 가치평가, 소멸 등을 중요하게 처리하고 있다. 부채, 자본, 수익, 비용은 자산의 움직임을 설명하는 보조 개념의 역할을 한다. 자산, 부채, 자본의 관계에서는 (자산 = 부채 + 자본)의 항등식이 언제나 성립한다.

자산, 부채, 자본, 수익, 비용의 뜻과 구체적 항목의 예를 이해하고, 자산, 부채, 자본, 수익, 비용에 부여된 화폐수치의 의미를 파악하는 것은 회계 공부의 주요 내용이 된다. 재무상태표와 포괄손익계산서 항목의 움직임 분석에는 분개라는 회계 도구(또는 언어)가 사용된다. 이 장에서는 재무상태표의 토대인 자산, 부채, 자본의 회계를 살펴보고, 손익계산서, 현금흐름표와 자본변동표는 후속 장에서 다루기로 한다.

재무상태표의 이전 명칭은 대차대조표이며, 상법(기업법)이나 매스컴에서는 대차대조표라는 이름을 아직도 자주 사용하고 있다.

1 재무상태표의 의의와 내용

재무상태표(Balance sheet)는 자산, 부채, 자본으로 구성되며, 회계기간 말의 경제상태를 나타내는 회계보고서이다. 자산은 '미래 경제효익의 창출능력', '현금 창출능력', '용역잠재력'을 뜻하고, 부채는 '미래 시점의 자산 지출이나 포기가 수반되는 갚아야 할 빚'을 의미한다. 자본은 '자금조달의 원천'이라는 의미로 쓰이기도 하나, 주로 자산에서 부채를 뺀 수치를 지칭하며, 이는 순자산 수치와 일치한다. 자산, 부채, 자본의 구체적인 예와 회계처리를 살펴보고, 분개의 원리(회계항등식)를 이용한 재무상태표 작성 예를 제시하기로 한다.

가. 자산의 분류

경제주체는 경제활동에 쓰이는 여러 종류의 경제자원을 지닌다. 현금, 금전채권, 판매목적용 자산(재고자산)이 있는가 하면, 여러 해에 걸쳐 영업활동에 사용되는 기계, 공장, 건물도 있으며, 특허권, 실용신안권, 지적재산권과 같은 무형자산도 있다. 경제주체마다 보유하거나 사용하는 자산이 다양할 수밖에 없기 때문에 인식가능한 모든 자산을 열거하는 것은 불가능하다. 발생주의를 전제로 회사가 일반적으로 보유할 수 있는 자산을 살펴보기로 한다.

재무상태표에 자산을 보고할 때는 정보이용자의 이해와 분석을 돕기 위해 자산에 대해 일정 구분을 적용하는데, 자산을 유동자산과 비유동자산으로 나누는 구분이 흔하게 사용된다. 유동자산(Current assets)은 경제효익이 재무상태표일로부터 1년 내에 실현될 것으로 기대되는 자산이고, 비유동자산(Non-current assets)은 재무상태표일로부터 1년을 초과한 기간에 걸쳐 경제효익이 실현될 것으로 예측되는 자산이다. 유동자산 항목은 현금및현금성자산, 외상매출금, 받을어음, 재고자산, 당기손익인식금융자산 등이 있으며, 비유동자산 항목은 기타포괄손익인식금융자산, 상각후원가측정금융자산, 토지, 건물, 특허권, 지적재산권, 투자부동산 등이 있다. 재무상태표에 자산, 부채를 배치할 때는 유동성(현금으로의 전환, 지출가능성)이 큰 항목을 먼저 기록하는 유동성배열법을 쓴다.

나. 자산의 예시와 회계처리

(1) 유동자산의 예시

유동자산은 현금, 외상매출금, 받을어음, 재고자산, 당기손익인식금융자산, 선급비용 등이 있다.

현금(Cash)은 강제통용력이 인정된 유통가능한 통화 또는 은행예금을 말한다. 자기앞수표는 은행의 지급보증을 내포하므로 은행이 도산하지 않는 한 현금에 해당하나, 암호(가상)화폐는 현금이 아니다. 암호(가상)화폐는 해당 거래소에서 현금교환이 가능하다는 점에서 자산성이 인정되지만, 공적기관(예 : 국가)에 의한 강제통용력이 없기 때문에 현금이라고 보기 어렵다. 또한, 실질구매력이 제한되고 현 통화유통에 교란을 야기할 수도 있다. 한편, 국제거래에서 구매력을 가지는 다양한 외국화폐(외환)는 현금에 속한다. 현금은 가치저장력이나 재화나 용역의 구매력이 있기 때문에 경제효익의 창출능력을 보유한다. 자산에 해당하고, 그 자체가 유동성의 기준이므로 유동자산에 속한다.

외상매출금(Accounts receivable)은 발생주의에서 나타나는 계정[1]이며, 신용판매가 완료된 재화나 용역에 대해 고객으로부터 받을 금액이다. 외상매출금은 금전(현금수취)채권으로서 자산이지만, 채권이기 때문에 현금 회수를 못할 수도 있다. 회수가능한 범위 내에서 자산이며, 회계기간 말에 회수가능성을 추정하게 된다. 회수 불투명으로 추정된 액수는 대손충당금으로 회계처리되며, 그만큼 외상매출금 가치를 줄인다. 외상매출금 잔액에서 대손충당금을 뺀 수치를 외상매출금 장부가치(또는 순액)이라고 한다. 외상매출금의 신용기간은 통상 30일~90일이며, 외상매출금이 유동자산인 이유가 된다. 외상매출금 채권은 고객으로부터 대금을 변제받을 때 현금으로 전환된다.

받을어음은 신용매출의 대가로 어음[2]을 수취할 때 기록하는 계정으로, 금전채권인 점에서 외상매출금과 동일하고, 이자가 발생한다는 점을 제외하고는 외

---

1 계정은 거래가 기록되는 자리 또는 그 명칭을 말한다.

2 어음은 어음수표법상 약속어음과 환어음이 있으나 실무는 약속어음이 주를 이룬다. 회계에서는 약속어음, 환어음의 계정은 사용하지 않고 '받을어음', '지급어음'의 계정을 사용한다.

상매출금과 회계처리가 거의 같다. 외상매출금과 받을어음을 묶어 매출채권이라고 한다.

재고자산은 창고에 쌓아 비축하는 자산이란 뜻으로, 실제로는 영업에 쓰이는 재화의 보유 물량을 말한다. 판매가능한 상(제)품을 의미하는 재고자산은 크기, 가격, 품질 면에서 매우 다양한 유형이 있다. 제조업체는 제품제조에 쓰이는 원재료, 제조공정 단계에 있는 재공품, 판매와 배달을 기다리는 완성품을 재고자산으로 보유한다. 손상된 재화나 낡은 부품을 포함하고 있는 재고자산은 미래 경제효익을 창출할 가능성이 줄어든다. 저가주의(취득원가와 시가 중 낮은 가격)[3]로 평가되는 자산이며, 저가주의에 따른 평가손실이 계상될 수 있다. 저가주의에서의 시가는 순실현가능가치(판매가액 − 판매비용)를 자주 쓴다.

당기손익인식금융자산은 단기 투자자산이다. 보통주, 우선주나 채권(국채, 지방채, 회사채)과 같은 금융자산이 당기손익인식금융자산이 될 수 있다. 배당금수익이나 이자수익을 획득하기도 하지만 가격상승에 따른 차익을 기대하고 취득하는 금융자산이다. 통상 은행예금보다 높은 수익을 실현할 수 있으나, 가격하락의 위험이 크며, 피투자자의 파산으로 손해볼 수도 있다. 공정가치로 평가되는 자산이며, 공정가치는 거래소에서 형성된 가격이 된다. 회계기간 말의 당기손익인식금융자산은 공정가치 평가에 따른 평가손익을 초래한다. 1년 이내의 매각이 예정되어 있는 당기손익인식금융자산은 유동자산에 속한다.

선급비용(Prepaid expenses)은 영업활동에 투입될 용역을 구입하면서 그 대가를 미리 지급한 금액을 뜻한다. 선급임차료나 선급보험료를 예로 들 수 있다. 가게의 선급임차료는 가게 공간을 사용할 수 있는 경제효익을 지니고, 선급보험료는 보험 혜택을 누릴 수 있는 경제효익을 보유하므로 자산에 해당한다. 또한, 선급액만큼 현금지급을 회피할 수 있으므로 자산성을 가진다. 다음 회계기간에 사용될 용역에 대한 선급비용은 1년 내에 비용화되므로 유동자산에 해당한다.

3 저가주의는 재고자산의 취득원가보다 시가가 낮은 경우에 발생하는 경제효익(현금) 창출능력의 감소를 재고자산평가에 반영하기 위한 것으로서, 자산정보의 신뢰성 향상을 위한 보수주의가 적용된 예라고 할 수 있다.

(2) 유동자산의 거래와 회계처리(분개) 예

• ㈜득지(得志)가 주식공모를 통해 ₩5,000의 자본을 추가 조달했다.

(차) 현　금 5,000 (대) 자본금 5,000

• ㈜득지가 ₩1,500의 재고자산을 현금매입했다.

(차) 재고자산 1,500 (대) 현　금 1,500

• ㈜득지가 매입원가 ₩1,500의 재고자산을 ₩2,000에 신용매출했다.

(차) 외상매출금 2,000 (대) 매　출 2,000
매출원가 1,500 재고자산 1,500

• ㈜득지가 ₩2,000의 외상매출금에 대해 회수불능액을 ₩200으로 추정했다.

(차) 대손상각비 200 (대) 대손충당금 200

• ㈜득지가 앞 ₩2,000의 나머지 외상매출금을 모두 현금 회수했다.

(차) 현　금 1,800 (대) 외상매출금 1,800

• ㈜득지가 ₩1,000의 주식을 현금구입해 당기손익인식금융자산으로 처리했다.

(차) 당기손익인식금융자산 1,000 (대) 현　금 1,000

• ㈜득지가 12개월분 임차료 ₩1,200을 선급했다.

(차) 선급임차료 1,200 (대) 현　금 1,200

• ㈜득지가 임차료 선급 후 1개월이 지나 1개월분의 임차료를 비용으로 계상했다.

(차) 임차료 100 (대) 선급임차료 100

(3) 비유동자산의 예시

비유동자산은 형체가 있는 유형자산, 형체가 없는 무형자산, 투자자산을 예로 들 수 있다.

유형자산은 토지, 공장, 건물, 기계장치, 차량운반구(예 : 자동차, 트럭) 등이 있으며, 여러 해 동안 영업용으로 사용되는 자산이다. 경제효익의 창출 여부를 따져 보면, 토지는 개발되거나 팔릴 수 있고, 건물이나 공장은 사무공간, 상품전시장소, 제품제조공간을 제공한다. 기계장치는 판매용 제품을 만들고, 차량운반구는 재화를 고객에게 배달한다. 오염된 토지, 사용할 수 없는 공장이나 건물, 낡은 기계와 같이 경제효익 창출능력이 줄거나 없어지면, 회계는 자산가치의 감소나 소멸을 인식한다.

토지는 오염이나 유실 같은 예외사유를 제외하면 기간경과나 사용에 따른 가치감소가 나타나지 않는 것이 보통이지만, 공장, 건물, 기계장치, 차량운반구는 기간경과나 사용에 따라 마모 등의 가치감소가 수반된다. 이 가치감소는 영업활동에 투입된 자산가치이므로 비용으로 처리되며, 계정명은 '감가상각비'이다. 상각대상자산의 취득원가에서 감가상각비의 누적액인 '감가상각누계액'을 차감한 액수를 장부가치(액)라고 한다. 장부가치 평가는 자산의 회계가치를 경제가치에 가깝게 측정하려는 시도이다. 유형자산의 회계가치는 취득(역사적)원가에서 출발하지만, 가치조정이 이루어지면 취득원가와 차이를 보이게 된다.

무형자산은 특허권, 실용신안권, 출판권, 상호권, 상표권, 영업권 등이 있다. 특허는 자연법칙을 이용한 발명으로서 고도의 것을 말한다. 특허권은 특허권자에게 특허 기술의 독점사용기간을 인정하는 권리이다. 실용신안권은 자연법칙을 이용한 발명인 실용신안(고안)을 일정기간 독점사용할 수 있는 권리이다. 출판권은 예술작품 또는 문학적 표현의 원작을 출판할 수 있는 권리이고, 상호권은 기업의 상호 사용에 대한 권리이며, 상표권은 상품의 명칭 또는 상징에 대한 법적 권리이다. 영업권은 영업상의 기법(노하우), 기술, 기밀, 명성, 신용 등으로 이루어진 기업의 가치를 뜻하며, 자기 기업의 영업권은 인정되지 않는다. 무형자산은 형체가 없지만 경제효익의 창출능력이 내재된 자산이다. 이런 의미에서 통신업체가 가지는 무선통신 주파수의 사용 권리도 자산이 된다. 사용기간이 제한된 무형자산은 기간경과나 사용에 따라 가치가 감소하므로 감가상각대상자산에 해당하며, 무형자산의 감가상각은 직접법에 의한다.

투자자산은 투자부동산을 예로 들 수 있다. 장기투자자산은 추정된 미래 현금흐름의 현재가치로 평가되기도 한다.[4]

(4) 유형자산의 거래와 회계처리(분개) 예

• ㈜득지가 ₩20,000에 현금 매수한 공장건물의 내용연수(사용가능기간)는 10년이다.

(차) 공장건물	20,000	(대) 현 금	20,000

• ㈜득지가 공장건물을 1년 사용한 후 건물 가치감소분 ₩2,000을 비용 처리했다(간접 상각).

(차) 공장건물감가상각비	2,000	(대) 공장건물감가상각누계액	2,000

(5) 무형자산의 거래와 회계처리(분개) 예

• ㈜득지가 ₩20,000에 현금 매수한 오염저감장치 특허권의 독점사용기간(존속기간)이 20년이다.

(차) 특허권	20,000	(대) 현 금	20,000

• ㈜득지가 특허권을 1년간 사용했다(직접 상각).

(차) 특허권상각비	1,000	(대) 특허권	1,000

복습문제

A. 자산, 부채의 유동성배열법을 설명하라.

B. 유동자산, 비유동자산을 예를 들어 설명하라.

다. 부채의 분류

부채란 '자산제공 의무로부터 발생하는 경제효익의 미래 희생'이다. 부채는 유가증권을 발행해 자금을 조달하는 장기부채인 사채(주식회사의 경우)가 있는가

4 현가계산은 미래 현금흐름을 시장이자율로 할인해 현재가치를 구하는 것이다(현재의 ₩1,000은 미래 일정 시점에 수취할 ₩1,000보다 큰 경제가치를 가진다). 현재가치(현가)에 대해서는 제6장에서 상세하게 다룬다.

하면, 은행에서 빌려 자금을 조달하는 장 · 단기 부채인 은행차입금, 재화를 인수하고도 대금을 미지급할 때의 외상매입금, 재화나 용역의 구입대가로 어음을 발행 · 교부할 때의 지급어음 등이 있다. 은행차입금의 상환에 현금 지출이 뒤따르는 것처럼, 부채는 직 · 간접으로 미래 현금흐름을 감소시킨다.

경제주체마다 다양한 내용과 유형의 부채를 부담하기 때문에 인식가능한 모든 부채를 열거할 수는 없다. 발생주의를 적용하는 회사가 일반적으로 부담하는 부채를 유동부채와 비유동부채로 나누어 살펴보기로 한다. 유동부채(Current liabilities)는 재무상태표일로부터 1년 이내에 지급일이 도래하는 부채이고, 비유동부채(Non-current liabilities)는 재무상태표일로부터 1년을 초과한 시점에 지급일이 돌아오는 부채이다. 유동부채 항목은 외상매입금, 지급어음, 미지급금, 미지급비용, 단기차입금, 선수수익, 미지급배당금 등이 있으며, 비유동부채 항목은 사채, 퇴직급여채무 등이 있다. 재무상태표에 부채를 기록할 때도 자산처럼 유동성배열법이 적용된다. 유동자산과 유동부채를 묶어 유동항목, 비유동자산과 비유동부채를 묶어 비유동항목으로 부르기도 한다.

라. 부채의 예시와 회계처리

(1) 유동부채의 예시

유동부채는 외상매입금, 지급어음, 미지급금, 미지급비용, 단기차입금, 선수수익, 선수금, 미지급배당금 등이 있다.

외상매입금(Accounts payable)은 신용매입한 재고자산에 대해 공급자에게 지급해야 할 금액이다. 매입일로부터 통상 30일~90일 내에 지급하고 이자 부담은 없으며, 10일 이내와 같은 이른 시점의 지급에 대해서는 할인 혜택이 주어지기도 한다. 외상매입금은 매입일로부터 1년 내에 대금 지급이 이루어지므로 유동부채에 속한다. 지급어음은 신용매입 대가로 어음을 발행 · 교부할 때 등장하는 계정으로, 이자 지급채무를 수반한다. 외상매입금과 지급어음을 묶어 매입채무라고 한다. 재고자산 외의 자산을 신용구입할 때는 외상매입금 대신 미지급금이라는 계정을 쓴다.

미지급비용은 영업활동에 경제가치가 투입되었지만 그 대가가 지급되지 않은 비용으로서 미지급운송(반)비, 미지급임차료, 미지급급여 등을 예로 들 수 있다. 지급일이 용역소비일로부터 1년 이내이므로 유동부채에 속한다. 단기차입금은 재무상태표일로부터 1년 내에 지급일이 도래하는 은행차입금, 기업어음차입금 등이 있다. 은행차입금, 기업어음(차입회사가 발행한 어음)은 이자부담을 수반하므로, 갚아야 할 부채총액이 (원금+이자)가 된다.

선수수익은 재화나 용역의 제공 전에 미리 받은 현금대가이다. 소비자가 신제품 휴대폰을 구입하면서 휴대폰을 받기 전에 그 대가를 지급했다면, 판매자는 소비자에게 신폰을 인도하거나 아니면 수취한 금액을 반환할 의무를 진다. 이 의무는 신폰을 인도하거나 현금을 반환해야 하는 내용의 자산희생 의무를 뜻하기 때문에 부채에 해당하며, 신폰이 인도되면 자산희생 의무가 해소되므로 부채인 선수수익은 매출수익으로 전환된다. 미리 받은 계약금은 선수금(부채)으로 인식되었다가 신폰이 인도되면 선수금이 매출수익으로 바뀐다.

미지급배당금은 주식회사에서 주주총회나 이사회의 배당 의결이 있을 때 인식되며, 주주들에게 지급해야 할 금액을 뜻하는 부채이다. 배당금 지급은 임의사항이므로 회사의 배당금 지급의무가 확정될 때 비로소 부채가 된다. 즉, 주주가 기대하는 배당지급은 회사의 배당 선언이 있을 때까지 부채로 인식되지 않는다. 배당금의 재원은 이익잉여금이며, 이익잉여금 없이는 배당도 없다. 이익잉여금은 재무제표 보고시점까지 실현된 여러 회계기간의 순이익 누적액으로 구성된다.

(2) 유동부채의 거래와 회계처리(분개) 예

- ㈜명출(明出)이 ₩15,000의 재고자산을 신용매입했다. 신용조건은 2/10, n/30(신용기간 30일, 10일 이내 결제 시 2% 할인)이다.

(차) 재고자산	15,000	(대) 외상매입금	15,000

- ㈜명출이 매입일로부터 9일째에 외상매입금을 현금지급했다.

(차) 외상매입금	15,000	(대) 현　금	14,700
		매입할인	300

- ㈜명출이 운송용역을 제공받고 그 대가 ₩1,000을 지급하지 않았다.

(차) 운송비	1,000	(대) 미지급운송비	1,000

• ㈜명출이 미지급운송비 ₩1,000을 현금지급했다.

(차) 미지급운송비	1,000	(대) 현 금	1,000

• ㈜명출이 휴대폰 인도 전에 매출대금 ₩5,000을 소비자로부터 미리 받았다.

(차) 현 금	5,000	(대) 선수매출(부채)	5,000

• ㈜명출이 ₩5,000의 선수매출에 대한 휴대폰을 소비자에게 인도했다.

(차) 선수매출	5,000	(대) 매 출	5,000

• ㈜명출이 주주총회에서 ₩7,000의 배당을 의결했다.

(차) (미처분)이익잉여금	7,000	(대) 미지급배당금	7,000

• ㈜명출이 미지급배당금 전액을 현금지급했다.

(차) 미지급배당금	7,000	(대) 현 금	7,000

(3) 비유동부채의 예시

비유동부채는 사채(주식회사의 경우), 퇴직급여채무, 하자보증채무 등이 있다.

증권채무의 일종인 사채는 유가증권을 발행해 조달하는 주식회사의 장기부채로서 자금조달의 재무적 도구이다. 사채 발행회사는 미래 시점인 만기일의 원금지급과 이자지급일의 이자지급을 약속한다. 회사채의 매수회사는 상각후원가측정금융자산을 취득하게 된다. 사채는 사채액면이자율과 시장이자율 간의 차이에 따라 액면, 할인, 할증 발행하며, 매년 사채이자 계상 시 사채할인발행차금이나 사채할증발행차금의 상각(환입)처리를 하게 된다. 할인발행이나 할증발행 시의 발행가는 현가계산에 의한다. 사채의 만기는 발행일로부터 수년이 지난 시점에 도래하는 것이 보통이므로, 사채는 비유동부채에 속한다.

퇴직급여채무는 임직원의 퇴직 시 지급할 퇴직금에 대비한 부채이다. 임직원이 일터를 떠날 때 기업은 임직원에게 일정액의 현금을 지급해야 하므로 자산의 희생이 뒤따르게 된다. 퇴직금 지급시점은 재무상태표일로부터 1년을 초과한 시점에 도래하기 때문에 퇴직급여채무는 비유동부채에 속한다. 퇴직급여채무는 확정기여에 의한 것과 확정급여에 의한 것이 있다. 확정기여형은 매년(월) 금융기관에 납입할 퇴직급여비용이 확정되어 있는 방식이며, 확정급여형은 퇴직 시 지급할 액수가 정해진 상태에서 매년(월) 적립할 퇴직급여를 계산해 퇴직급여비용을 산정하는 방식이다. 확정급여에 의한 퇴직급여채무 방식은 현금흐름의 시간가치를 고려한 현가계산을 적용해 매년(월) 적립할 퇴직급여비용을 계상한다.

하자보증채무는 품질이 나쁘거나 망가진 상품(제품)에 대해 구매자의 수선이나 대체 요구에 응해야 되는 의무로부터 발생하는 부채이다. 판매(제조)기업은 제품품질 보장의 보증채무를 제공하는 것이 보통인데, 상품(제품)의 일부분이 보증기간 중에 파손되기도 한다. 구매조건에 담긴 사후수선에는 경제가치가 투입되므로, 보증채무는 조건 충족에 따라 희생이 예측되는 미래 자산의 범위에서 부채로 처리된다.

(4) 비유동부채의 거래와 회계처리(분개) 예

- ㈜가자가 액면가액 ₩300,000의 사채를 ₩290,000에 발행했다. 만기는 발행일로부터 5년이다.

(차) 현　금	290,000	(대) 사　채	300,000
사채할인발행차금	10,000		

- ㈜오자가 ㈜가자의 회사채 전부를 매수했다. ㈜오자는 이를 상각후원가측정금융자산으로 처리한다.

(차) 상각후원가측정금융자산	290,000	(대) 현　금	290,000

- ㈜탐라의 확정퇴직급여채무를 이행하기 위한 20×9년 퇴직급여비용이 ₩30,000이다.

(차) 퇴직급여	30,000	(대) 퇴직급여채무	30,000

복습문제

A. 유동부채, 비유동부채를 예를 들어 설명하라.

마. 자본의 분류

순자산 또는 자본은 자산총액과 부채총액의 차이이다. 순자산은 경제가치가 인정되는 자산 중 채권자 몫을 뺀 부분으로서, 소유주에게 귀속되는 경제효익이기 때문에 자본과 일치하게 된다. 자본은 오감으로 식별할 수 없고, 자본에 상당하는 자산을 통해 파악할 수 있는 추상적 개념이며, 순자산의 출처를 의미하기도 한다. 자본은 다른 이름으로는 지분으로 불린다. 순자산은 결국 소유주에 의해 조달된 경제자원을 뜻하며, 회사 자본조달의 주된 원천은 소유주이다. 소유주가 없는 정부 등 비영리조직에서의 순자산은 조직목적 달성에 사용할 수 있는 경제자원의 순액을 말한다.

회사는 소유주와 별개의 권리주체로서 소유주가 출자한 자산에 대해 소유권을 가진다. 소유주 출자의 성격상 회사는 출자금 반환의무가 없으므로, 분개의 기본원리에 따라 출자로 인한 자산증가(차변)만큼 자본이 증가(대변)하게 된다. 예컨대, 주식회사의 소유주(주주)가 ₩10,000의 주식을 매수하면, 분개에서 자산(현금) ₩10,000의 증가와 자본(자본금) ₩10,000의 증가가 차 · 대변에 각각 나타나는 것과 같다. 이는 회계항등식(자산 = 부채 + 자본)을 만족시킨다.

회사가 이익을 실현하면, 이익은 순자산 증가치이면서 자본 증가치이므로 자산증가와 자본(이익잉여금) 증가가 동시에 이루어진다. 포괄손익계산서는 영업활동으로부터 나타나는 자산과 자본(이익잉여금)의 증가를 설명하며, 이익잉여금과 기타포괄손익누계액에 의해 재무상태표와 포괄손익계산서가 연결된다. 회계상 주식회사의 자본은 자본금, 자본잉여금, 자본조정, 기타포괄손익누계액, 이익잉여금으로 구성된다. 자본변동표는 회계기간 동안 일어난 자본 항목의 증감 내역을 설명한다.

바. 자본의 예시와 회계처리

(1) 자본의 예시

주식회사의 자본항목은 소유주가 기여하는 자본금과 자본잉여금, 영업활동을 통해 창출되는 이익잉여금 외에 자본조정과 기타포괄손익누계액이 있다.

자본금에는 보통주자본금과 우선주자본금이 있으며, 보통주자본금은 회사의 소유권을 표시하는 계정이다. 자본금 가액은 (발행주식수×주당 액면가액)의 식으로 구한다. 보통주주는 회사의 매각, 경영진의 대체, 경영자 보상방법, 이사선임 등의 주요 사안에 대해 결정권을 행사하며, 회사의 청산 시 잔여재산 분배청구권을 보유한다. 주식의 발행은 액면가와 발행가의 관계에서 액면발행, 할증발행, 할인발행이 있다. 발행가(예 : ₩2,000)가 액면가(예 : ₩1,000)를 초과하는 할증발행 시 주주가 액면가를 초과해 납입하는 가액(예 : ₩1,000)을 의미하는 주식발행초과금은 자본잉여금에 해당하며, 자기주식처분이익도 자본잉여금에 속한다. 자본금과 주식발행초과금을 합친 액수가 배당금 지급기준이 되기도 한다.

우선주자본금은 회사가 소유주로부터 자금을 조달하는 또 다른 수단이다. 우선주주는 경영의사결정권이 없는 것이 보통이며, 회사 청산 시 주식의 액면가액에 해당하는 자산을 분배받는다. 우선주는 통상 배당지급 시점이 보통주보다 우선하지만, 배당률이 보통주보다 높은 것은 아니다. 보통주자본금, 우선주자본금, 자본잉여금에 속하는 주식발행초과금(보통주, 우선주)은 소유주의 기여를 반영한다.

이익잉여금(유보이익)은 영업활동으로 창출한 자본을 나타낸다. 잉여(유보)라는 용어는 영업활동에서 창출된 순자산인 당기순이익 중 아직 사용되지 않고 회사 내에 머물러 있는 부분을 뜻한다. 배당금은 이익잉여금을 재원으로 하며, 이익잉여금이 없으면 배당할 수 없다. 자본조정 항목은 자기주식의 보유를 예로 들 수 있으며, 기타포괄손익누계액 항목은 포괄손익계산서에도 보고되는 기타포괄손익인식금융자산평가손익을 예로 들 수 있다.

(2) 자본의 거래와 회계처리(분개) 예

- ㈜맑은공기가 주주로부터 보통주자본금(주당 ₩2,000, 100주)과 우선주자본금(주당 ₩1,500, 50주)을 출자받았다. 주당 액면가는 보통주와 우선주 모두 ₩1,000이다.

(차) 현 금	275,000	(대)	보통주자본금	100,000
			보통주주식발행초과금	100,000
			우선주자본금	50,000
			우선주주식발행초과금	25,000

• ㈜맑은공기가 보유하는 기타포괄손익인식금융자산의 취득원가는 ₩9,000이고, 회계기간 말 공정가치는 ₩10,000이다.

(차) 기타포괄손익인식금융자산 1,000　　(대) 기타포괄손익인식금융자산 1,000
평가이익(기타포괄손익누계액)

 복습문제

A. 주식회사의 자본 구성항목을 설명하라.

2 재무상태표의 작성

가. 작성원리 이해

재무상태표의 구성요소인 자산, 부채, 자본의 거래와 회계처리를 익히면, 재무상태표의 작성원리를 어렵지 않게 습득할 수 있다. 자본조달 및 개업준비로 이루어지는 자본거래를 통해 재무상태표를 작성하고 분석하는 기초를 예시한다.

20×9.1.3. S, H가 인공지능을 사용해 미세먼지와 대기오염을 완화시킬 수 있는 공기청정기를 개발하는 제조회사를 설립하고, 각각 ₩50,000의 현금을 투자했다고 하자(발행주식수 100주). 상호는 ㈜한라산으로 정하고, 사무공간 마련, 기계장치 및 관련 특허권 구입 등 영업 시작 전 개업준비를 하려고 한다.

㈜한라산의 20×9.1.3. 분개는 [(차) 현금 100,000 (대) 자본금 100,000]이므로 이 시점의 재무상태표는 현금 ₩100,000과 자본금 ₩100,000으로만 구성된다. ㈜한라산은 주주와 별개의 권리주체(실체)로서 현금 ₩100,000은 ㈜한라산의 소유이다. 회사를 설립한 S, H는 회사 소유주인 주주로서 회사 의사결정에 참여하거나 배당을 받고, 회사 청산 시 잔여재산분배청구권을 가질 뿐이다. 현금은 은행예금을 하거나 금고에 보관할 수도 있지만, 이후 발생하는 거래와 경제사건에 따라 각 시점마다 현금보유액이 달라질 것이다. 재무상태표는 자산과 부채, 자본을 기록한 목록의 성격을 지니며, 자산과 부채, 자본이 어느 시점에서 평가된 것인지 주의 깊게 확인해야 한다.

20×9.1.9. ㈜한라산이 건물 매수에 ₩40,000의 현금을 지급하고, 20×9.1.15. 특허권 취득에 ₩30,000의 현금을 지급했으며, 20×9.1.25. ₩20,000의 기계장치를 신용구입했다고 하자. 이에 대한 분개는 다음과 같다.

	(차변)		(대변)	
20×9.1.9.	건 물	40,000	현 금	40,000
20×9.1.15.	특허권	30,000	현 금	30,000
20×9.1.25.	기계장치	20,000	미지급금	20,000

이 거래로 인해 ₩40,000의 건물, ₩30,000의 특허권, ₩20,000의 기계장치에 해당하는 자산이 증가하고, ₩70,000의 현금 자산이 감소하며, ₩20,000의 미지급금 부채가 증가하는 등 자산, 부채의 구성에 변화가 나타났다.

이상의 거래를 토대로 20×9.1.31. ㈜한라산의 재무상태표를 작성하면 <도표 2-1>과 같다. ㈜한라산의 본격적인 영업활동은 20×9.2.1. 이후에 이루어지며, 이에 대한 손익계산서 작성은 제3장에서 다루기로 한다.

〈도표 2-1〉 ㈜한라산의 재무상태표

재무상태표

㈜한라산 20×9.1.31. (단위: 원)

자 산		부 채	
현 금	₩ 30,000	미지급금	₩ 20,000
유동자산합계	₩ 30,000	유동부채합계	₩ 20,000
기계장치	20,000	부채합계	₩ 20,000
건 물	40,000	자 본	
특허권	30,000	자본금	100,000
비유동자산합계	₩ 90,000	자본합계	₩100,000
자산합계	₩120,000	부채와자본합계	₩120,000

<도표 2-1>의 재무상태표는 작성일(20×9.1.31.) 현재의 자산, 부채, 자본의 구성상태를 나타내는 것이므로 20×9.1.31.의 잔액을 토대로 작성된다. 자산은 차변(왼편), 부채와 자본은 대변(오른편)에 적게 되는데, 자산 잔액은 차변에, 부채와 자본 잔액은 대변에 남기 때문이다. 재무상태표는 일정 시점의 경제상태를 제시하므로, 저장량(축적량)보고서 또는 정태보고서라고 한다.

작성방식은 <도표 2-1>과 같이 차변, 대변으로 나누어 제시하는 계정식과 자산을 먼저 제시하고 밑으로 부채와 자본을 내려 적는 보고식이 있으며, 재무상태표는 계정식, 손익계산서는 보고식이 읽기 편하다. 두 회계기간의 비교 재무상태표를 작성할 때는 보고식을 쓴다.

재무상태표는 재무상태표일(작성일)까지의 모든 거래에 대한 누적효과를 반영한다. 예컨대, ₩30,000의 현금 잔액은 (주주 출자 ₩100,000 – 건물 구입 ₩40,000 – 특허권 구입 ₩30,000)의 식으로 구해진다. 현금 외의 나머지 계정은 하나의 거래로 구성되어 있다. 재무상태표는 균형상태를 보여, ₩120,000의 자산은 ₩20,000의 부채 및 ₩100,000의 자본 합계와 일치한다. 회계항등식이 그대로 유지되는 것을 알 수 있는데, 모든 거래의 첫 기록인 분개가 차, 대 균형을 이루는 복식부기를 택하기 때문이다.

재무상태표는 자산(미래 경제효익)과 부채(미래 경제효익 포기), 자본을 구별하며, 유동(단기) 항목과 비유동(장기) 항목을 구분한다. 보고기업의 재무(경제)상태를 체계적이고 상세하게 파악할 수 있도록 하기 위함이다.

복습문제

A. 재무상태표에서 회계항등식이 언제나 성립하는 이유는 무엇인가?

나. 분개, 전기, 시산표

기업의 영업이 소수의 거래로 충분하면, 거래와 계정 잔액의 추적에 분개와 회계항등식을 살펴보는 것으로 족할 것이다. 한편, 기업 규모에 관계없이 계정은 영업내용에 따라 수백, 수천 개가 될 수 있고, 거래는 간단하게 취급하기 어려울 정도로 빈도수가 높고 다양할 수 있다.[5] 이때 회계는 T-계정을 사용해 분개 내용을 옮겨 적고, 옮겨 적은 T-계정의 차・대변 수치를 비교해 계정 잔액을 구하는 방법을

5 거래의 대부분은 재무상태표, 손익계산서, 현금흐름표, 자본변동표의 작성을 위해 계정별로 집계된다. 실제의 기업경영에는 재무제표에 보고되는 정보보다 훨씬 더 상세한 기록 유지가 필요하다.

그림 2-1 분개와 T-계정

① 은행으로부터 ₩7,000을 차입했다.

(분개) (차) 현 금 7,000 (대) 은행차입금 7,000

(T-계정)

현 금	
① 7,000	

은행차입금	
	① 7,000

② 은행에 ₩7,000의 차입금을 갚았다.

(분개) (차) 은행차입금 7,000 (대) 현 금 7,000

(T-계정)

현 금	
① 7,000	② 7,000

은행차입금	
② 7,000	① 7,000

사용한다. 예컨대, 현금거래는 현금의 증가와 감소를 현금 T-계정의 차변(왼편)과 대변(오른편)에 각각 옮겨 적은 후, 현금 T-계정의 차변 합계에서 대변 합계를 차감하면 현금 잔액이 된다. 자산 잔액은 항상 차변에 나타나는데, 수취(증가)된 가액을 초과해 지출할 수 없기 때문이다. 마찬가지 이유로 부채와 자본의 잔액은 대변 잔액으로 나타난다. 분개와 T-계정의 관계를 예를 들어 살펴보면 [그림 2-1]과 같다.

분개에서 T-계정으로 옮겨 적는 것을 전기(Posting)라고 한다. 분개를 기록한 문서는 분개장이라고 하고, 발생한 모든 거래를 해당 T-계정에 전기한 내용을 기록한 문서는 총계정원장이라고 한다. 분개가 차·대변에 각각 같은 액수로 적히는 것처럼, 전기도 해당 T-계정의 차·대변에 각각 같은 액수로 기록된다. 회계 항등식이 성립하는 이유이다. 거래를 차·대변에 같은 액수로 기록하는 차대(대차)평균의 원리는 기록의 정확성도 검토할 수 있게 해준다.[6]

특정 거래가 기업의 재무제표에 어떠한 변화를 가져올 것인지를 알고자 할 때, 가장 쉬운 방법은 해당 T-계정에 적절한 금액을 기입하여 그 계정의 잔액을 계산하는 것이다. 시험문제를 풀 때에도 T-계정을 사용하는 것이 가장 신속하고

---

6 이 기법이 모든 오류를 잡아내는 것은 아니다. 예컨대, 차·대변이 바뀌어 기록된 자산, 부채의 경우, 회계항등식은 유지되고 차변액과 대변액은 일치되지만 자산과 부채의 가액은 옳은 액수가 아니다.

정확한 방법일 때가 많다.

전기를 거치지 않고 곧바로 해당 T-계정에 거래 내용을 기록(분개)하는 방법을 쓸 수도 있으나, 발생한 거래를 날짜순으로 내역과 함께 분개를 한 후, 회계기간 말에 일률적으로 해당 T-계정 전기를 하는 것이 거래 기록의 오류를 줄이는 데 효과적이다. T-계정 전기를 살피기 위해 앞의 ㈜한라산 거래를 인용하기로 한다.

① 20×9.1.3. S, H가 ㈜한라산을 설립하고 각각 ₩50,000의 현금을 투자했다.
② 20×9.1.9. ㈜한라산이 건물 매수에 ₩40,000의 현금을 지급했다.
③ 20×9.1.15. ㈜한라산이 특허권 취득에 ₩30,000의 현금을 지급했다.
④ 20×9.1.25. ㈜한라산이 ₩20,000의 기계장치를 신용구입했다.

이에 대한 분개는 다음과 같다.

	(차변)		(대변)	
① 20×9.1.3.	현 금	100,000	자본금	100,000
② 20×9.1.9.	건 물	40,000	현 금	40,000
③ 20×9.1.15.	특허권	30,000	현 금	30,000
④ 20×9.1.25.	기계장치	20,000	미지급금	20,000

20×9.1.31. 전기의 결과는 [그림 2-2]와 같다.

그림 2-2 전기의 결과

현 금

차변		대변	
①	100,000	②	40,000
		③	30,000
	100,000		70,000
잔액	30,000		

기계장치

차변		대변
④	20,000	
	20,000	
잔액	20,000	

건 물

차변		대변
②	40,000	
	40,000	
잔액	40,000	

특허권

차변		대변
③	30,000	
	30,000	
잔액	30,000	

미지급금

차변	대변	
	④	20,000
		20,000
	잔액	20,000

자본금

차변	대변	
	①	100,000
		100,000
	잔액	100,000

모든 거래가 T-계정에 기입된 후, 계정 잔액이 구해지고 재무상태표가 작성된다. [그림 2-2]에서 각 계정 기말잔액은 차·대변 합계액 아래에 적혀 있다. 각 계정 잔액은 차변합계와 대변합계 간의 순수치이다. 자산 계정의 잔액은 차변에, 부채와 자본 계정의 잔액은 대변에 나타난다.

모든 T-계정의 차변 또는 대변 잔액을 집계하는 마지막 단계는 시산표(Trial balance)의 작성이다. 시산표는 차·대변 잔액의 일치 여부, 수치 오류 존부, 누락 여부 등을 검증하기 위해 만드는데, 이 시산표(조정전 시산표)에 오류·누락 등 조정(수정)사항을 반영해 작성한 시산표를 조정(수정)후 시산표라고 한다. ㈜한라산의 조정후 시산표는 <도표 2-2>와 같다.

〈도표 2-2〉 ㈜한라산의 조정후 시산표

시산표

㈜한라산 20×9.1.31. (단위 : 원)

계 정	차 변	계 정	대 변
현 금	₩ 30,000	미지급금	₩ 20,000
기계장치	20,000	자본금	100,000
건 물	40,000		
특허권	30,000		
합 계	₩120,000		₩120,000

앞 <도표 2-1>의 재무상태표 작성은 <도표 2-2>의 조정후 시산표 계정 잔액을 유동성배열법에 따라 적절한 위치에 옮겨 적음으로써 이루어진다. 차·대변의 복식부기시스템 내에서 회계항등식은 분개원리에 의해 언제나 성립하기 때문에, 시산표에서 차·대변의 합계가 불일치하면 오류가 발생한 것이다. 자산 잔액은 차변 잔액이기 때문에 시산표의 차변에 기록되고, 부채와 자본의 잔액은 대변 잔액이기 때문에 시산표의 대변에 기록된다.

 복습문제

A. 분개에서 T-계정 전기로 가는 과정을 예를 들어 설명하라.

B. 시산표의 차·대변 합계가 일치하면 오류가 없다고 확신할 수 있는가?

다. 재무상태표 정보의 분석기법

재무상태표 정보의 분석기법은 부채비율, 운전자본, 유동비율 등이 있다. 부채의 자본에 대한 비율인 부채비율은 주주가 기여한 자본 ₩1에 대한 채권자에게 빌린 자금의 액수(총부채÷자기자본)를 뜻하며, 재무구조의 건전성 파악에 쓰인다. 운전자본은 유동자산과 유동부채의 차이(유동자산－유동부채)이며, 유동성 파악의 척도이다. 유동비율은 유동부채 ₩1에 대한 유동자산의 액수(유동자산÷유동부채)를 말하며, 유동부채 상환능력의 척도이다. 재무상태표 정보의 시점 간, 회사 간 비교를 통해 대상기업의 재무상태에 대해 심도 있는 분석을 할 수 있다.

3 요 약

재무상태표를 구성하는 자산, 부채, 자본의 세부 항목들과 기본적인 회계처리를 살펴보았다. 자산, 부채, 자본의 세부 항목이나 명칭은 산업, 기업에 따라 다를 수 있지만, 재무상태표가 자산, 부채, 자본으로 짜여지는 것은 모든 산업과 기업에 공통된다. 자산, 부채는 유동항목과 비유동항목으로 구분되어 유동성배열법에 따라 재무상태표에 기록된다. 자산 항목은 그 자체로든 다른 자산과 결합해서든 미래 현금유입이나 미래 경제효익을 창출하며, 부채항목은 미래 현금지출이나 미래 경제효익의 소멸을 가져온다. 의사결정자는 공시되는 자산, 부채 정보를 토대로 관련 의사결정의 최적화를 시도한다. 자본수치는 자산과 부채의 차이인 순자산수치와 일치한다.

자산에서 유동자산은 현금, 외상매출금, 받을어음, 재고자산, 당기손익인식금융자산, 선급비용 등이 있고, 비유동자산은 유형자산인 토지, 공장, 건물, 기계장치, 차량운반구 등과 무형자산인 특허권, 실용신안권, 출판권, 상호권, 상표권, 영업권 등이 있다. 부채에서 유동부채는 외상매입금, 지급어음, 미지급금, 미지급비용, 단기차입금, 선수수익, 선수금, 미지급배당금 등이 있으며, 비유동부채는 사채, 퇴직급여채무, 하자보증채무 등이 있다. 자본은 소유주가 기여하는 자본금과 자본잉여금, 영업활동을 통해 창출되는 이익잉여금 외에 자본조정과 기타포괄손익누계액이 있다. 재무상태표에서 (자산=부채+자본)의 회계항등식은 언제나 성립한다.

재무상태표는 분개원리의 내용인 차·대변 시스템과 회계항등식을 적용해 작성할 수도 있으나, 거래가 많고 복잡할 뿐 아니라 다양하면 T-계정 전기를 통해 작성하는 것이 바람직하다.

재무상태표는 작성 시점에서 경제주체가 보유한 자산, 부채, 자본에 대한 내역을 설명해주는 회계보고서로서 일정 시점에서의 경제자원 상태를 표시하기 때문에 자산, 부채, 자본은 그 시점에서의 가액인 잔액으로 보고된다. 계정 잔액은 T-계정 전기를 통해 산정한다. T-계정 잔액이 구해지면 잔액을 집계해 조정전 시산표와 조정사항을 반영한 조정후 시산표를 작성한 후, 이를 토대로 재무상태표를 작성하게 된다. 조정후 시산표는 제4장에서 상세하게 다룬다.

분개의 차변과 대변은 각각 상대방 계정을 설명한다. 예컨대, 차변이 현금(자산) ₩100이고 대변이 은행차입금(부채) ₩100일 경우, 차변의 현금 ₩100의 획득은 은행차입으로 인한 것이고, 은행차입금 ₩100의 부담은 현금을 수취하여 생긴 것이라는 의미이다. 이 분개의 기본원리는 회계항등식 성립의 기초이며, 재무상태표 작성의 토대가 된다.

주요용어

- 유동자산 : 경제효익이 재무상태표일로부터 1년 내에 실현될 것으로 기대되는 자산이다.
- 비유동자산 : 재무상태표일로부터 1년을 초과한 기간에 걸쳐 경제효익이 실현될 것으로 예측되는 자산이다. 비유동자산은 유형자산과 무형자산, 투자자산이 있다.
- 현금 : 강제통용력이 인정되는 유통가능한 통화 또는 은행예금을 말한다. 자기앞수표는 은행이 도산하지 않는 한 현금에 해당하나, 비트코인 등 암호(가상)화폐는 현금에 해당하지 않는다.
- 당기손익인식금융자산 : 단기 투자자산이다. 배당금수익이나 이자수익을 획득할 수도

있으나 가격상승에 따른 차익을 기대하고 취득하는 금융자산이다.

- 외상매출금 : 발생주의에서 나타나는 계정이며, 판매가 완료된 재화나 용역에 대해 고객으로부터 받을 금액이다.
- 재고자산 : 창고에 쌓아 비축하는 자산이란 뜻으로, 실제로는 영업에 쓰이는 재화의 보유 물량을 말한다.
- 선급비용 : 앞으로 영업활동에 투입될 용역에 대해 미리 그 대가를 지급한 금액을 뜻한다.
- 유형자산 : 토지, 공장, 건물, 기계장치, 차량운반구 등이 있으며, 여러 해 동안 영업용으로 사용되는 비유동자산이다.
- 무형자산 : 특허권, 실용신안권, 출판권, 상호권, 상표권, 영업권 등이 있으며, 형체가 없는 비유동자산이다.
- 유동부채 : 재무상태표일로부터 1년 이내에 지급일이 도래하는 부채이다. 유동부채는 외상매입금, 지급어음, 미지급금, 미지급비용, 단기차입금, 선수수익, 선수금, 미지급배당금 등이 있다.
- 비유동부채 : 재무상태표일로부터 1년을 초과한 시점에 지급일이 도래하는 부채이다. 비유동부채는 사채, 퇴직급여채무, 하자보증채무 등이 있다.
- 외상매입금 : 신용매입한 재고자산에 대해 공급자에게 지급해야 할 금액이다.
- 미지급비용 : 영업활동에 경제가치가 투입되었지만 그 대가가 지급되지 않은 비용으로서, 미지급운송비, 미지급임차료, 미지급급여 등을 예로 들 수 있다.
- 선수수익 : 재화나 용역의 제공 전에 미리 받은 현금대가이다.
- 미지급배당금 : 주식회사의 경우 주주총회나 이사회의 배당 의결이 있을 때 발생하며, 주주들에게 지급해야 할 금액을 뜻하는 부채이다.
- 사채 : 유가증권을 발행해 조달하는 주식회사의 장기부채로서, 자금조달의 재무적 도구이다.
- 퇴직급여채무 : 임직원의 퇴직 시 지급할 퇴직금에 대비한 부채이다.
- 자본금 : 자본금은 보통주자본금과 우선주자본금이 있으며, 보통주자본금은 회사의 소유권을 표시하는 계정이다. 자본금 가액은 (발행주식수×주당 액면가액)의 식으로 구한다.
- 이익잉여금(유보이익) : 영업활동으로 창출한 자본을 나타낸다. 잉여(유보)라는 용어는 영업활동에서 창출된 순자산인 이익 중 아직 사용되지 않고 회사 내에 머물러 있는 부분을 뜻한다. 배당금은 이익잉여금을 재원으로 하며, 이익잉여금이 없으면 배당할 수 없다.

- 전기 : 거래 결과를 분개장의 분개에서 총계정원장의 T-계정으로 옮겨 적는 것을 말한다.
- 분개장 : 거래를 날짜별로 차 · 대변의 각 계정에 기록(분개)하는 문서이다.
- 총계정원장 : 분개로 표시된 모든 거래를 해당 T-계정에 전기한 내용을 기록한 문서이다.
- 조정(수정)전 시산표 : 차 · 대변 잔액의 일치 여부, 수치 오류 존부, 거래의 누락 여부 등을 검증하기 위해 작성하는 문서이다.
- 조정(수정)후 시산표 : 오류수정, 내부거래 등 조정(수정)사항을 반영해 작성한 시산표이다.

연습문제

1. ㈜서석대의 영업개시일인 20×8.1.1. 자산총계는 ₩150,000이고, 부채총계는 ₩60,000이다. 20×8.12.31. 부채총계가 ₩70,000이고, 자본금이 ₩100,000이다. 당기(20×8년도)의 순이익 ₩30,000 전액이 이익잉여금으로 대체되었다.

문

(1) ㈜서석대의 당기(20×8.1.1.～20×8.12.31.)[7] 자본금 증가액은 얼마인가? 20×8.1.1.의 자본항목은 자본금만으로 구성된다.

(2) 20×8.12.31. ㈜서석대의 자산총계는 얼마인가?

2. ㈜해수의 20×7.12.31. 자산총계는 ₩380,000, 부채총계는 ₩120,000, 이익잉여금은 ₩25,000이다(회계연도는 1.1.～12.31.이며, 20×7.12.31.의 자본은 자본금과 이익잉여금으로 구성된다). 20×8.12.31. 자산총계는 ₩450,000, 부채총계는 ₩130,000, 이익잉여금은 ₩30,000이다. 20×8년 중 배당금 지급액은 ₩5,000(20×7.12.31.의 이익잉여금에서 지급)이다.

문

(1) ㈜해수의 20×8년 순이익은 얼마인가?

(2) ㈜해수의 20×8.12.31. 자본금은 얼마인가?

(3) ㈜해수의 20×8년 자본금 증감액은 얼마인가?

---

7 당기는 당해 회계기간을 뜻하며, 회계기간을 회계연도라고 하기도 한다. 기간은 시작점과 끝점이 있는 시간의 길이를 의미한다.

3. 다음은 20×7년에 발생한 ㈜다도해의 계정 증감 정보이다.

	증 가
자 산	₩35,000
부 채	12,000
자본금	15,000
주식발행초과금	6,000

문

20×7년 중 ₩6,000의 현금배당금 지급 외에 이익잉여금의 변화가 없다면, ㈜다도해의 20×7년 순이익은 얼마인가?

4. ㈜보광산(普光山)의 외상매출금과 대손충당금 자료가 다음과 같다. 대손충당금은 보충법을 사용해 설정한다.

	20×7.12.31.	20×8.12.31.
외상매출금	₩600,000	₩900,000
대손충당금	60,000	80,000

문

(1) 20×7.12.31.의 외상매출금 중 ₩50,000이 20×8년에 대손확정되었을 경우, ㈜보광산의 20×8년 대손상각비는 얼마인가?

(2) (1)에서 대손확정 시와 대손상각비 설정 시의 분개를 하라.

5. ㈜무등산은 저가주의를 적용해 재고자산을 평가한다. 그 평가는 1개월마다 이루어지고, 재고자산의 시점별 단위당 가격자료(순실현가능액)는 다음과 같다.

20×8.1.31.	20×8.2.28.	20×8.3.31.
₩10,000	₩9,000	₩11,000

문

(1) 2.28. 현재 ₩10,000에 매입한 재고자산이 100단위 있을 경우, 필요한 분개를 하라.

(2) 3.31. 현재 ₩10,000에 매입한 재고자산이 50단위 있을 경우, 필요한 분개를 하라.

6. ㈜솔바람의 20×9년 3월의 재무상태표 일부 자료이다. 물음에 답하라.

	20×9.3.1.	20×9.3.31.
외상매출금	₩60,000	₩90,000
미지급급여	20,000	15,000

문

(1) 20×9년 3월의 발생주의 매출이 ₩95,000일 때, 현금주의 매출은 얼마인가?

(2) 20×9년 3월의 현금지급 급여가 ₩27,000일 때, 3월에 발생한 급여는 얼마인가?

7. 다음에 제시된 ㈜맞춤고원의 20×9년 시산표를 토대로 물음에 답하라.

시산표

㈜맞춤고원 20×9.12.31. (단위 : 원)

차 변		대 변	
현 금	₩ 45,000	외상매입금	₩ 40,000
외상매출금	60,000	은행차입금	39,000
재고자산	100,000	미지급급여	49,000
미지급금	50,000	미지급배당금	10,000
토 지	200,000	사 채	90,000
특허권	70,000	건 물	120,000
이익잉여금	37,000	자본금	280,000
합 계	₩562,000		₩628,000

문

(1) ㈜맞춤고원의 시산표에서 차·대변의 위치가 바뀐 계정을 바로잡아라.

(2) 바로잡힌 ㈜맞춤고원의 시산표에서 차변 또는 대변 합계는 얼마인가?

(3) 시산표에서 차·대변 합계만 일치하면 바르게 작성된 시산표인가?

8. ㈜맞춤고원이 ₩150,000의 재고자산을 외상매입했다.

문

(1) 위 ㈜맞춤고원의 거래를 분개하라.

(2) (1)의 분개를 해당 T-계정에 전기하라.

9. 20×9.1.31. ㈜무중생유(無中生有)의 재무상태표와 그 관련 자료가 다음과 같다. 물음에 답하라.

재무상태표

㈜무중생유	20×9.1.31.		(단위 : 원)
차 변		대 변	
자 산		부 채	
현 금	₩5,000	차입금	₩3,000
재고자산	?	부채합계	₩3,000
유동자산합계	?	자 본	
건 물	8,000	자본금	?
비유동자산합계	₩8,000	이익잉여금	0
		자본합계	₩ ?
자산합계	₩ ?	부채와자본합계	₩ ?

㈜무중생유는 20×9.1.1. 설립되었으며, 20×9.1.15. 은행차입금 ₩3,000과 자본금 ₩14,000으로 조달된 현금의 일부를 지출해 재고자산(₩4,000)과 건물(₩8,000)을 매수했다. 20×9.1.31. 재고자산의 시가(순실현가능액)가 ₩5,000이다. 이외의 다른 거래는 없다.

문

(1) ㈜무중생유가 재고자산의 평가에 저가주의를 적용할 때 20×9.1.31. 재무상태표에 보고될 재고자산가액은 얼마인가? 그 이유는 무엇인가?

(2) 20×9.1.31. ㈜무중생유의 재무상태표에 보고될 자본합계는 얼마인가?

(3) 20×9.1.15. ₩17,000의 현금조달에 대한 ㈜무중생유의 분개를 하라.

연습문제 해답

1. (1) 20×8.1.1. 자본금=₩150,000－₩60,000=₩90,000.
자본금 증가액=₩10,000(₩100,000－₩90,000)
(2) 20×8.12.31. 자산총계=₩70,000(부채)+₩100,000(자본금)+₩30,000(이익잉여금)
=₩200,000

2. (1) 20×8년 순이익=이익잉여금 증가액 ₩5,000+배당금 지급액 ₩5,000=₩10,000
(2) 20×8.12.31.의 자본금=₩450,000－₩130,000－₩30,000=₩290,000
(3) 20×7.12.31.의 자본금=₩380,000－₩120,000－₩25,000=₩235,000
20×8년의 자본금 증가액=₩290,000－₩235,000=₩55,000

3. (자산=부채+자본)이므로 20×7년 말의 이익잉여금 증가액은 ₩2,000(₩35,000－₩12,000－₩15,000－₩6,000)이다. 이 수치는 현금배당 이후의 금액이므로 20×7년의 순이익은 ₩8,000(₩6,000+₩2,000)이다.

4. (1) 대손충당금 기초잔액이 ₩10,000 남아 있는 상태에서 대손충당금 기말잔액이 ₩80,000이므로, 당기 대손상각비 설정액은 ₩80,000－₩10,000=₩70,000이다.
(2) (차) 대손충당금 50,000 (대) 외상매출금 50,000
(차) 대손상각비 70,000 (대) 대손충당금 70,000

5. (1) (차) 재고자산평가손실 100,000 (대) 재고자산 100,000
(2) 가격이 올라도 취득원가를 회복하는 부분만큼만 평가증한다(단위당 ₩1,000).
(차) 재고자산 50,000 (대) 재고자산평가이익 50,000

6. (1) 현금주의 매출=발생주의 매출 ₩95,000－외상매출금 증가액 ₩30,000=₩65,000
(₩95,000에 외상매출금 증가액이 포함되어 있기 때문)
(2) 3월에 발생한 급여=현금지급 급여 ₩27,000－미지급급여 감소액 ₩5,000=₩22,000(₩27,000에 미지급급여 감소액이 포함되어 있기 때문)

미지급급여

감소	5,000		
현금지급	27,000	증가 (3월 발생 급여)	22,000

3월 발생 급여 ₩22,000(현금지급급여 ₩7,000 + 미지급급여 ₩15,000)

7. (1) 차변항목 : 건물(자산) 대변항목 : 미지급금(부채), 이익잉여금(자본)

(2) 차변합계 = ₩(45,000 + 60,000 + 100,000 + 200,000 + 120,000 + 70,000)
= ₩595,000

대변합계 = ₩(40,000 + 39,000 + 49,000 + 50,000 + 10,000 + 90,000 + 280,000 + 37,000)
= ₩595,000

(3) 시산표의 차 · 대변에 함께 누락되거나 추가된 계정이 있으면 시산표 작성에 오류가 있게 된다. 거래계정의 차 · 대변이 서로 바뀌어 기록된 경우에도 시산표에 오류가 존재한다.

8. (1) (차) 재고자산 150,000 (대) 외상매입금 150,000

(2)

재고자산	
차변	대변
외상매입금 150,000	

외상매입금	
차변	대변
	재고자산 150,000

9. (1) 20×9.1.31. 재무상태표에 보고될 가액은 ₩4,000이다.
취득원가 ₩4,000과 시가 ₩5,000 중 낮은 가액이 재무상태표에 보고되는 것이 저가주의이기 때문이다.

(2) 자산합계 ₩17,000 − 부채합계 ₩3,000 = 자본합계(자본금) ₩14,000

(3) (차) 현 금 17,000 (대) (은행)차입금 3,000
자본금 14,000

제 3 장

ACCOUNTING

손익계산서

1. 손익계산서의 의의와 내용
2. 손익계산서의 작성
3. 요 약

해마다 연말이면 임직원에게 성과급을 지급하는 기업이 매스컴을 통해 보도되곤 한다. 한 해 매출액과 영업이익이 역대 최고를 기록했다는 기업이 있는가 하면, 미 · 중 무역분쟁 등 대내외 요인으로 어려움을 겪어 적자를 면하기 어려웠다는 기업도 있다. 성과급 지급의 근거, 적자의 규모, 원인 등 한 해의 경영성과를 화폐가치로 제공하는 회계보고서가 손익계산서이다.

손익계산서의 구성요소인 수익, 비용의 개념과 그 내용, 수익-비용 대응을 통한 순손익 산출과정을 익히면, 해당 기업의 수익성, 성장성, 투자적합성 등을 파악하는 데 매우 유익하다. 회계기간 말의 재무상태를 보고하는 재무상태표와 달리, 손익계산서는 회계기간 동안의 수익, 비용, 순손익을 공시하기 때문에 두 보고서는 정보로서의 기능을 달리하고, 보고서의 내용과 형식도 다르다.

1 손익계산서의 의의와 내용

손익계산서(Income statement)는 회계기간의 당기순이익 결정과정과 결과를 보고하는 재무제표이다. 수익, 비용, 이익은 손익계산서를 떠받치는 개념이며, 이익은 기업의 영업(손익)거래 과정과 내역을 기록할 때 가장 강력하고 중요한 개념이다. 이익은 회계기간에 걸친 재무성과의 주된 측정치로서, 회사의 주식가치를 평가하고 신용을 측정하며 경영자의 성과를 가늠하는 데 유용한 도구이다.

손익계산서는 시점이 아닌 기간에 걸친 경제사건을 보고하므로 손익거래의 발생 시점을 추적하는 것이 중요하며, 이익 측정에 사용되는 수익, 비용 계정은 손익계산서만을 구성하고 잔액이 다음 회계기간(차기)으로 이월되지 않는 임시계정(Temporary accounts)이다. 반면, 재무상태표를 구성하는 자산, 부채, 자본 계정은 잔액이 다음 회계기간으로 넘어가는 영구계정(Permanent accounts)이다.

수익은 영업활동(손익거래)에서 자산증가 또는 부채감소를 수반하는 자본증가 항목이며, 매출, 이자수익, 당기손익인식금융자산평가이익 등이 있다. 비용은 영업활동(손익거래)에서 자산감소 또는 부채증가를 수반하는 자본감소 항목이며, 매출원가, 판매와일반관리비용, 이자비용 등이 있다. 이익은 순자산의 증가가치를 뜻하며, 수익에서 비용을 차감해 산출한다. 경제주체의 활동 종류에 따라 수익, 비용 항목이 달라질 수 있어, 모든 수익, 비용 계정을 열거하는 것은 불가능하다. 손익계산서를 이해하는 데 필요한 수익, 비용 계정과 회계처리를 예시하기로 한다. 수익, 비용의 기록과 이익 측정에도 자산, 부채, 자본처럼 분개의 기본원리와 T-계정 전기가 적용된다.

가. 수익의 예시와 회계처리

손익계산서는 영업활동(손익거래)을 수익과 비용으로 구분해 그 내역을 제시하고, 수익과 비용의 차이로 순손익을 계상한다. 수익은 영업활동으로 인한 자산증가 또는 부채감소를 수반하며, 이익잉여금(자본)을 증가시키는 항목이다. 자산증가와 부채감소가 결합되어 나타나기도 한다. 수익은 재화인도나 용역제공의 대가로 받는 경제가치로 정의할 수도 있다.

수익은 매출수익이 대표적인 예이다. 제2장의 ㈜한라산 예에서 회사가 20×9년 고객에게 인도한 공기청정기의 신용판매대금이 ₩28,000이라고 하자(신용매출). 분개는 다음과 같다.

(차) 외상매출금(자산) 28,000 (대) 매출(수익) 28,000

이 거래는 자산인 외상매출금 ₩28,000의 증가와 수익인 매출 ₩28,000의 실현을 내용으로 한다. 이익잉여금은 순이익의 사내유보분이고 순이익은 수익에서 비용을 차감한 수치이므로, 매출수익은 자본인 이익잉여금(당기순이익)을 증가시킨다. 한편, ㈜한라산이 공기청정기 매출 전에 그 대가 ₩28,000을 미리 지급받은 경우, 회계처리는 다음과 같다.

(차) 현금(자산) 28,000 (대) 선수매출수익(부채) 28,000

선수매출수익은 미리 받은 ₩28,000만큼의 공기청정기를 제공해야 할 의무를 수반하므로 부채에 해당하며, 공기청정기가 고객에 제공되면 선수매출수익이 감소하고 매출수익이 실현된다. 그 분개는 다음과 같다.

(차) 선수매출수익(부채) 28,000 (대) 매출(수익) 28,000

수익회계의 주된 논의는 수익인식시점에 대한 것이다. 인식은 특정 경제사건을 거래로 판단하고 회계문서에 기록하는 것을 말한다. 거래는 분개를 통해 차·대변에 처음 기록되며, 재화나 용역을 수수할 때 인식된다. 앞 예의 ㈜한라산은 공기청정기를 고객에게 제공하는 시점에 매출수익을 인식한다. 매출은 현금매출과 신용매출이 있으나, 실제 거래에서는 재화나 용역의 제공시점과 현금회수시점 사이에 간격이 있는 신용매출이 주를 이룬다.

제품인도시점[1]에 수익을 인식하는 이유는 무엇인가. 수익은 제품광고, 새 판로 개척, 계약체결, 제품인도, 판매대금청구, 현금회수, 고객의 사후관리 등 일련의 과정을 거쳐 획득되는데, 발생주의는 논리보다 관습에 따라 제품인도와 현금회수 사이의 적정 지점을 수익인식시점으로 삼는다.

수익인식기준(관습)은 재화의 완성시점(건설공사 등 완성기간이 1년을 초과하는 경우, 진행기준[2]을 쓰기도 한다), 재화나 용역의 제공시점, 판매대가의 현금회수시점에 수익을 인식하는 것을 내용으로 한다. ㈜한라산은 재화나 용역의 제공시점에 수익을 인식하는 기준을 택하고 있다. 수익인식시점에서는 재화나 용역의 제공이 완료되고 지급액과 지급일이 정해져, 판매자는 구매자의 금전채무이행을 기다리게 된다.

종합상사와 같은 판매기업, 포항제철과 같은 제조기업의 대다수는 주된 판매수익을 '매출(Sales)'이라고 부른다. 컨설팅회사와 같은 서비스기업은 '용역매출' 계정을 쓸 수도 있다. 은행 등 금융기관이 자금대출로 획득하는 이자수익은 다른 판매기업이나 제조기업에서의 매출에 해당한다. 한편, 은행대출을 받은 측은 이자비용을 부담한다.

---

1 신용매출의 경우, 제품을 인도함과 동시에 금전채권(외상매출금)이 발생하고 계약조건에 의해 현금지급일이 정해지므로, 매출수익은 특별한 사정이 없는 한 판매대금 청구시점이 아닌 제품인도시점에 인식된다고 할 수 있다.

2 진행기준은 공사진행기준이라고도 하며, 진행기준에 따르면 총공사대금(총계약금액)에 각 회계기간의 공사완성도(진척도)를 곱해 각 회계기간의 수익을 산출한다. 공사완성도는 (각 회기 중 발생한 공사원가 ÷ 예정된 총공사원가)의 식으로 계산한다.

 복습문제

A. 수익인식기준을 설명하라.

B. 수익을 정의하고, 그 예를 제시하라.

나. 비용의 예시와 회계처리

자산증가를 수반하는 수익의 인식은 수익획득과정에서 소비된 자산을 찾는 단계로 연결된다. 수익창출에 기여한 자산이 있기 때문이다. 비용은 영업활동으로 인한 자산감소 또는 부채증가를 수반하며, 이익잉여금(자본)을 감소시키는 항목이다. 예컨대, ㈜한라산의 공기청정기 매출로 고객에게 인도된 공기청정기만큼 자산이 감소하고(매출원가비용 발생), 제공받은 운송용역 대가를 지급하지 않았으면 미지급운송(반)비의 부채가 증가(운송비용 발생)한다.

비용에는 매출원가, 급여, 임차료, 감가상각비, 이자비용 등이 있다. 매출원가(Cost of goods sold)는 고객에 판매한 재고자산(상품, 제품)의 매입(제품제조)원가이고, 판매업의 매출원가는 (기초재고자산액 + 당기매입액 − 기말재고자산액)의 식으로 구한다. 급여(임금)는 영업활동에 투입된 노동력의 대가이며, 임차료는 사무소나 창고 등 건물 또는 토지를 빌려 쓴(임차한) 대가이다. 감가상각비는 건물, 공장, 설비 등 비유동(장기)자산의 기간경과 또는 사용에 따른 가치감소분이고, 이자비용은 일정 기간 빌려 쓴 자금사용의 대가이다. 법률, 회계 등 서비스업의 경우, 고객에게 제공되는 전문서비스의 취득원가 산정이 어려워 '매출원가' 계정이 등장하지 않는다. 또한, 서비스는 저장하거나 이월할 수도 없다.

인식된 수익에 기여한 비용을 찾는 과정을 '대응(Matching)'이라고 부른다. 대응은 수익실현과정에 소비된 자산이나 발생한 부채를 찾는 것이다. 수익인식처럼 비용인식도 기준(관습)에 따르는데, 비용이 수익에 직접 대응되는가 하면, 간접 대응되기도 한다. 예컨대, 자동차 수리센터, 회계컨설팅 같은 서비스업에서 재료요금, 시간요금을 청구하는 경우는 재료, 시간 등 투입된 원가와 산출된 수익이 직접 대응되는 사례[3]이다. 한편, 휴대폰 판매기업이 제품모델별로 이익을 계상하지 않고 모든 제품의 총매출수익과 총매출원가의 차이로 이익을 계상하는 경우는 수익과 비용이 간접 대응되는 사례이다.

사무시설 임차료, 건물과 기계장치의 감가상각비, 무형자산 상각비는 수익에 간접 대응되는 비용이다. 선급임차료, 선급보험료는 임차용역과 보험용역의 수혜기간에 비례해 임차료, 보험료로 비용화된다. 이들 항목은 특정 판매활동과 무관하게 발생하는 회계기간의 영업활동원가로서 '기간비용'이라고 한다. 도난당한 상품 · 제품, 기계 고장, 진부화된 상품 등은 수익실현에 기여한 바 없는 원가 소멸로서, 기간비용으로 처리된다.

발생주의 회계(Accrual accounting)는 현금주의 회계와 달리 선수수익(부채), 미수수익(자산), 선급비용(자산), 미지급비용(부채)을 인식한다.

수익 실현과 비용 발생에 대한 회계처리를 예시하면 다음과 같다.

• ㈜한라산이 20×9년 ₩28,000의 신용매출을 하면서 고객에게 인도한 공기청정기의 제품제조원가는 ₩15,000이다(매출원가 산정은 계속재고법[4]에 따른다).

(차)	외상매출금	28,000	(대) 매출수익	28,000
	매출원가(비용)	15,000	재고자산(공기청정기)	15,000

• ㈜한라산의 건물(취득원가 ₩40,000)과 기계장치(취득원가 ₩20,000)의 내용연수는 각각 20년, 10년이고, 20×9년의 감가상가비는 각각 ₩2,000으로 동일하다.

(차)	감가상각비(비용)	4,000	(대) 감가상각누계액	4,000

• ㈜한라산의 특허권(취득원가 ₩30,000) 독점사용기간은 10년이고, 20×9년 상각비는 ₩3,000이다(직접상각).

(차)	특허권상각비(비용)	3,000	(대) 특허권	3,000

위의 신용매출에 따른 손익거래는 수익과 비용이 총액으로 구분 보고된다. ₩28,000의 매출수익 실현과 ₩15,000의 매출원가(비용) 발생은 생략되지 않고 손익계산서에 수익과 비용으로 각각 기록된다. 즉, ₩13,000의 매출총이익(매출액 −

3 이 부분은 경영자의 가격결정에 대한 것으로 관리회계 영역과 중복된다.

4 매출원가 산정방법은 제8장에서 상세하게 다룬다.

매출원가)이 순이익으로 연결되지만, 손익계산서에는 매출총이익만 보고하는 것이 아니라 매출(수익)과 매출원가(비용)를 분리해서 제시한다.

손익계산서에 순액으로 표시되는 항목도 있다. 예컨대, ㈜한라산이 20×9년 말 장부가치 ₩27,000의 특허권을 ₩35,000에 매각했을 경우, 특허권처분이익 ₩8,000(₩35,000 − ₩27,000)만이 수익에 반영된다. 이는 ㈜한라산이 공기청정기 판매를 주된 영업활동으로 삼기 때문에 발생한 차이이다. 일시 거래에 불과한 특허권 매각은 순액(순손익)으로 보고되며, 유형자산 매각손익이나 사채상환손익도 마찬가지이다. 주된 영업활동으로 인한 손익(자산 증감)과 부수 거래로 인한 손익(자산 증감)을 달리 기록하는 것이다.

 복습문제

A. 수익 − 비용(비용 − 수익)의 대응을 예를 들어 설명하라.

B. 비용을 정의하고, 그 예를 제시하라.

다. 순손익(순이익 또는 순손실)

수익에서 비용을 차감한 수치인 순이익은 특정 회계기간의 영업 결과로 나타나는 순자산 증가분이다. 순자산이 감소하면 순손실이 나타난다. 순자산 증감은 회계기간 초의 순자산과 회계기간 말의 순자산의 차이와 일치한다. 회계항등식에서 알 수 있듯이, 순자산은 경제자원(자산)이 부채를 초과하는 부분이다(순자산 = 자산 − 부채). 순자산은 자본(주주지분)이라고도 한다. 경제주체가 영업활동을 통해 자산과 부채 간의 간격을 벌려 증가한 순자산 가치가 순이익인 것이다. 이익획득활동(손익거래)이 아닌 자본조달활동(자본거래)으로 인한 순자산 증가는 순이익에 포함되지 않는다. 예컨대, 매출로 인한 순자산 증가는 순이익에 포함되나, 주식의 공모로 인한 순자산 증가는 순자산(자본) 증가이지만 순이익에 해당하지 않는다. 주주들에 대한 배당금 지급도 자본거래에 해당하고 손익(영업)거래가 아니므로, 배당금 지급은 비용이 아니다.

당기순이익에 해당하는 당기 순자산 증가는 회계기간 초와 회계기간 말 사이

그림 3-1 재무상태표와 포괄손익계산서의 연결관계

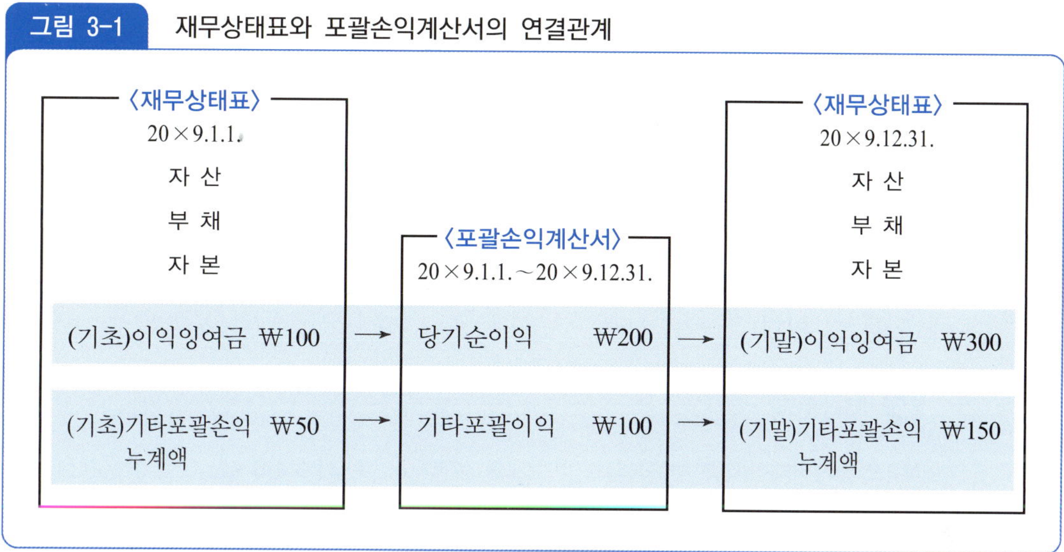

의 특정 기간에 걸쳐 일어나므로, 손익계산서는 전기 재무상태표 작성일과 당기 재무상태표 작성일 사이의 당기 순자산 변화를 설명한다. 당기순이익은 이익잉여금 계정에 반영되어 당기 재무상태표의 자본을 구성한다. 이익잉여금을 통해 손익계산서가 재무상태표와 연결되는 것이다. 포괄손익계산서는 당기순이익 외에 기타포괄손익이 재무상태표의 기타포괄손익누계액으로 대체되면서 재무상태표와 연결된다. 재무상태표와 포괄손익계산서 간의 연결관계를 그림으로 나타내면 [그림 3-1]과 같다.

포괄손익계산서와 기초, 기말 재무상태표의 연결은 당기순이익(순자산증가)과 기타포괄손익이 재무상태표의 이익잉여금과 기타포괄손익누계액에 반영되면서 이루어진다. [그림 3-1]에서 보는 것처럼, 20×9.1.1. 기초이익잉여금이 ₩100이고 20×9년(20×9.1.1.~20×9.12.31.)의 당기순이익이 ₩200이면 20×9.12.31. 기말이익잉여금은 ₩300이 되며, 기초기타포괄손익누계액이 ₩50이고 당기의 기타포괄이익이 ₩100이면 기말기타포괄손익누계액은 ₩150이 된다. 통상 (기초이익잉여금+당기순이익−배당지급=기말이익잉여금)의 식이 성립한다.

라. 기타포괄손익, 당기총포괄손익

한국채택국제회계기준에서 규정하고 있는 포괄손익계산서는 일반 손익계산서의 당기순손익과 구분해 기타포괄손익을 제시하고, 당기순손익과 법인세효과 후기타포괄손익을 합산한 당기총포괄손익을 보고한다. 기타포괄손익은 기타포괄손익인식금융자산평가손익, 유형자산재평가이익, 외화재무제표환산손익 등을 예로 들 수 있다.

 복습문제

A. (포괄)손익계산서와 재무상태표의 관계를 설명하라. 두 회계보고서를 연결하는 계정은 무엇인가?

2 손익계산서의 작성

가. 분개, 전기, 시산표

분개와 전기, 시산표 작성의 과정은 수익, 비용 거래에도 그대로 적용된다. 분개 내용의 T-계정 전기를 통해 구한 수익, 비용의 계정 잔액을 다단계 손익보고에 따라 적절히 배치하여 손익계산서를 작성하게 된다. 손익계산서 계정은 재무상태표 계정과 달리, 일정 기간에 걸쳐 발생한 거래를 반영하며, 손익계산서 작성 후 수익, 비용의 계정은 계정마감을 거쳐 잔액이 ₩0으로 된다. 계정 잔액을 ₩0으로 만들어 차기의 수익과 비용을 집계하기 위한 준비를 하는 것이다. 수익, 비용 계정은 각 재무제표일의 장부마감 후 잔액이 ₩0으로 되기 때문에 임시계정(Temporary accounts)으로 불린다. 자산, 부채, 자본의 잔액은 차기로 이월되지만, 수익, 비용의 잔액은 이미 자산, 부채, 자본에 반영되었기 때문에 이월되지 않는다.

나. 다단계 손익보고

손익계산서는 다단계 손익보고(매출총손익, 영업손익, 법인세비용차감전순손익, 당기순손익, 당기총포괄손익)를 한다. 매출총손익은 매출액에서 매출원가를 차감한 수치이고, 매출총손익에서 판매와관리비용을 차감해 영업손익을 구한다. 영업비용이라는 용어는 손익계산서에 사용하지 않지만, 매출원가와 판매와관리비용를 합한 수치가 영업비용이 된다. 영업손익에 금융수익, 금융비용, 기타수익, 기타비용을 가감해 법인세비용차감전순손익을 구하고, 법인세비용차감전순이익에서 법인세비용을 빼면 당기순이익이 된다. 포괄손익계산서는 당기순손익에 법인세효과후기타포괄손익을 가감해 당기총포괄손익을 산출한다.

앞에서 예시된 수익, 비용 자료로 ㈜한라산의 20×9년 포괄손익계산서를 작성하면 <도표 3-1>과 같다(법인세비용은 ₩3,000으로 가정한다).

〈도표 3-1〉 ㈜한라산의 포괄손익계산서

포괄손익계산서

㈜한라산	20×9.1.1.~20×9.12.31.	(단위: 원)
매출액		₩28,000
매출원가		(15,000)
매출총이익		₩13,000
판매와관리비용		
감가상각비	₩(4,000)	
특허권상각비	(3,000)	(7,000)
영업이익		₩ 6,000
기타수익		
특허권처분이익	8,000	8,000
법인세비용차감전순이익		₩14,000
법인세비용	(3,000)	(3,000)
당기순이익		₩11,000
법인세효과후기타포괄손익		
기타포괄손익인식금융자산평가손익	–	
기계장치재평가이익	–	–
당기총포괄이익		₩11,000
주당순이익		₩ 110

그림 3-2 수익, 비용과 회계항등식

• **매출(수익)**

(분개)	(차) 외상매출금	28,000	(대) 매출(수익)	28,000
(회계항등식)	자산증가 ₩28,000 = 부채증감 ₩0 + 자본(이익잉여금)증가 ₩28,000			

• **매출원가(비용)**

(분개)	(차) 매출원가(비용)	15,000	(대) 재고자산(공기청정기)	15,000
(회계항등식)	자본(이익잉여금)감소 ₩15,000 + 부채증감 ₩0 = 자산감소 ₩15,000			

<도표 3-1> (포괄)손익계산서의 구성항목인 매출액, 매출원가, 감가상각비, 특허권상각비, 특허권처분이익은 거래 수가 적고 간단해 가액을 쉽게 구했으나, 거래가 많고 복잡하면 재무상태표와 마찬가지로 분개와 전기, 시산표 작성의 절차를 거쳐(회계순환) 각 계정의 잔액을 산정하는 것이 바람직하다. 회계순환은 제 4장에서 상세하게 다룬다. 손익계산서는 계정식과 보고식 중 보고식을 빈번하게 사용한다. <도표 3-1>은 보고식 손익계산서로서, 수익과 비용이 위에서 아래로 대응을 이루며 배치된다. 손익계산서 개념인 수익, 비용에도 회계항등식이 성립한다. 손익계산서는 일정 기간의 경영성과를 보고하므로 변화량보고서 또는 동태보고서라고 한다.

영업활동에 의한 자산감소는 이익잉여금(당기순이익)을 감소시키며, 이익잉여금 감소의 회계처리 전 임시로 비용 처리를 한다. 반면, 영업활동에 따른 자산증가는 이익잉여금을 증가시키며, 이익잉여금 증가의 회계처리 전 임시로 수익 처리를 한다. 수익, 비용은 마감과정(집합손익 계정 사용)을 통해 이익잉여금의 증감으로 연결된다. 이익잉여금은 자본의 구성항목이므로 자본의 측면에서 보면, 수익은 자본증가, 비용은 자본감소를 유발한다. 이는 회계항등식의 내용이 된다.

매출(수익)과 매출원가(비용)를 예로 회계항등식의 성립 여부를 살펴보면 [그림 3-2]와 같다.

[그림 3-2]의 분개와 회계항등식에서 수익은 자산과 자본(이익잉여금)을 증가시키고, 비용은 자산과 자본(이익잉여금)을 감소시키는 것을 알 수 있다.

복습문제

A. 수익, 비용 계정을 마감하는 이유는 무엇인가?

B. 수익, 비용 계정을 임시계정으로 부르는 이유는 무엇인가?

3 요 약

손익계산서는 영업활동(손익거래)에 의한 자산과 부채의 증감을 수익, 비용 계정을 사용해 설명한다. 수익에서 비용을 차감한 수치는 영업활동으로 인한 순자산 증감치를 뜻하며, 순손익이라고 부른다. 실현된 수익에 기여한 비용을 찾는 수익-비용의 대응은 회계기준(관습)에 따른 것이며, 수익과 비용의 직접대응도 있지만, 수익에 간접대응되는 비용도 '기간비용'으로 손익계산서에 계상된다.

손익계산서는 분개, 전기, 시산표 작성의 회계순환 절차를 거쳐 도출되며, 수익, 비용이 자산, 부채의 증감과 연결되어 있기 때문에 수익, 비용에도 회계항등식이 성립한다. 회계기간 말에 순이익은 수익, 비용 계정의 마감을 거쳐 이익잉여금으로 대체되는데, 손익계산서와 재무상태표는 이익잉여금 계정을 통해 연결된다. 수익, 비용 계정이 마감되면 계정 잔액이 ₩0이 되어, 차기의 순손익 계상을 준비하게 된다. 수익, 비용 계정은 잔액이 차기로 이월되지 않기 때문에 임시계정이라고 한다. 포괄손익계산서의 기타포괄손익은 재무상태표의 기타포괄손익누계액으로 대체된다.

재무상태표와 포괄손익계산서의 모든 계정잔액은 하나의 시산표에 집계할

그림 3-3 자산, 부채, 자본, 수익, 비용의 시산표

시산표

자 산	부 채
미처분이익잉여금(배당금)	자 본
비 용	수 익

수 있는데, 이를 그림으로 나타내면 [그림 3-3]과 같다.

자산, 부채, 자본, 수익, 비용 계정에 대한 회계순환 절차는 제4장에서 상세하게 다룬다.

주요용어

- 수익－비용 대응 : 인식된 수익에 기여한 비용을 찾는 과정이다. 대응은 수익실현과정에서 소비된 자산이나 발생한 부채를 찾는 것이다.
- 손익계정마감 : 수익, 비용의 계정 잔액을 ₩0으로 만들어 다음 회계기간의 수익과 비용을 집계하기 위한 준비를 하는 것이다.
- 임시계정 : 수익, 비용 계정은 각 재무제표작성일의 장부마감 후 잔액이 ₩0이 되기 때문에 임시계정이라고 한다.
- (포괄)손익계산서와 재무상태표의 연결 : 손익계산서가 전기 재무상태표 작성일과 당기 재무상태표 작성일 사이의 순자산 변화를 이익잉여금을 통해 설명하는 것을 말한다. 한편, 포괄손익계산서의 기타포괄손익은 재무상태표의 기타포괄손익누계액으로 대체된다.

연습문제

1. 판매기업 ㈜삼색의 20×8년 당기순이익이 ₩2,500, 법인세비용차감전순이익이 ₩4,000, 영업이익이 ₩4,000, 매출원가가 ₩4,700, 매출총이익이 ₩6,000이다.

문

(1) ㈜삼색의 20×8년 매출액은 얼마인가?

(2) ㈜삼색의 20×8년 판매와관리비용은 얼마인가?

(3) ㈜삼색의 20×8년 법인세비용은 얼마인가?

2. 다음 문제에 답하라(판매가능한 재고자산은 매출원가와 기말재고자산으로 나뉜다).

(1) 판매기업 ㈜오색에서 기초재고자산 ₩12,000, 기말재고자산 ₩7,000, 매출원가 ₩33,000일 경우, 당기매입액은 얼마인가?

(2) 판매기업 ㈜이색에서 당기매입액 ₩47,000, 기말재고자산 ₩5,000, 매출원가 ₩45,000일 경우, 기초재고자산은 얼마인가?

3. ㈜낙산의 20×7.12.31. 조정전 시산표가 다음과 같이 집계되었다.

계 정	차 변	대 변
현 금	₩ 10,000	
외상매출금	8,000	
미수이자	3,000	
재고자산		₩ 7,000
선급임차료		5,000
컴퓨터설비	15,000	
건 물	40,000	
감가상각누계액		12,000

미지급금		1,000
사 채	20,000	
보통주 자본금		50,000
매 출	30,000	
매출원가		17,000
감가상각비	2,000	
기타판매와관리비용	4,000	
이자비용		2,000
합 계	₩132,000	₩94,000

문

(1) 위 시산표를 바로잡은 후의 차변이나 대변의 합계액은 얼마인가?

(2) 위 시산표에서 ㈜낙산의 20×7년 순이익은 얼마인가?

(3) 위 시산표에서 ㈜낙산의 자본총액은 얼마인가?

4. ㈜보리암에서 보고한 20×7년과 20×8년의 12.31. 재고자산과 외상매입금 자료는 각각 다음과 같다.

	20×7.12.31.	20×8.12.31.
재고자산	₩3,000	₩3,500
외상매입금	800	900

문

㈜보리암이 20×8년(1.1.～12.31.) 동안 공급자에 지급한 현금액은 ₩5,500이다. ㈜보리암이 20×8년 손익계산서에 보고할 매출원가는 얼마인가?

5. ㈜한려수도는 발생주의에서 현금주의로 회계기록을 전환한다. ㈜한려수도의 20×8년 현금주의 순이익은 ₩7,000이다. 20×7년과 20×8년의 12.31. ㈜한려수도 영업정보의 일부는 다음과 같다.

	20×7.12.31.	20×8.12.31.
외상매출금	₩5,000	₩10,000
외상매입금	2,500	4,000

문

(1) 발생주의에서 20×8.12.31.의 손익계산서에 보고될 순이익은 얼마인가?

(2) 위의 자료에서, 발생주의 순이익이 ₩7,000일 경우 현금주의 순이익은 얼마인가?

6. 다음 정보는 ㈜금산(錦山)의 20×7년 매출에 관한 것이다(매출할인과 매출에누리및환입은 매출의 감소항목이다).

가.	신용매출액	₩1,000,000
	매출할인	50,000
나.	현금매출액	₩800,000
	매출에누리및환입	30,000

20×7.1.1. ㈜금산의 외상매출금은 ₩500,000이고, 20×7.12.31. ㈜금산의 외상매출금은 ₩400,000이다. 20×7년의 신용매출액은 전액 회수되었고, 20×7년의 외상매출금 대손 추정은 없다.

문

(1) ㈜금산의 20×7년 신용매출액 회수거래에 대해 발생주의 분개를 하라(매출할인 계정을 설정한다).

(2) 발생주의에 의할 때, ㈜금산의 20×7년 순매출액은 얼마인가?

(3) 현금주의에 의할 때, ㈜금산의 20×7년 순매출액은 얼마인가?

7. 다음 각 사례에서 빠진 자료를 계산해 넣으시오. 각 사례는 독립적이다.

	사례		
	(1)	(2)	(3)
매출액	₩15,000	₩18,600	₩21,000
기초재고자산	1,000	?	2,500
당기매입	?	12,000	13,000
판매가능액	11,500	?	?
기말재고자산	?	4,000	?
매출원가	8,000	?	?
매출총이익	7,000	9,000	?
판매와관리비용	?	3,500	4,000
순이익(영업이익)	₩ 5,000	₩ ?	₩ 6,500

연습문제 해답

1. (1) ₩10,700(매출원가 ₩4,700 + 매출총이익 ₩6,000)이다.
   (2) ₩2,000(매출총이익 ₩6,000 − 영업이익 ₩4,000)이다.
   (3) ₩1,500(법인세비용차감전순이익 ₩4,000 − 당기순이익 ₩2,500)이다.

2. (1) 당기매입액 = ₩7,000 + ₩33,000 − ₩12,000 = ₩28,000
   (2) 기초재고자산 = ₩5,000 + ₩45,000 − ₩47,000 = ₩3,000

3. (1) ₩113,000
   차변 항목: 재고자산, 선급임차료, 매출원가, 이자비용
   대변 항목: 사채, 매출
   (2) ₩30,000 − ₩17,000 − ₩2,000 − ₩4,000 − ₩2,000 = ₩5,000
   (3) ₩50,000 + ₩5,000(이익잉여금) = ₩55,000

4. 매출원가는 (기초재고자산 + 당기매입액 − 기말재고자산)이다. 당기매입액은 다음과 같이 (지급액 ₩5,500 + 외상매입금 증가액 ₩100 = ₩5,600) 또는 (지급액 ₩5,500 + 기말외상매입금 ₩900 − 기초외상매입금 ₩800 = ₩5,600)이다. 따라서, 매출원가는 ₩3,000 + ₩5,600 − ₩3,500 = ₩5,100이다.

외상매입금

		증가	100
지급액	5,500	매입액 ?	

당기매입액 = ₩5,500 + ₩100 = ₩5,600

또는

외상매입금

		800	20×7.12.31.
지급액	5,500	매입액 ?	
		900	20×8.12.31

재고자산 T-계정을 설정해 매출원가를 산정할 수도 있다.

재고자산

증가	500		
매입액	5,600	매출원가	5,100

매출원가 = ₩5,600 − ₩500 = ₩5,100

5. (1) ₩7,000 + ₩5,000 − ₩1,500 = ₩10,500

외상매출금의 증가는 매출수익의 증가를 유발해 발생주의 순이익을 증가시키고, 외상매입금의 증가는 매출원가의 증가를 가져와 발생주의 순이익을 감소시킨다.

(2) ₩7,000 − ₩5,000 + ₩1,500 = ₩3,500

외상매출금의 증가는 현금주의 순이익을 감소시키고, 외상매입금의 증가는 현금주의 순이익을 증가시킨다. (1)과 반대이다.

6. (1) (차) 현 금 950,000 (대) 외상매출금 1,000,000
매출할인 50,000

(2) 신용순매출액(₩1,000,000 − ₩50,000) + 현금순매출액(₩800,000 − ₩30,000)
= ₩950,000 + ₩770,000 = ₩1,720,000

(3) 현금순매출액 = ₩800,000 − ₩30,000 = ₩770,000

현금주의 매출액 = ₩770,000 + ₩1,050,000(외상매출금 회수액) = ₩1,820,000

외상매출금 회수액은 다음과 같이 ₩1,050,000이다.

외상매출금

		감소	100,000
순매출	950,000	회수액 ?	

회수액 = ₩950,000 + ₩100,000 = ₩1,050,000

또는

외상매출금

1/1	500,000		
순매출	950,000	회수액 ?	
12/31	400,000		

회수액 = ₩500,000 + ₩950,000 − ₩400,000 = ₩1,050,000

7. (1) 당기매입 = ₩11,500 − ₩1,000 = ₩10,500
기말재고자산 = ₩11,500 − ₩8,000 = ₩3,500
판매와관리비용 = ₩7,000 − ₩5,000 = ₩2,000

(2) 매출원가 = ₩18,600 − ₩9,000 = ₩9,600
판매가능액 = ₩4,000 + ₩9,600 = ₩13,600
기초재고자산 = ₩13,600 − ₩12,000 = ₩1,600
순이익(영업이익) = ₩9,000 − ₩3,500 = ₩5,500

(3) 판매가능액 = ₩2,500 + ₩13,000 = ₩15,500
매출총이익 = ₩4,000 + ₩6,500 = ₩10,500
매출원가 = ₩21,000 − ₩10,500 = ₩10,500
기말재고자산 = ₩15,500 − ₩10,500 = ₩5,000

제 4 장

회계순환

1. 회계순환의 의의
2. 회계순환과정의 내용
3. 회계순환과정의 예시
4. 요 약

회계주체가 회계정보를 산출하는 목적은 크게 두 가지로 나눌 수 있다. 회계주체를 둘러싼 외부 이해관계인들이 원하는 정보를 제공하는 것(재무회계)과 회계주체 자체의 경영에 필요한 정보를 확보하는 것(관리회계)이다. 주주, 채권자, 사회단체, 조세당국, 국민 등 외부 이해관계인이나 경영자는 여러 의사결정에 회계정보를 이용하게 되며, 최적의 의사결정 결과를 얻기 위해 의사결정에 적합한 정보를 적시에 제공받기를 원할 것이다. 관리회계 영역에서 경영자는 내부의 거래자료를 분석해 정보를 산출하고 그 정보를 필요할 때 적절하게 이용할 수 있지만, 재무회계 영역에서 조직 외부의 정보이용자는 회계주체가 회계기준에 따라 일정 시점에 제시하는 공시자료나 회계정보에 의존할 수밖에 없다.

재무회계 영역에서 신제품 개발, 해외시장 개척과 같은 중요 영업정책은 필요할 때 바로 외부에 알릴 수 있으나, 재무회계 정보는 일정 기간의 거래결과를 보고하는 것이므로 그 기간의 거래를 측정 · 기록 · 조정 · 집계한 후 보고시점을 정해 재무제표 형식으로 공시하게 된다. 이때 거래가 측정 · 기록 · 조정 · 집계되는 기간을 회계기간[1]이라고 하며, 재무제표가 완성되는 재무제표작성일은 재무제표일이라고 한다. 예컨대, 1.1.～12.31.과 같은 일정 기간을 회계기간으로 하고, 회계기간 말인 12.31.에 그 회계기간의 거래정보가 분류 · 집약된 재무상태표, 손익계산서, 현금흐름표, 자본변동표 등을 작성 · 공시하는 것과 같다. 이처럼 회계주체는 각 회계기간에 발생한 거래를 대상으로 매기 동일한 과정이나 절차를 적용해 재무회계 정보를 산출하게 된다.[2]

재무제표(회계보고서)는 통상 회계기간 말에 작성 · 공시된다. 재무상태표와 손익계산서는 같은 시산표 내에서 그 작성과정을 함께 설명할 수 있으나, 현금흐름표와 자본변동표는 재무상태표 및 손익계산서와 약간 다른 과정을 거쳐 작성된다.

---

1 '기간'은 시작점과 끝점이 있는 시간의 길이이다. 시작점(시기)과 끝점(종기)만 있는 것은 '기한'이라고 한다. 기한에서는 통상 끝점(종기)이 문제된다(예컨대, 서류제출 기한).

2 회계주체의 종국적인 재무상태와 경영성과는 실체의 해산 및 청산 시점에서 분명히 드러나는 것이지만, 이해관계자는 각 의사결정에 정보를 원하므로 회계주체는 일정 기간과 시점을 정해 회계정보를 산출 · 제공하게 된다.

1 회계순환의 의의

'회계순환(Accounting cycle)'이란 회계기간마다 주기적으로 이루어지는 회계처리과정을 뜻하며, 일정 간격으로 되풀이된다는 점에서 기간보고의 내용에 속한다. 회계주체의 경제활동이 일회성에 그치지 않고 지속되면 실체는 정기적으로 그 내용과 결과를 보고할 필요가 있다. 주기적으로 이루어지는 재무회계보고는 회계주체와 외부 이해관계인 모두가 수긍하는 회계관습이라고 할 수 있다. 회계기간(연도)[3]은 6월, 1년 등으로 한다.

2 회계순환과정의 내용

회계처리는 회계기간마다 반복되는 일정 절차를 통해 이루어진다. 거래의 기록은 분개장의 분개를 시작으로, 총계정원장의 전기를 통해 각 계정의 차·대변 잔액을 구하며, 이 잔액을 집계해 조정[4](수정)전 시산표를 작성한다. 이후 조정전 시산표에 조정사항이 반영된 조정후 시산표가 작성되면, 이를 토대로 재무상태표와 손익계산서를 도출함으로써 회계순환을 마칠 수 있다. 재무제표가 완성되면 각 계정을 마감하는데, 재무상태표 계정은 잔액을 차기로 이월하고, 손익계산서 계정은 잔액을 ₩0으로 만들어 차기의 손익거래에 대비한다. 끝으로, 이월시산표를 만들어 이월 잔액의 오류를 점검할 수도 있다. 회계순환과정 중 조정전 시산표, 조정분개, 조정후 시산표, 재무상태표, 손익계산서를 하나의 표에서 작성할 수도 있는데, 이 표를 정산표라고 한다.

회계순환과정의 내용을 그림으로 제시하면 [그림 4-1]과 같다.

---

3 회계기간은 약칭해 '회기'라고 하며, 당기(당해 회계기간), 전기(이전 회계기간), 차기(다음 회계기간)로 부른다. 시작점을 기초, 끝점을 기말이라고 한다.

4 '조정' 대신 '수정'이라는 용어를 쓰기도 한다.

그림 4-1 회계순환과정의 내용

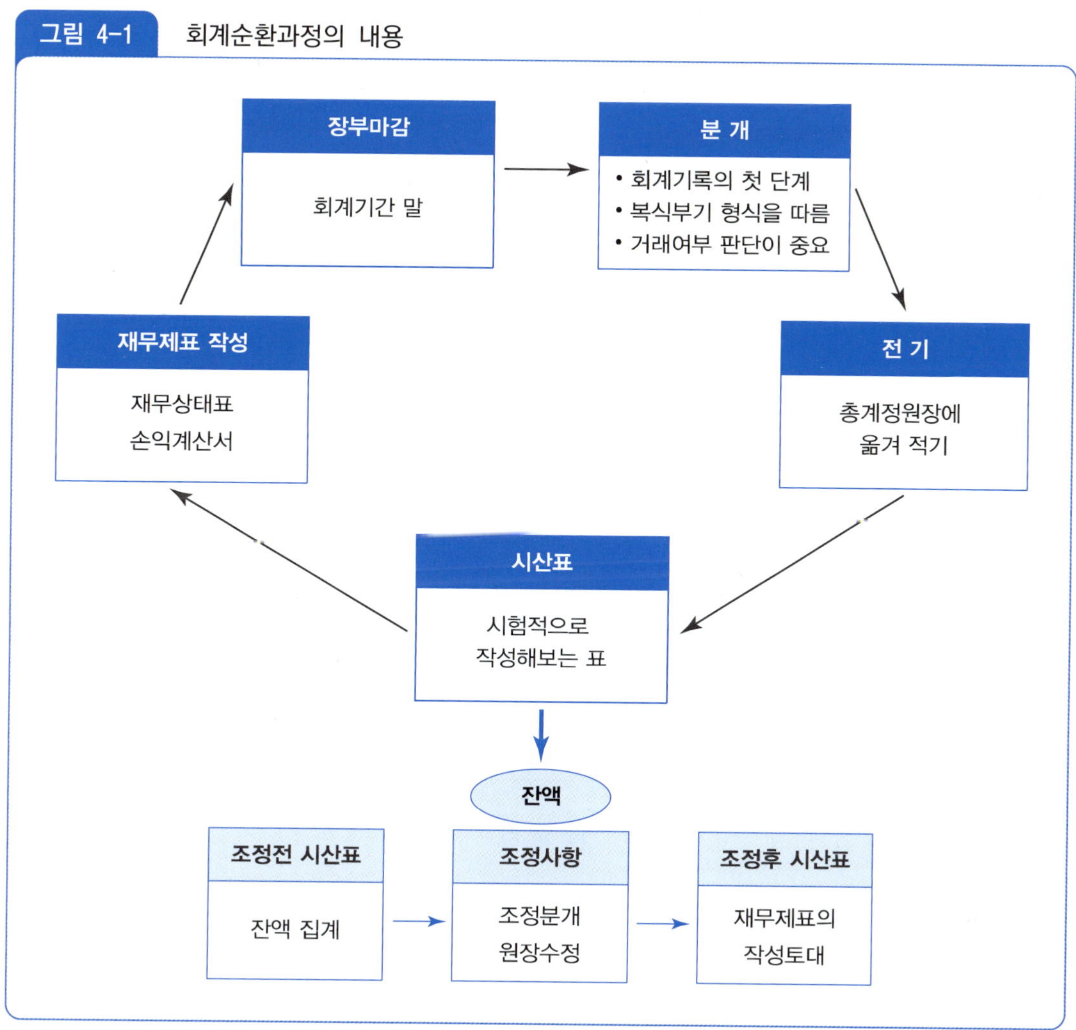

가. 분개장과 총계정원장

회계거래의 장부기입(Bookkeeping)은 분개장과 총계정원장을 통해 이루어진다. 발생시간별 거래 내역을 유지하기 위해 각 거래는 분개장으로 불리는 문서에 처음 기록된다. 모든 거래를 기록하기 위해 일반분개장이라는 하나의 분개장을 쓰거나 특정 유형의 거래를 따로 기록하기 위한 복수의 분개장을 쓰기도 한다. 현금수취 분개장(현금수취가 포함된 모든 거래를 기록)이나 현금지출 분개장(현금지출이 포함된 모든 거래를 기록)을 사용하는 것이 그 예이다. 일반분개장(General journal)의 분개는 차 · 대변에 기록될 계정명을 쓴 후 그 금액을 적는 식으로 이루어지고, 분개에 대한 간단한 설명이 차 · 대변의 계정 밑에 부가된다. 분개가 끝나면 분개 내용을 다른 문서에 각 계정별로 옮겨 적게 되는데, 이 문서를 총계정원장(General ledger)이라 하고, 옮겨 적는 것을 전기(Posting)라고 한다.

나. 분 개

분개[5]는 회계거래를 차 · 대변의 복식부기 형식을 통해 문서에 기록하는 것을 뜻하며, 그 문서를 분개장이라고 한다. 분개는 회계기록의 첫 단계로, 분개가 필요한 거래인지를 먼저 판단해야 한다. 분개장의 분개 예시는 [그림 4-2]와 같다.

[그림 4-2]처럼 실무에서는 거래를 분개장에 상세 내역과 함께 기록하지만, 핵심은 차 · 대변의 계정과 가액이다. 이 책에서는 모든 거래에 대해 차 · 대변의 계정과 가액만이 표시된 분개를 제시하기로 한다.

그림 4-2 분개장의 분개 예시

분 개 장

(1)

일자	계정	원면	차변	대변
20×8.9.1.	현 금	1	100,000	
	자본금	4		100,000
	주식을 공모해 ₩100,000의 자금을 조달하다.			
20×8.9.15.	건물임차료	5	1,200	
	현 금	1		1,200
	건물임차료 ₩1,200을 현금지급하다.			

5 분개(分介)는 '나누어 펼친다'는 의미이다.

다. 전 기

전기는 분개장에 기록된 거래를 계정과목별로 총계정원장에 옮겨 적는 것을 말하며, 총계정원장은 모든 거래를 계정별로 기록 · 집계하는 문서이다. 전기를 통해 총계정원장에서 각 계정의 잔액을 산출할 수 있다. 총계정원장과 거래 전기의 예시는 [그림 4-3]과 같다.

실무에서는 [그림 4-3]처럼 원장에 전기가 이루어지지만, 이 책에서는 각 계정별 T-계정을 사용해 전기를 하고 잔액을 산출하기로 한다. 분면은 분개장의 쪽수를, 원면은 원장의 계정번호를 나타낸다. 총계정원장 작성형식은 표준식과 잔액식이 있으며, [그림 4-3]은 표준식이다. 표준식은 전기가 다 끝난 후 잔액을 구하는 방식이며, 잔액식은 전기할 때마다 잔액을 구하는 방식이다. T-계정을 사용해 전기할 때는 표준식이 더 어울린다.

그림 4-3 총계장원장과 거래 전기의 예시

총계정원장

현 금 (계정번호 1)

일자	계정	분면	금액	일자	계정	분면	금액
20×8.9.1.	자본금	(1)	100,000	20×8.9.15.	건물임차료	(1)	1,200

자본금 (계정번호 4)

				20×8.9.1.	현 금	(1)	100,000

건물임차료 (계정번호 5)

20×8.9.15.	현 금	(1)	1,200				

라. 조정전 시산표

시산표는 재무제표 작성을 위해 시험적으로 작성해보는 도표로서, 총계정원장을 통해 파악된 각 계정 잔액을 차 · 대변으로 구분해 집계한다. 제3장의 [그림 3-3]에서 보는 것처럼, 총계정원장에서 자산 · 비용의 잔액과 미처분이익잉여금의 감소(배당금)는 차변에, 부채 · 자본 · 수익의 잔액은 대변에 나타난다. 시산표에는 재무상태표와 손익계산서 계정이 모두 포함되며, 시산표의 차변항목 합계와 대변항목 합계는 같다. 모든 거래가 차변과 대변에 동일 액수로 기록되기 때문이다. 차변항목 합계와 대변항목 합계가 불일치하면 집계과정에 오류가 발생한 것이다. 시산표 형식은 합계잔액시산표와 잔액시산표가 있으나, 이 책에서는 잔액시산표를 사용하기로 한다.

시산표는 오류수정, 내부거래의 인식, 선급 · 미지급 · 선수 · 미수 항목의 처리 등 조정사항이 반영되기 전의 조정전 시산표와 조정사항이 반영된 조정후 시산표의 두 가지로 작성되며, 조정후 시산표를 토대로 재무상태표와 손익계산서를 완성할 수 있다. 조정전 시산표, 조정사항, 조정후 시산표, 재무상태표, 손익계산서를 하나의 표에 작성할 수도 있는데, 이를 정산표라 한다. 조정후 시산표의 작성이 끝나면, 조정후 시산표에서 재무상태표와 손익계산서를 바로 도출할 수 있으므로 별도의 정산표를 작성할 필요는 없다.

마. 조정사항

조정(Adjustment)은 손익계산서 계정(수익, 비용)과 재무상태표 계정(자산, 부채, 자본)을 대상으로 하고, 조정을 통해 손익계산서와 재무상태표가 연결되기도 한다. 예컨대, 자산의 사용이 비용으로 처리되고(예: 감가상각비), 부채의 조정이 수익의 인식을 불러오거나(예: 선수수익), 미지급된 비용을 부채로 계상(예: 미지급급여)하는 것과 같다. 이는 손익계산서의 순이익 보고과정이 재무상태표의 자산 · 부채 평가과정과 연결되어 있음을 보여준다.

조정이 필요한 모든 거래가 외부거래 형태로 발생하는 것은 아니다. 예컨대, 선급임차료는 임차기간의 경과에 따라 선급임차료가 임차료로 바뀌는 내부거래를 수반한다. 이처럼 거래임에도 기록되지 않은 경제사건을 찾아 회계처리하는 과정이 조정이며, 조정절차의 첫 단계는 시산표의 작성이다. 시산표는 모든 계정 잔액을 망라하는 표이며, 시산표에서 계정을 따라가면서 조정이 필요한 부분을 찾아내면 된다. 시산표를 통해 수치오류, 계정분석오류 등의 실수를 발견할 수 있고, 차 · 대변에 위치한 각 계정 잔액의 차변합계와 대변합계가 일치하는지 검토할 수 있다. 재무상태표, 손익계산서의 차 · 대변 가액이 균형을 이루는지도 알 수 있다.

합계실수나 계정착오, 기록누락과 같은 오류는 바로잡을 사항이고, 내부거래의 인식과 선급 · 미지급 · 선수 · 미수 항목의 처리는 자산의 축적량과 변화량을 올바르게 측정하기 위한 것이다. 오류수정 외의 조정은 계정의 기말잔액을 적절한 경제가치로 보고함으로써 재무제표의 신뢰성을 높이기 위한 것이다. 예컨대, 감가상각비의 계상은 기간경과 또는 사용에 따른 비유동자산의 가치감소를 비용에 산입시켜 재무상태표의 자산가치와 손익계산서의 비용(사용된 자산의 경제가치)을 적절한 값으로 조정하는 기능을 한다.

조정전 시산표의 각 계정에 대한 조정이 끝나면 조정후 시산표가 작성되고, 이를 바탕으로 재무제표가 완성되며, 계정이 마감된다. 수익, 비용 계정은 마감이 끝나면 그 잔액이 ₩0이 되기 때문에 임시계정으로 불린다. 영구계정(자산, 부채, 자본)의 마감은 계정 잔액을 차기로 이월시키면서 끝난다.

회계순환의 각 단계는 톱니바퀴처럼 서로 맞물려 회기마다 반복처리되지만, 핵심 절차는 거래의 첫 기록인 분개와 계정 잔액의 수정작업인 조정이다. 조정은 통상 회계기간 말에 행해지며, 오류수정, 내부거래 인식, 선급 · 미지급 · 선수 · 미수 항목의 처리 등으로 이루어진다. 비용조정의 경우, 자산의 잔존가치를 추정해 비용을 계상하거나 비용을 추정해 자산의 잔존가치를 산출하게 된다.

각 조정사항을 예시하면 다음과 같다.

(1) 오류수정의 예시

오류는 거래 누락, 계정 혼동, 차 · 대변 바꿔쓰기 등의 원인으로 발생한다.

- ㈜새벽꿈이 신용매출 ₩5,000을 기록에서 누락했다.

(분개 추가) (차) 외상매출금 5,000 (대) 매 출 5,000

- ㈜새벽꿈이 신용매출 ₩5,000을 현금매출로 착각했다.

현재의 분개 (현금 5,000 매출 5,000)을 옳은 분개인 (외상매출금 5,000 매출 5,000)으로 바꿔야 하므로 수정분개는 (외상매출금 5,000 현금 5,000)이 된다.

- ㈜새벽꿈이 ₩1,000의 은행차입금 발생에 대해 차・대변을 바꾸어 기록했다. 현재의 분개 (은행차입금 1,000 현금 1,000)을 옳은 분개인 (현금 1,000 은행차입금 1,000)으로 바꿔야 하므로 수정분개는 (현금 2,000 은행차입금 2,000)이 된다.

- ㈜새벽꿈이 ₩6,000의 신용매출을 기록했으나, 실제는 ₩5,000의 신용매출만 한 것으로 밝혀졌다.
  현재의 분개 (외상매출금 6,000 매출 6,000)에서 과대계상된 ₩1,000의 신용매출을 줄여야 하므로 수정분개는 (매출 1,000 외상매출금 1,000)이 된다.

(2) 내부거래인식의 예시

내부거래인식은 회계주체 내에서의 자산사용에 따른 가치감소, 기간경과에 의한 가치감소, 채권의 회수불가능성 추정 등을 기록하는 것으로서, 거래상대방이 없는 회계처리를 뜻한다. 그 예로, 유・무형 자산의 감가상각비, 외상매출금의 대손상각비, 소모품비 등이 있으며, 회계가치와 경제가치 간의 차이를 줄이는 기능이 있다. 거래와 회계처리를 예시하면 다음과 같다.

- ㈜새벽꿈이 건물감가상각비 ₩1,500을 비용 인식했다.

(차) 건물감가상각비	1,500	(대) 건물감가상각누계액	1,500

- ㈜새벽꿈이 특허권상각비 ₩2,000을 비용 처리했다.

(차) 특허권상각비	2,000	(대) 특허권	2,000

- ㈜새벽꿈의 외상매출금 잔액 ₩17,000의 2%가 회수불능으로 추정되었다.

(차) 대손상각비	340	(대) 대손충당금	340

- ㈜새벽꿈이 구입한 ₩1,200의 소모품 중 당기 미사용분 ₩200이 있다. 소모품은 현금 구입했으며, 구입 시 소모품으로 처리한다.

(구입 시)	(차) 소모품	1,200	(대) 현 금	1,200
(회계기말)	(차) 소모품비	1,000	(대) 소모품	1,000

(3) 선급 · 미지급 · 선수 · 미수 항목 처리의 예시

• ㈜새벽꿈이 12개월분 보험료 ₩1,200을 미리 현금지급했다.

(지급 시점)	(차) 선급보험료	1,200	(대) 현 금	1,200
(6월 경과 후)	(차) 보험료	600	(대) 선급보험료	600

• ㈜새벽꿈이 기말에 지급하지 않은 이자 ₩900을 비용 처리했다.

(차) 이자비용	900	(대) 미지급이자	900

• ㈜새벽꿈이 12개월분 임대료 ₩2,400을 미리 현금수취했다.

(수취 시점)	(차) 현 금	2,400	(대) 선수임대료수익	2,400
(6월 경과 후)	(차) 선수임대료수익	1,200	(대) 임대료수익	1,200

• ㈜새벽꿈이 기말에 수취하지 못한 이자 ₩900을 수익 처리했다.

(차) 미수이자	900	(대) 이자수익	900

바. 상품매매업의 조정사항(매입할인, 매출할인, 매입에누리및환출, 매출에누리및환입, 매출원가)

(1) 매입할인, 매출할인, 매입에누리및환출, 매출에누리및환입

1) 할인은 '신용거래(매입, 매출)에서 이른 시기의 대금수수에 따른 값 깎기'를 말하며, 매입 측의 매입할인은 재고자산의 감소항목, 매출 측의 매출할인은 매출의 감소항목이다. 할인계정은 설정할 수도 있고 설정하지 않을 수도 있는데, 설정하면 재고자산이나 매출의 감소원인을 상세하게 파악할 수 있다. 매입에누리및환출은 매입 측의 '물건의 흠으로 인한 대금 깎기'를, 매출에누리및환입은 매출 측의 '물건의 흠으로 인한 대금 깎기'를 말한다. 매입에누리및환출은 재고자산의 감소항목, 매출에누리및환입은 매출의 감소항목이다. 이 점에서 매입에누리및환출과 매입할인, 매출에누리및환입과 매출할인은 계정의 성격이 유사하며, 매입에누리및환출과 매출에누리및환입의 계정도 반드시 설정해야 하는 것은 아니다.

2) 할인계정의 회계처리를 예시하면 다음과 같다.

- ㈜동풍이 ㈜서풍으로부터 ₩1,000의 재고자산을 (1/10, n/30)의 조건(신용기간 30일, 10일 이내 대금수수 시 1% 할인)으로 매입하는 거래가 이루어졌을 때의 신용거래 시와 할인기간인 10일 이내 현금수수 시의 분개를 제시하도록 한다.

〈할인계정 설정하는 경우〉

	㈜동풍 (차변)		㈜동풍 (대변)		㈜서풍 (차변)		㈜서풍 (대변)	
(신용거래)	재고자산	1,000	외상매입금	1,000	외상매출금	1,000	매 출	1,000
(현금수수)	외상매입금	1,000	현 금	990	현 금	990	외상매출금	1,000
			매입할인	10	매출할인	10		

〈할인계정 설정 안하는 경우〉

	㈜동풍 (차변)		㈜동풍 (대변)		㈜서풍 (차변)		㈜서풍 (대변)	
(신용거래)	재고자산	1,000	외상매입금	1,000	외상매출금	1,000	매 출	1,000
(현금수수)	외상매입금	1,000	현 금	990	현 금	990	외상매출금	1,000
			재고자산	10	매 출	10		

〈기말조정분개〉

(할인계정 설정) ㈜동풍 : (차) 매입할인 10 (대) 재고자산 10
㈜서풍 : (차) 매 출 10 (대) 매출할인 10

(할인계정 미설정) ㈜동풍, ㈜서풍 모두 별도의 조정분개는 하지 않는다.

3) 에누리및환입(출) 계정의 회계처리를 예시하면 다음과 같다.

- ㈜동풍과 ㈜서풍의 재고자산 신용매매거래에서 발생한 에누리및환입(출)이 ₩10일 때의 분개를 제시하도록 한다.

〈에누리및환입(출) 계정 설정하는 경우〉

	㈜동풍 (차변)		㈜동풍 (대변)		㈜서풍 (차변)		㈜서풍 (대변)	
(신용거래)	재고자산	1,000	외상매입금	1,000	외상매출금	1,000	매 출	1,000
(현금수수)	외상매입금	1,000	현 금	990	현 금	990	외상매출금	1,000
			매입에누리및환출	10	매출에누리및환입	10		

〈에누리및환입(출) 계정 설정 안하는 경우〉

	(차변)	㈜동풍	(대변)		(차변)	㈜서풍	(대변)	
(신용거래)	재고자산	1,000	외상매입금	1,000	외상매출금	1,000	매 출	1,000
(현금수수)	외상매입금	1,000	현 금	990	현 금	990	외상매출금	1,000
			재고자산	10	매 출	10		

〈기말조정분개〉

		(차)		(대)	
(에누리및환입(출) 설정)	㈜동풍 :	(차) 매입에누리및환출	10	(대) 재고자산	10
	㈜서풍 :	(차) 매 출	10	(대) 매출에누리및환입	10

(에누리및환입(출) 미설정) ㈜동풍, ㈜서풍 모두 별도의 조정분개는 하지 않는다.

4) ㈜동풍과 ㈜서풍의 신용매매거래에서 할인기간이 경과하거나 에누리및환입(출)이 없을 때의 대금수수에 대한 회계처리는 다음과 같다.

(차변)	㈜동풍	(대변)		(차변)	㈜서풍	(대변)	
외상매입금	1,000	현 금	1,000	현 금	1,000	외상매출금	1,000

(2) 매출원가

1) 판매업의 매출원가 산정은 재고자산가액 측정과 연결되며, 산정방법은 계속재고법과 기말재고법[6]의 두 가지가 있다. 사다가 파는 상품판매업의 매출원가는 상품매입원가가 매출원가로 전환되는 과정을 거치며, 만들어 파는 제품판매업은 제품제조원가가 매출원가로 바뀌게 된다.

계속재고법(Perpetual inventory systems)은 매출 시마다 매출원가를 산출해 당기 매출원가를 '매출원가' 계정에 자동 집계하는 방법으로, 당기 매출원가 산정을 위한 기말조정분개가 필요치 않다. 반면, 기말재고법(Periodic inventory systems)은 기말시점에 당기 매출원가를 한꺼번에 산정하는 방법으로, 매출원가 산정에 조정분개가 수반된다. 계속재고법은 매출 시마다 매출원가를 산정하므로 판매되지 않

6 계속재고법은 계속기록법이라고도 하며, 기말재고법은 실지재고조사법이라고도 한다. 계속재고법은 매출 시마다 재고자산가액을 계상하기 때문에 붙인 이름이고, 기말재고법은 기말에 최종 재고자산가액을 한꺼번에 계상하기 때문에 붙인 이름이다.

은 재고자산을 매출시점별로 연속해 파악할 수 있으나, 기말재고법은 판매가능액(기초재고자산+당기매입액)에서 기말시점의 재고자산을 차감해 당기 매출원가를 산정하므로 매출시점별 재고자산가액을 파악하기 어렵다. 매출빈도수가 매우 큰 판매업은 계속재고법의 사용에 상당한 원가부담을 느낄 수 있으나, 바코드기술, 인공지능 등의 기술개발에 힘입어 이전보다 저렴하게 계속재고법을 적용할 수 있을 것으로 본다.

2) 재고자산 자료를 통해 계속재고법과 기말재고법에 따른 매출원가 산정을 예시하도록 한다.

- 20×8.1.1.~20×8.1.31. ㈜새벽꿈의 거래가 다음과 같다고 하자. 물건은 사 온 순서대로 판매한다(선입선출법 적용).

  1.1. 기초재고자산은 100단위(단위당 매입원가 ₩10)이다.
  1.5. 재고자산을 현금매입했다. 200단위(단위당 매입원가 ₩12)
  1.10. 재고자산을 현금매출했다. 250단위(단위당 판매가격 ₩20)
  1.17. 재고자산을 신용매입했다. 500단위(단위당 매입원가 ₩13)
  1.25. 재고자산을 신용매출했다. 350단위(단위당 판매가격 ₩20)
  1.31. 기말재고자산은 200단위(단위당 매입원가 ₩13)이다.

〈계속재고법〉

- 분 개

1.5.	(차) 재고자산	2,400	(대) 현　금	2,400
1.10.	(차) 현　금	5,000	(대) 매　출	5,000
	매출원가	2,800	재고자산	2,800
	매출원가 계산: (100×₩10+150×₩12)		재고자산: 50단위(단위당 ₩12)	
1.17.	(차) 재고자산	6,500	(대) 외상매입금	6,500
1.25.	(차) 외상매출금	7,000	(대) 매　출	7,000
	매출원가	4,500	재고자산	4,500
	매출원가 계산: (50×₩12+300×₩13)		재고자산: 200단위(단위당 ₩13)	

• 원장 T-계정 전기

매출원가

1.10.	재고자산	2,800	집합손익	7,300
1.25.	재고자산	4,500		

〈기말재고법〉

• 분 개

1.5.	(차) 매 입	2,400	(대) 현 금	2,400
1.10.	(차) 현 금	5,000	(대) 매 출	5,000
1.17.	(차) 매 입	6,500	(대) 외상매입금	6,500
1.25.	(차) 외상매출금	7,000	(대) 매 출	7,000

• 원장 T-계정 전기

매 입

1.5.	현 금	2,400	1.31.	매출원가	8,900
1.17.	외상매입금	6,500			

재고자산

1.1.	전기이월	1,000	1.31.	매출원가	1,000
1.31.	매출원가	2,600	1.31.	차기이월	2,600

• 기말조정(정리)분개 : '매출원가' 계정을 설정해 매출원가를 구한다.

(차) 매출원가	1,000	(대) 재고자산(기초)	1,000
(차) 매출원가	8,900	(대) 매입(당기)	8,900
(차) 재고자산(기말)	2,600	(대) 매출원가	2,600

• 기말조정분개의 T-계정 전기

매출원가

재고자산(기초)	1,000	재고자산(기말)	2,600
매 입	8,900	집합손익	7,300

기말재고법은 기말에 창고에 저장된 재고자산가액을 측정해 판매가능액(기초 재고자산+당기매입)에서 차감함으로써 매출원가를 산출한다. 기말조정분개는 기

〈도표 4-1〉 계속재고법과 기말재고법 요약

구분	계속재고법	기말재고법
의미	매출 시마다 매출원가와 재고자산 산출 (조정분개 안함)	매출 시는 매출만 기록 기말에 재고자산과 매출원가 총액 산출 (조정분개 함)
기본구조	기초재고자산 (+) 당기매입 판매가능액 (−) 당기매출원가 기말재고자산	기초재고자산 (+) 당기매입 판매가능액 (−) 기말재고자산 당기매출원가
계정구성	재고자산(매입, 기초, 기말) 매출 매출원가(매출 시)	재고자산(기초, 기말) 매입 매출 매출원가(기말)
분개 예	₩5,000의 재고자산을 현금매입하고, 이를 ₩10,000에 신용매출한 경우	
	재고자산 5,000 현 금 5,000 외상매출금 10,000 매 출 10,000 매출원가 5,000 재고자산 5,000	매 입 5,000 현 금 5,000 외상매출금 10,000 매 출 10,000

초재고자산과 당기매입을 매출원가 계정의 차변에 집계하는 분개와 기말재고자산을 판매가능액(또는 매출원가)에서 제외하는 분개로 구성된다.

3) 계속재고법과 기말재고법을 요약하면 <도표 4-1>과 같다.

사. 조정후 시산표

파악된 조정사항이 분개와 전기에 반영되어 조정된 계정 잔액이 산정되면, 조정후 시산표를 도출할 수 있다. 조정후 시산표를 토대로 손익계산서와 재무상태표를 작성한다. 손익계산서는 정(+)의 잔액을 보이는 수익 · 비용의 모든 계정을 다단계 손익보고에 따라 적절히 배치한 보고서이고, 재무상태표는 정(+)의 잔액을 보이는 자산 · 부채 · 자본의 모든 계정을 유동성배열법에 따라 적절히 배치한 보고서이다. 재무상태표는 계정의 잔액표인 셈이다. 이후, 손익계산서의 임시계정을 마감해 차기를 대비하고, 재무상태표의 영구계정을 마감해 잔액을 차기로 이월한다. 차기 이월할 잔액을 집계해 이월시산표를 작성할 수도 있다.

복습문제

A. 회계순환의 뜻을 설명하고, 회계순환과정의 내용을 예를 들어 제시하라.

B. 회계조정의 내용인 오류수정, 내부거래의 인식, 선급 · 미지급 · 선수 · 미수 항목의 처리를 예를 들어 설명하라.

C. 임시계정과 영구계정의 의미는 무엇인가?

D. 판매업의 매출원가 산정에 사용되는 계속재고법과 기말재고법을 비교 설명하라.

E. 판매업이 기말재고법을 사용해 매출원가를 산정할 때 나타나는 기말조정(정리)분개를 예시하라.

3 회계순환과정의 예시

다음 거래의 회계처리를 통해 회계순환과정을 예시하도록 한다.

(i) 20×8.1.2. S와 O는 각각 현금 ₩100,000을 투자해 경제지표 예측지능이 탑재된 로봇을 매매하는 회사를 설립했다. 회사명은 ㈜불가사의이고, 회계기간은 1.1.~1.31.로 한다. 매출원가 산정은 계속재고법을 사용하고, 기초재고자산은 없다.

(ii) 20×8.1.5. 회사는 은행으로부터 ₩10,000을 현금차입했다.

(iii) 20×8.1.8. 영업용 건물을 임차하고, 12개월의 임차료 ₩12,000을 미리 지급했다.

(iv) 20×8.1.9. ₩100,000의 로봇 수선기계를 신용구입했다(1/10, n/30 조건). 할인계정은 설정하지 않는다.

(v) 20×8.1.12. ₩2,000의 소모품(볼트, 너트)을 현금구입했다. 구입 시 자산처리한다.

(vi) 20×8.1.13. 로봇 15대를 ₩135,000에 신용매입했다.

(vii) 20×8.1.15. ㈜불가사의는 로봇 10대를 ₩200,000에 (1/10, n/50) 조건으로 신

용매출했다. 할인계정을 설정한다. 판매된 로봇 10대의 매입원가는 ₩90,000 이다.

(viii) 20×8.1.18. 로봇 수선기계의 신용구입대금 전액을 현금지급했다.

(ix) 20×8.1.24. 로봇 신용판매대금 전액을 현금회수했다.

(x) 20×8.1.25. 로봇 20대를 ₩200,000에 신용매입했다.

(xi) 20×8.1.28. 로봇 15대를 ₩300,000에 신용매출했다. 할인조건은 없다. 판매된 로봇 15대의 매입원가는 ₩145,000이다(선입선출법 적용).

가. 분 개

앞 거래에 대한 ㈜불가사의의 분개는 다음과 같다.

(i)	(차)	현 금	200,000	(대)	자본금	200,000
(ii)	(차)	현 금	10,000	(대)	은행차입금	10,000
(iii)	(차)	선급임차료	12,000	(대)	현 금	12,000
(iv)	(차)	기 계	100,000	(대)	미지급금	100,000
(v)	(차)	소모품	2,000	(대)	현 금	2,000
(vi)	(차)	재고자산(로봇)	135,000	(대)	외상매입금	135,000
(vii)	(차)	외상매출금	200,000	(대)	매 출	200,000
		매출원가	90,000		재고자산(로봇)	90,000
(viii)	(차)	미지급금	100,000	(대)	현 금	99,000
					기 계	1,000
(ix)	(차)	현 금	198,000	(대)	외상매출금	200,000
		매출할인	2,000			
(x)	(차)	재고자산(로봇)	200,000	(대)	외상매입금	200,000
(xi)	(차)	외상매출금	300,000	(대)	매 출	300,000
		매출원가	145,000		재고자산(로봇)	145,000

나. 원장전기(T-계정을 만들고 분개를 옮겨 적는다)와 계정 잔액 산정

㈜불가사의의 원장전기와 계정 잔액 산정은 다음과 같다.

현 금

(i) 자본금	200,000	(iii) 선급임차료	12,000
(ii) 은행차입금	10,000	(v) 소모품	2,000
(ix) 외상매출금	198,000	(viii) 미지급금	99,000
	408,000		113,000
잔액	295,000		

외상매출금

(vii) 매 출	200,000	(ix) 현 금	198,000
(xi) 매 출	300,000	(ix) 매출할인	2,000
	500,000		200,000
잔액	300,000		

선급임차료

(iii) 현 금	12,000		
	12,000		
잔액	12,000		

재고자산(로봇)

(vi) 외상매입금	135,000	(vii) 매출원가	90,000
(x) 외상매입금	200,000	(xi) 매출원가	145,000
	335,000		235,000
잔액	100,000		

소모품

(v) 현 금	2,000		
	2,000		
잔액	2,000		

기 계

(iv) 미지급금	100,000	(viii) 미지급금	1,000
	100,000		1,000
잔액	99,000		

외상매입금

		(vi) 재고자산	135,000
		(x) 재고자산	200,000
			335,000
		잔액	335,000

미지급금

(viii) 현 금	99,000	(iv) 기 계	100,000
(viii) 기 계	1,000		
	100,000		100,000
		잔액	0

은행차입금

		(ii) 현 금	10,000
			10,000
		잔액	10,000

자본금

		(i) 현 금	200,000
			200,000
		잔액	200,000

매 출

		(vii) 외상매출금	200,000
		(xi) 외상매출금	300,000
			500,000
		잔액	500,000

매출할인

(ix) 외상매출금	2,000		
	2,000		
잔액	2,000		

매출원가

(vii) 재고자산	90,000		
(xi) 재고자산	145,000		
	235,000		
잔액	235,000		

다. 조정전 시산표 작성

T-계정의 차 · 대변 잔액을 집계해 조정전 시산표를 만든다. ㈜불가사의의 조정전 시산표는 <도표 4-2>와 같다.

〈도표 4-2〉 ㈜불가사의의 조정전 시산표

(차 변)	조정전 시산표		(대 변)
현 금	₩ 295,000	외상매입금	₩ 335,000
외상매출금	300,000	은행차입금	10,000
선급임차료	12,000	자본금	200,000
재고자산(로봇)	100,000	매 출	500,000
소모품	2,000		
기 계	99,000		
매출할인	2,000		
매출원가	235,000		
합 계	₩1,045,000	합 계	₩1,045,000

라. 조정분개와 조정후 시산표 작성

㈜불가사의의 조정사항은 다음과 같다.

(a) 외상매출금의 대손(회수불능) 추정액은 ₩6,000(외상매출금 잔액 ₩300,000의 2%)이다. 대손추정액은 매출채권(외상매출금, 받을어음)의 회수불능 추정치이며, 미회수기간의 길이가 길어질수록 회수가능성이 낮아진다.

(b) 선급임차료 12개월분 ₩12,000 중 1개월 경과분을 비용 처리한다.

(c) 소모품 기말잔액은 ₩500이다. 소모품은 복사지, 잉크, 볼트, 너트와 같이 영업활동에 빈번히 사용되는 낮은 원가의 항목들을 말한다. 구입 시 소모품으로 자산 처리하면, 기말잔액을 제외한 당기소비액을 비용 처리하는 조정이 필요하다. 구입 시 소모품비로 비용 처리하면, 기말잔액을 자산 처리하는 조정이 뒤따른다.

(d) 매출할인 ₩2,000은 매출감소 항목이므로 이에 대한 조정이 필요하다.

(e) 기계감가상각비는 기간경과 또는 기계사용에 따른 기계가치감소분을 말

하는데, 1개월의 감가상각비는 ₩825으로 추정된다(정액법, 내용연수 10년, 잔존가치 ₩0, 월할 계산).

- 조정분개

(a) (차) 대손상각비 6,000 (대) 대손충당금 6,000
1.31. 외상매출금장부가치는 ₩294,000(₩300,000 − ₩6,000)이다.

(b) (차) 임차료(비용) 1,000 (대) 선급임차료(자산) 1,000
1.31. 선급임차료 잔액은 ₩11,000(₩12,000 − ₩1,000)이다.

(c) (차) 소모품비 1,500 (대) 소모품 1,500
1.31. 소모품 잔액은 ₩500(₩2,000 − ₩1,500)이다.

(d) (차) 매 출 2,000 (대) 매출할인 2,000
1.1.~1.31.의 순매출액은 ₩498,000(₩500,000 − ₩2,000)이다.

(e) (차) 기계감가상각비 825 (대) 기계감가상각누계액 825
1.31. 기계장부가치(가액)는 ₩98,175(₩99,000 − ₩825)이다.

㈜불가사의의 조정후 시산표는 <도표 4-3>과 같다.

〈도표 4-3〉 ㈜불가사의의 조정후 시산표

조정후 시산표

(차 변)		(대 변)	
현 금	₩ 295,000	대손충당금	₩ 6,000
외상매출금	300,000	외상매입금	335,000
선급임차료	11,000	은행차입금	10,000
재고자산(로봇)	100,000	기계감가상각누계액	825
소모품	500	자본금	200,000
기 계	99,000	매 출	498,000
매출원가	235,000		
대손상각비	6,000		
임차료	1,000		
소모품비	1,500		
기계감가상각비	825		
합 계	₩1,049,825	합 계	₩1,049,825

마. 재무상태표와 손익계산서 작성

(1) 재무상태표

㈜불가사의의 재무상태표를 작성하면 <도표 4-4>와 같다.

〈도표 4-4〉 ㈜불가사의의 재무상태표

재무상태표

㈜불가사의		20×8.1.31.		(단위 : 원)
자 산			부 채	
현 금		₩295,000	외상매입금	₩335,000
외상매출금	₩300,000		은행차입금	10,000
(대손충당금)	(6,000)	294,000	부채합계	₩345,000
선급임차료		11,000		
재고자산(로봇)		100,000	자 본	
소모품		500	자본금	200,000
기 계	99,000		이익잉여금	253,675
(기계감가상각누계액)	(825)	98,175	자본합계	₩453,675
자산합계		₩798,675	부채와자본합계	₩798,675

대손충당금과 기계감가상각누계액은 각각 외상매출금과 기계의 평가계정으로, 각 자산의 가치를 감소시키는 항목이다. 대손상각비와 감가상각비는 추정치이기 때문에 자산가치를 직접 감소시키지 않고, 장부가치를 감소시키는 간접상각법을 쓴다. 두 평가계정은 재무상태표에 각 자산의 장부가치를 줄이는 식으로 보고된다. 앞 재무상태표 작성형식은 계정식이다. 이익잉여금 ₩253,675은 순자산증가치인 당기순이익(수익 - 비용)이 이익잉여금으로 대체된 수치이며, 순이익에서 대체된 (미처분)이익잉여금은 배당, 설비투자 등 다양한 용도의 재원이 된다.

(2) 손익계산서

㈜불가사의의 손익계산서를 작성하면 <도표 4-5>와 같다.

〈도표 4-5〉 ㈜불가사의의 손익계산서

손익계산서

㈜불가사의 20×8.1.1.~20×8.1.31.	(단위: 원)
매출액	₩498,000
매출원가	(235,000)
매출총이익	₩263,000
대손상각비	(6,000)
임차료	(1,000)
소모품비	(1,500)
기계감가상각비	(825)
영업이익(당기순이익)	₩253,675

손익계산서는 당기업적만을 보고하는 손익계산서와 기타포괄손익항목도 함께 보고하는 포괄손익계산서가 있으며, 다단계 손익보고(매출총손익, 영업손익, 법인세비용차감전순손익, 당기순손익, 당기총포괄손익)를 한다. 앞 ㈜불가사의의 손익계산서는 당기업적보고의 손익계산서로서 기타포괄손익항목이 제외되어 있다.

다단계 손익의 구조를 설명하면, 매출총손익 = 매출액 − 매출원가, 영업손익 = 매출총손익 − 판매와관리비용, 법인세비용차감전순손익 = 영업손익 + 금융수익(예: 이자수익) − 금융비용(예: 이자비용) + 기타수익 − 기타비용, 당기순이익 = 법인세비용차감전순이익 − 법인세비용, 당기총포괄손익 = 당기순손익 + 기타포괄이익 − 기타포괄손실이다. 기타포괄손익은 재무상태표의 기타포괄손익누계액(자본항목)으로 대체된다. 기타포괄손익은 불규칙(예외적) 항목, 임시 항목, 수년의 누적효과 발생항목 등을 포함하며, 당기의 배당 재원으로 쓸 수 없다.

바. 계정마감

계정마감은 총계정원장의 T-계정 잔액을 차기로 이월하거나 ₩0으로 만들어 당기의 회계처리를 종료하고, 차기의 회계처리에 대비하는 것이다. 임시계정인 수익, 비용 계정의 마감방식과 영구계정인 자산, 부채, 자본 계정의 마감방식이 서로 다르다. ㈜불가사의의 각 계정마감을 예시하도록 한다.

(1) 수익, 비용 계정의 마감

수익항목은 '집합손익' 계정의 대변에, 비용항목은 '집합손익' 계정의 차변에 집계하는 절차를 거쳐 수익, 비용 계정을 마감한다.

• 마감분개

(차) 매 출	498,000	(대) 집합손익	498,000
(차) 집합손익	235,000	(대) 매출원가	235,000
(차) 집합손익	6,000	(대) 대손상각비	6,000
(차) 집합손익	1,000	(대) 임차료	1,000
(차) 집합손익	1,500	(대) 소모품비	1,500
(차) 집합손익	825	(대) 기계감가상각비	825
(차) 집합손익	253,675	(대) 이익잉여금	253,675

(집합손익의 이익잉여금 대체분개)

• 수익, 비용 계정의 마감과 집합손익

매 출

조정분개(d)	2,000	(vii) 외상매출금	200,000
1.31. 집합손익	498,000	(xi) 외상매출금	300,000
	500,000		500,000

매출원가(계속재고법)

(vii) 재고자산	90,000	1.31. 집합손익	235,000
(xi) 재고자산	145,000		
	235,000		235,000

대손상각비

조정분개(a)	6,000	1.31. 집합손익	6,000
	6,000		6,000

임차료

조정분개(b)	1,000	1.31. 집합손익	1,000
	1,000		1,000

소모품비

조정분개(c)	1,500	1.31. 집합손익	1,500
	1,500		1,500

기계감가상각비

조정분개(e)	825	1.31. 집합손익	825
	825		825

집합손익

비 용		수 익	
매출원가	235,000	매 출	498,000
대손상각비	6,000		
임차료	1,000		
소모품비	1,500		
기계감가상각비	825		
이익잉여금	253,675		
합 계	498,000	합 계	498,000

수익, 비용 계정은 잔액을 집합손익 계정에 옮겨 기말잔액을 ₩0으로 만들고 차기에 대비하기 때문에 임시계정이라고 한다. 반면, 자산, 부채, 자본 계정의 잔액은 차기로 이월되기 때문에 영구계정이라고 한다.

매출원가 계정에서 앞 예는 계속재고법의 회계처리이고, 기말재고법은 조정분개를 통해 매출원가를 구하는 점이 계속재고법과 다르다. 기말재고법의 매출원가 회계처리를 살펴본다. 기초재고자산은 ₩0, 기말재고자산은 ₩100,000이다.

〈기말재고법의 매출원가 회계처리〉

• ㈜불가사의의 20×8.1.13., 20×8.1.25. 분개

(vi)	(차) 매 입	135,000	(대) 외상매입금	135,000
(x)	(차) 매 입	200,000	(대) 외상매입금	200,000

• 매입, 재고자산, 매출원가 계정의 마감과 집합손익 계정 전기

매 입

(vi) 외상매입금	135,000	매출원가(조정분개)	335,000
(x) 외상매입금	200,000		
	335,000		335,000

재고자산

전기이월	0	차기이월	100,000
매출원가(조정분개)	100,000		
	100,000		100,000

매출원가

매입(조정분개)	335,000	재고자산(조정분개)	100,000
		집합손익	235,000
	335,000		335,000

- 조정분개

(차) 매출원가	0	(대) 재고자산(기초)	0
(차) 매출원가	335,000	(대) 매입(당기)	335,000
(차) 재고자산(기말)	100,000	(대) 매출원가	100,000
(차) 집합손익	235,000	(대) 매출원가	235,000

- 매출원가의 집합손익 계정 전기

집합손익

매출원가	235,000	매　출	498,000

(2) 자산, 부채, 자본 계정의 마감

자산, 부채, 자본 계정을 마감할 때 계정마감방식은 자산계정 간, 부채계정 간, 자본계정 간에 차이가 없으므로 현금(자산) 계정, 외상매입금(부채) 계정, 자본금(자본) 계정의 마감을 각각 예시하도록 한다.

현　금

(i) 자본금	200,000	(iii) 선급임차료	12,000
(ii) 은행차입금	10,000	(v) 소모품	2,000
(ix) 외상매출금	198,000	(viii) 미지급금	99,000
		1.31. 차기이월	295,000
	408,000		408,000
2.1. 전기이월	295,000		

외상매입금

1.31. 차기이월	335,000	(vi) 재고자산(매입)	135,000
		(x) 재고자산(매입)	200,000
	335,000		335,000
		2.1. 전기이월	335,000

그림 4-4 현금 계정의 이월과정

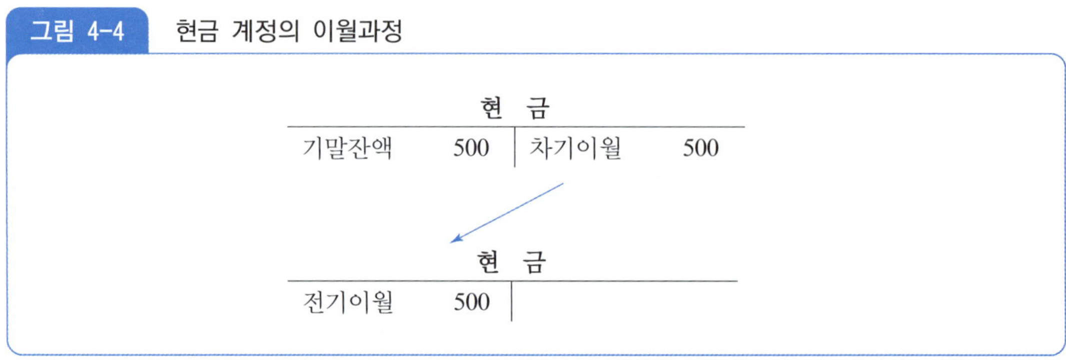

자본금

1.31. 차기이월	200,000	(i) 현 금	200,000
	200,000		200,000
		2.1. 전기이월	200,000

자산의 잔액은 차변, 부채와 자본의 잔액은 대변에 나타나며, 당기 말의 각 잔액은 마감을 통해 차기 초의 잔액이 된다. 자산, 부채, 자본의 계정은 잔액이 ₩0이 되지 않고 차기로 넘어가기 때문에 '영구계정'이라고 한다. 차기 초의 자산 잔액은 차변, 부채 · 자본 잔액은 대변에 나타난다. 현금 계정(잔액 ₩500)을 예로 이월과정을 그림으로 제시하면 [그림 4-4]와 같다.

계정마감 후 재무상태표 계정의 잔액을 집계해 이월(마감후)시산표를 작성함으로써 자산, 부채, 자본의 차 · 대변 균형을 다시 한번 점검할 수도 있다.

사. 정산표

조정전 시산표, 조정분개, 조정후 시산표, 손익계산서, 재무상태표가 하나의 표에 담긴 문서를 정산표(Worksheet)라고 한다. 정산표는 하나의 표에서 비교적 쉽게 손익계산서와 재무상태표를 도출할 수 있기 때문에 실무에서 자주 사용되나, 계정 수가 많을 경우 불편한 점이 있으며, 정산표 작성이 재무제표 작성에 필수적인 것은 아니다. 계정 수가 많을 때는 앞의 회계순환과정 예시처럼 각 도표를 개별적으로 만드는 것이 더 효과적이다. 정산표는 조정후 시산표의 포함 여부에 따라 10위식, 8위식의 두 가지가 있다. 조정후 시산표를 포함시키지 않더라도 손익계산서와 재무상태표 도출에는 지장이 없다. ㈜불가사의의 재무자료를 이용해 8위식 정산표를 작성하면 <도표 4-6>과 같다.

〈도표 4-6〉 ㈜불가사의의 정산표

정산표

㈜불가사의 20×8.1.1.~20×8.1.31. (단위: 원)

계정과목	조정전 시산표		조정사항(분개)		손익계산서		재무상태표	
	차변	대변	차변	대변	차변	대변	차변	대변
현 금	295,000						295,000	
외상매출금	300,000						300,000	
대손충당금		0		(a) 6,000				6,000
선급임차료	12,000			(b) 1,000			11,000	
재고자산	100,000						100,000	
소모품	2,000			(c) 1,500			500	
기 계	99,000						99,000	
감가상각누계액		0		(e) 825				825
외상매입금		335,000						335,000
은행차입금		10,000						10,000
자본금		200,000						200,000
이익잉여금		0						253,675
매 출		500,000	(d) 2,000			498,000		
매출할인	2,000			(d) 2,000				
매출원가	235,000				235,000			
합 계	1,045,000	1,045,000						
대손상각비			(a) 6,000		6,000			
임차료			(b) 1,000		1,000			
소모품비			(c) 1,500		1,500			
기계감가상각비			(e) 825		825			
합 계			11,325	11,325	244,325	498,000		
당기순이익					253,675			
합 계					498,000	498,000	805,500	805,500

복습문제

A. 정산표의 구성내용을 설명하라.

4 요 약

회계주체의 주기적인 재무제표 작성·보고는 회계순환과정(분개, 전기, 조정전 시산표, 조정분개, 조정후 시산표, 재무제표 작성, 계정마감, 이월시산표)의 절차를 거친다. 조정은 손익계산서 계정(비용, 수익)과 재무상태표 계정(자산, 부채, 자본)에서 일어나며, 사항에 따라 손익계산서와 재무상태표의 계정이 함께 조정되기도 한다. 손익계산서의 순이익 보고과정이 재무상태표의 가치평가과정과 연결되어 있기 때문이다. 회계순환은 주로 손익계산서와 재무상태표를 대상으로 이루어지고, 현금흐름표와 자본변동표는 약간 다른 과정을 거쳐 도출된다. 정산표는 실무에서 자주 사용되나, 회계순환과정이 단계적으로 진행되는 한 정산표 자체가 손익계산서와 재무상태표 등 재무제표 작성에 반드시 필요한 것은 아니다.

주요용어

- 회계순환 : 회계기간마다 주기적으로 이루어지는 회계처리과정을 뜻하며, 일정 간격으로 되풀이된다는 점에서 기간보고의 내용에 속한다.
- 조정(수정) : 거래임에도 기록에 반영되지 않은 경제사건을 찾아 회계처리하는 과정을 말하며, 오류수정, 내부거래 인식, 미지급·선급·미수·선수 항목의 처리 등이 조정내용에 포함된다.
- 할인 : 할인은 '신용거래(매입, 매출)에서 이른 시기의 대금수수에 따른 값 깎기'를 말하며, 매입 측의 매입할인은 재고자산의 감소항목이고, 매출 측의 매출할인은 매출의 감소항목이다.
- 계속재고법 : 매출 시마다 매출원가와 재고자산을 계상해 당기 매출원가를 '매출원가'

계정에 자동 집계하는 방법으로, 당기 매출원가 산정을 위한 기말조정분개가 필요치 않다. 매출 시마다 재고자산을 계상하기 때문에 계속재고법이라고 부른다.

- 기말재고법 : 기말시점에 재고자산과 당기 매출원가를 한꺼번에 산정하는 방법으로, 매출원가 산정에 조정분개가 수반된다. 재고자산이 기말시점에 계상되기 때문에 기말재고법으로 불린다.
- 대손충당금 : 외상매출금(매출채권)의 회수불능액 추정치를 뜻하는 외상매출금의 평가계정으로서, 외상매출금의 가치를 감소시키는 항목이다.
- 기계감가상각누계액 : 기간경과 또는 기계사용에 따른 가치감소액 추정치를 뜻하는 기계의 평가계정으로서, 기계의 가치를 감소시키는 항목이다.
- 계정마감 : 총계정원장의 T-계정 잔액을 차기로 이월하거나 ₩0으로 만들어 당기의 회계처리를 종료하고, 차기의 회계처리에 대비하는 것이다.
- 정산표 : 소성전 시산표, 조정분개, 조정후 시산표, 재무상태표, 손익계산서가 하나의 표에 담긴 문서를 정산표라고 한다.
- 임시계정 : 수익, 비용 계정은 계정마감 시 잔액을 집합손익 계정에 옮겨 기말잔액을 ₩0으로 만들고 차기에 대비하기 때문에 임시계정이라고 한다.
- 영구계정 : 자산, 부채, 자본 계정은 계정마감 시 잔액을 차기로 이월하기 때문에 영구계정이라고 한다.

연습문제

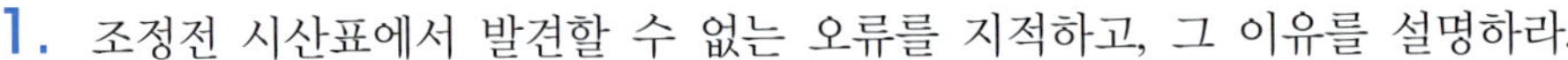

1. 조정전 시산표에서 발견할 수 없는 오류를 지적하고, 그 이유를 설명하라.

(1) 분개의 원장전기를 빠뜨린 사례

(2) 거래의 차 · 대변을 서로 바꾸어 원장전기한 사례

(3) 외상매출금 계정의 전기를 현금 계정에 한 사례

(4) 오류가 우연히 상쇄된 사례

(5) 거래의 차 · 대변 중 한쪽만을 전기한 사례

(6) 거래의 차 · 대변 중 한쪽의 가액이 적게 전기된 사례

(7) 은행차입금 전액의 현금상환에 대한 전기가 빠진 사례

(8) 신용매출 자체를 분개에서부터 빠먹은 사례

2. 다음의 원장전기로부터 분개와 거래내용을 추정하라(계속재고법을 사용한다).

현 금	
①70,000	⑤10,000
②25,000	

외상매출금	
②35,000	

재고자산	
③47,000	②33,000

건 물	
④70,000	
⑥12,000	

외상매입금	
	③47,000

미지급금	
⑤10,000	④70,000

자본금	
	①70,000
	⑥12,000

매 출	
	②60,000

매출원가	
②33,000	

3. 다음은 ㈜개로(開路)의 20×8.12.31. 조정전 시산표이다. 찾아낸 조정사항을 토대로 물음에 답하라. 회계기간은 20×8.1.1.~20×8.12.31.이다.

조정전 시산표

㈜개로 20×8.12.31. (단위: 원)

계정	금액	계정	금액
현 금	₩ 119,000	외상매입금	₩ 415,000
외상매출금	249,000	미지급금	510,000
선급임차료	150,000	건물감가상각누계액	130,000
재고자산	490,000	자본금	620,000
당기손익인식금융자산	322,000	이익잉여금	125,000
건 물	750,000	매 출	330,000
매출원가	140,000		
합 계	₩2,220,000	합 계	₩2,130,000

시산표의 차・대변 불일치 원인과 조정사항은 다음과 같다.

〈불일치 원인〉

- ₩69,000의 외상매출금을 현금회수한 거래를 분개하면서 외상매출금 계정은 오류가 없으나 현금 계정에 ₩96,000으로 기록했다.
- ₩120,000의 재고자산 현금매출을 기록하면서 현금 ₩100,000과 외상매입금 ₩20,000을 차변에 적었다.
- 당기손익인식금융자산 구입액 ₩161,000이 차변에 두 번 계상되었다.
- ₩98,000의 재고자산 신용매입에 대한 기록이 재고자산 계정에서 누락되었다.

〈조정사항〉

① 당기손익인식금융자산의 20×8.12.31. 공정가치가 ₩150,000으로 낮아져 평가손실을 인식한다.

② 12개월 선급임차료의 기간경과분(5개월)을 비용 인식한다(₩150,000÷12×5=₩62,500).

③ 건물감가상각비 ₩75,000을 비용으로 인식한다.

문

(1) ㈜개로의 조정전 시산표에서 오류수정이 필요한 차, 대변액 수치를 구하라.

(2) ㈜개로의 조정사항에 대한 조정분개를 하라.

(3) ㈜개로의 조정후 시산표를 작성하라.

(4) ㈜개로의 재무상태표를 작성하라.

(5) ㈜개로의 손익계산서를 작성하라.

4. 20×7.12.31. ㈜오대산의 조정후 시산표가 다음과 같이 작성되었다. 이 자료를 이용해 물음에 답하라. 회계연도는 20×7.1.1.~20×7.12.31.이다.

조정후 시산표

계 정	차 변	대 변
현 금	₩ 7,000	
외상매출금	12,000	
재고자산	9,000	
소모품(사무용품)	100	
선급임차료	5,000	
대여금	30,000	
미수이자	1,000	
컴퓨터설비	50,000	
대손충당금		₩ 1,000
감가상각누계액(컴퓨터설비)		15,000
외상매입금		8,000
미지급금		4,000
은행차입금		20,000
보통주자본금		50,000
이익잉여금		10,000
매 출		51,200
매출원가	17,200	
급 여	20,000	
대손상각비	800	
임차료	1,000	
소모품비	900	
감가상각비	5,000	
이자수익		1,000
이자비용(차입금이자, 전액 현금지급)	1,200	
합 계	₩160,200	₩160,200

문

(1) 20×7.12.31.에 이루어진 ㈜오대산의 조정사항 분개를 추정해 밝혀라.

(2) ㈜오대산의 20×7년 순이익은 얼마인가?

(3) 20×7.12.31. ㈜오대산의 재무상태표 (미처분)이익잉여금은 얼마인가?

(4) ㈜오대산의 컴퓨터설비 내용연수는 몇 년이고, 현재까지 사용기간은 몇 년인가? (잔존가치는 ₩0이고 정액법을 사용한다. 컴퓨터의 구입시기는 회계연도초이다.)

(5) 대여금은 ㈜오대산이 거래처에 20×7.5.1. 빌려준 것으로, 이자지급일은 20×8. 5.1.이다. 이때 대여금의 연간 이자율은 얼마인가?

(6) 선급임차료는 ㈜오대산이 20×7년에 영업점포를 빌리면서 미리 지급한 24개월의 가액이다. 이 경우 20×7년에 지급한 선급임차료는 얼마이고, 20×7년의 점포 사용 개월 수는 얼마인가?

(7) ㈜오대산의 소모품은 모두 20×7년에 구입한 것이다. 20×7년에 구입한 소모품 가액은 얼마인가?

(8) ㈜오대산의 대손충당금 기초잔액은 얼마인가?(외상매출금 대손확정액은 없고 대손충당금 설정은 보충법에 따른다)

(9) ㈜오대산의 손익거래에 대한 마감분개를 하라(집합손익의 이익잉여금 대체를 포함한다).

5. ㈜비로봉의 분개 후 전기가 끝난 20×8년 총계정원장의 일부 T-계정 자료가 다음과 같다. T-계정 자료와 관련 자료를 기초로 물음에 답하라. 회계기간은 20×8.1.1.~20×8.12.31.이다

현 금

기초	3,000		
기말	17,000		

외상매출금

기초	1,000		
기말	?		

선수금

		기초	1,000
		기말	0

매 출

			20,000
		기말	20,000

대손상각비

	500	
기말	500	

대손충당금

	기초	1,000
	기말	1,000

비 품

	1,000	
기말	1,000	

미지급금

	기초	2,000
	기말	3,000

매출에누리및환입

	300	
기말	300	

〈관련자료〉

- 전기말 외상매출금의 일부가 당기 중에 대손확정되었다.
- 당기 현금증가액은 대손확정되지 않은 전기말 외상매출금 회수액과 당기 현금매출액으로 인한 것이다.
- 매출에누리및환입은 당기의 신용매출액에서 발생한 것이다.

문

(1) ㈜비로봉의 전기말(당기초) 외상매출금 대손확정액은 얼마인가?(대손충당금 설정은 보충법에 따른다) 이에 대한 분개를 하라.

(2) ㈜비로봉의 20×8년 신용매출액은 얼마인가?

(3) ㈜비로봉의 외상매출금 기말잔액은 얼마인가?

(4) ㈜비로봉의 매출에누리및환입은 20×8년 신용매출한 재고자산의 결함(하자)으로 발생한 것이다. 이에 대한 분개를 하라.

(5) ㈜비로봉의 20×8.12.31. 외상매출금에 대한 대손추정액은 얼마이고, 20×8년 대손상각비는 얼마인가?

(6) ㈜비로봉의 20×8년 외상매출금 증가액은 얼마인가?

(7) ㈜비로봉은 20×8년에 비품을 신용구입했다. 이에 대한 분개를 하라.

연습문제 해답

1. (1), (2), (3), (4), (7), (8)은 조정전 시산표에서 차변 합계와 대변 합계의 수치가 일치할 경우, 조정전 시산표 자체에서는 오류를 찾을 수 없고 다른 회계(재무)자료에서 원인을 찾아야 한다.
   (5), (6)은 조정전 시산표상에서 차, 대변 합계의 불일치를 야기하므로 조정전 시산표 자체에서 오류를 발견할 수 있다.

2. ① (차) 현 금 70,000 (대) 자본금 70,000
   (주식공모에 참여한 주주가 ₩70,000의 주금을 현금납입했다.)

   ② (차) 현 금 25,000 (대) 매 출 60,000
   외상매출금 35,000 재고자산 33,000
   매출원가 33,000
   (₩60,000의 매출을 하고, ₩25,000의 현금을 받았으며 나머지는 신용매출로 했다. 매출원가는 ₩33,000이다.)

   ③ (차) 재고자산 47,000 (대) 외상매입금 47,000
   (₩47,000의 재고자산을 신용매입했다.)

   ④ (차) 건 물 70,000 (대) 미지급금 70,000
   (구입한 건물의 대금 ₩70,000을 미지급했다.)

   ⑤ (차) 미지급금 10,000 (대) 현 금 10,000
   (미지급금의 일부인 ₩10,000을 현금지급했다.)

   ⑥ (차) 건 물 12,000 (대) 자본금 12,000
   (주주가 ₩12,000의 건물을 현물출자했다.)

3. (1) 차변 수정 : 현금 잔액 ₩27,000 감소, 현금 잔액 ₩20,000 증가,
   당기손익인식금융자산 잔액 ₩161,000 감소, 재고자산 잔액 ₩98,000 증가
   대변 수정 : 외상매입금 잔액 ₩20,000 증가

   (2) ① (차) 당기손익인식금융자산평가손실 11,000 (대) 당기손익인식금융자산 11,000
   ② (차) 임차료 62,500 (대) 선급임차료 62,500

③ (차) 건물감가상각비 75,000 (대) 건물감가상각누계액 75,000

(3) 조정후 시산표

조정후 시산표

㈜개로 20×8.12.31. (단위 : 원)

현　금	₩ 112,000	외상매입금	₩ 435,000
외상매출금	249,000	미지급금	510,000
선급임차료	87,500	건물감가상각누계액	205,000
재고자산	588,000	자본금	620,000
당기손익인식금융자산	150,000	이익잉여금	125,000
건　물	750,000	매　출	330,000
매출원가	140,000		
임차료	62,500		
당기손익인식금융자산평가손실	11,000		
건물감가상각비	75,000		
합　계	₩2,225,000		₩2,225,000

(4) 재무상태표

재무상태표

㈜개로 20×8.12.31. (단위 : 원)

자　산			부　채		
유동자산			외상매입금	₩435,000	
현　금	₩112,000		미지급금	510,000	₩ 945,000
외상매출금	249,000		부채합계		₩ 945,000
선급임차료	87,500				
재고자산	588,000				
당기손익인식금융자산	150,000	₩1,186,500	자　본		
			자본금	620,000	
비유동자산			이익잉여금	166,500	₩ 786,500
건　물	750,000		자본합계		₩ 786,500
(건물감가상각누계액)	(205,000)	545,000			
자산합계		₩1,731,500	부채와자본합계		₩1,731,500

(5) 손익계산서

손익계산서

㈜개로	20×8.1.1.~20×8.1.31.	(단위: 원)
매출액		₩330,000
매출원가		(140,000)
매출총이익		₩190,000
임차료		(62,500)
당기손익인식금융자산평가손실		(11,000)
건물감가상각비		(75,000)
영업이익(당기순이익)		₩ 41,500

4. (1) (차) 대손상각비 800 (대) 대손충당금 800
(차) 임차료 1,000 (대) 선급임차료 1,000
(차) 소모품비 900 (대) 소모품 900 또는 (차) 소모품 100 (대) 소모품비 100
(차) 감가상각비 5,000 (대) 감가상각누계액 5,000
(차) 미수이자 1,000 (대) 이자수익 1,000

(2) ₩(51,200 − 17,200 − 20,000 − 800 − 1,000 − 900 − 5,000 + 1,000 − 1,200) = ₩6,100

(3) ₩10,000 + ₩6,100 = ₩16,100

(4) ₩50,000 ÷ ₩5,000 = 10년, ₩15,000 ÷ ₩5,000 = 3년

(5) ₩30,000 × 8/12 × 이자율 = ₩1,000
따라서, 이자율 = ₩1,000 ÷ ₩30,000 × 12 ÷ 8 = 0.05. 5%이다.

(6) ₩6,000(₩5,000 + ₩1,000), ₩6,000 ÷ 24 = ₩250/월. ₩1,000 ÷ ₩250 = 4개월

(7) ₩900 + ₩100 = ₩1,000

(8) ₩1,000 − ₩800 = ₩200

(9) (차) 매 출 51,200 (대) 집합손익 51,200
(차) 이자수익 1,000 (대) 집합손익 1,000
(차) 집합손익 17,200 (대) 매출원가 17,200
(차) 집합손익 20,000 (대) 급 여 20,000
(차) 집합손익 800 (대) 대손상각비 800
(차) 집합손익 1,000 (대) 임차료 1,000
(차) 집합손익 900 (대) 소모품비 900
(차) 집합손익 5,000 (대) 감가상각비 5,000
(차) 집합손익 1,200 (대) 이자비용 1,200

(차) 집합손익 6,100 (대) 이익잉여금 6,100

5. (1) 대손충당금 기초잔액 ₩1,000 + 대손충당금 당기설정액 ₩500 − X = 대손충당금 기말잔액 ₩1,000, X = ₩500(대손확정된 전기말 외상매출금)
또는 대손충당금 증가액 ₩0 = 대손충당금 당기설정액 ₩500 − 대손확정액 ₩500

(차) 대손충당금 500 (대) 외상매출금 500

(2) 20×8년 신용매출액 = ₩20,000(당기 매출액) − ₩13,500(당기 현금매출액) − ₩1,000(선수금) = ₩5,500
전기 외상매출금 회수액 = ₩500(₩1,000 − ₩500)
당기 현금매출액 = 현금증가액 ₩14,000 − 전기 외상매출금 회수액 ₩500 = ₩13,500

(차)		(대)	
선수금	1,000	매 출	20,000
현 금	13,500		
외상매출금	5,500		

(3) ₩1,000(기초) + ₩5,500(당기) − ₩500(대손) − ₩500(회수) − ₩300(매출에누리및환입) = ₩5,200

(차)		(대)	
대손충당금	500	외상매출금	500
현 금	500	외상매출금	500
외상매출금	5,500	매 출	5,500
매출에누리및환입	300	외상매출금	300

외상매출금

전기이월(기초)	1,000	대손충당금	500
매 출	5,500	현 금	500
		매출에누리및환입	300
기말잔액	5,200		

(4) (차) 매출에누리및환입 300 (대) 외상매출금 300

(조정분개)
(차) 매 출 300 (대) 매출에누리및환입 300

(5) 대손추정액 : ₩1,000, 대손상각비 : ₩500
(6) 외상매출금 기말잔액 ₩5,200 − 기초잔액 ₩1,000 = ₩4,200(증가액)
(7) (차) 비 품 1,000 (대) 미지급금 1,000

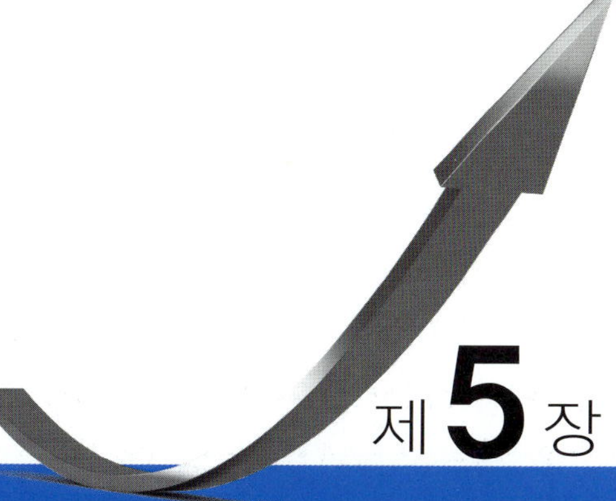

제 5 장

ACCOUNTING

현금흐름표

1. 현금흐름표의 의의
2. 현금흐름표의 구성 : 세 가지 활동
3. 현금흐름표의 작성방법(직접법, 간접법)
4. 현금흐름표의 작성방법 정리
5. 요 약

현금(또는 통화)은 국가를 포함한 모든 사회의 경제자원 흐름에 윤활유 역할을 하며, 재화나 용역의 거래가 포함된 경제활동의 핵심가치이다. 경제활동의 가치는 통화(화폐)로 측정되고, 대부분의 자산, 부채는 현금으로의 전환이 예정된 상태에서 기록된다. 현금흐름이 주된 정보로 담겨 있는 현금흐름표를 주기적으로 작성・보고하는 이유이다. 현금흐름표는 재무상태표, 손익계산서, 자본변동표와 회계언어 내에서 연결되어 있으며, 현금흐름과 연결되지 않는 재무상태표, 손익계산서, 자본변동표 정보는 유용성이 떨어질 수 있다.

현금은 대다수 영리기업의 핵심 자산이다. 주주들은 영리기업이 창출하는 화폐이익을 누리기 위해 기업에 투자하고, 이익은 현금의 실제 배당이나 미래 배당을 통해 기업소유주인 주주에게 돌아간다. 정보이용자는 발생주의 순손익 정보 외에 조직의 현금창출능력에 큰 관심을 보이며, 이자율을 매개로 산출되는 각 현금흐름의 현재가치와 미래가치는 서로 다른 경제가치를 지니므로 현금의 유출입 시점은 자산, 부채의 가치평가과정에서 매우 중요한 기능을 한다.

전자시대에는 다양한 형태의 현금이 있을 수 있으므로, 현금의 특성과 함께 현금흐름표의 정보 내용을 살펴봄으로써 회계지식의 폭과 깊이를 더하기로 한다.

1 현금흐름표의 의의

현금흐름표(Statement of cash flows)는 일정 기간의 현금유출입을 구성하는 주요 활동을 밝히고, 이 활동이 현금 증감과 잔액에 미치는 영향을 파악하기 위해 작성하는 회계보고서이다. 이 장에서는 현금의 정의와 함께 현금흐름표의 기능을 살펴보고, 그 주요 부분인 영업, 재무, 투자 활동을 설명한다. 현금흐름표 작성의 두 가지 방법인 직접법과 간접법도 다룬다. 직접법은 현금거래(손익계산서, 재무상태표)의 각 계정 수치를 토대로 현금흐름표를 작성하며, 간접법은 재무상태표의 각 T-계정 증감수치를 출발점으로 삼아 발생주의에 의한 계정변화와 현금증감의 관계를 분석하는 방식으로 현금흐름표를 작성한다. 자본항목의 변동이 현금흐름을 수반하면 자본변동표도 현금흐름표와 연결된다.

가. 현금의 정의와 특성

현금은 공적기관(예: 국가)이 강제통용력을 인정한 것으로서, 다른 경제가치(재화, 용역)로 바로 전환될 수 있는 자산이다. 물물교환시대에 비추어 보면, 현금은 가치안정성을 지니면서, 거래주체들 사이에 통용력이 인정되는 거래수단이어야 한다. 예컨대, 금・은은 가치안정성이 인정되나 공급량의 한계로 통용력에 문제가 있고, 암호화폐는 가치안정성, 통용력에 모두 문제가 있어 자산성은 인정되나 현금으로 보기는 어렵다. 기업은 재화나 용역을 취득할 때 현금을 결제수단으로 삼는 것이 보통이고, 소비자 역시 통상 현금을 지급수단으로 한다. 현금은 도난당하거나 분실할 위험이 크기 때문에 그 관리에 특별한 주의를 요한다.

현금은 여러 형태로 등장하며, 통화는 현금의 한 형태이다. 통화는 공적기관이 발행한 주화(동전)나 지폐를 말하며, 공적기관이 인정한 강제통용력을 지닌다. 유럽연합과 같이, 공동체 소속 국가들 사이에 거래가 쉽도록 유로화라는 단일 통화를 사용하는 경우도 있다. 통화(화폐)는 가장 친숙한 현금 형태이며, 은행이 발행하는 자기앞수표[1]도 현금에 해당한다. 당좌수표 거래는 현금이 아닌 '당좌예금' 계정에서 회계처리를 하지만, 현금흐름표에서는 당좌예금을 현금성자산으로 취급해 현금에 포함한다. 자유롭게 인출이 가능한 보통예금도 현금에 속한다.

마일리지나 포인트점수는 현금 특성을 지니기도 하지만, 그 사용이 특정 공급자의 재화나 용역 구입에 국한되는 등 통용력 제한이 뒤따르므로 현금으로 볼 수 없다. 은행 대출 시 질권설정된[2] 예금 잔액은 인출이 제한되므로 차입자의 현금으로 보기 어렵다. 즉, 곧바로 인출할 수 없거나 구매력, 통용력에 제한이 있는 예금, 외환 등은 현금으로 보지 않는다.

---

1 '자기앞'의 의미는 발행은행 자신이 수표 액면금액의 현금 지급을 보증한다는 뜻이다. 자기앞수표는 은행이 도산해 문을 닫는 예외상황이 아닌 한, 원할 때 바로 현금으로 교환할 수 있다는 의미에서 현금에 해당한다.

2 은행 차입을 하면서 보유 중인 예금을 차입금 상환에 대한 담보로 제공할 때, 이를 질권설정이라고 한다(예: 적금이나 정기예금을 담보로 차입하는 사례).

복습문제

A. 현금이란 무엇인가? 현금을 정의하고 그 특성을 설명하라.

나. 현금 대 순이익(현금주의와 발생주의)

제3장에서 다룬 손익계산서는 회계기간의 경제성과(회사가 가치를 얼마나 잘 창출하고 있는가)를 순손익의 측면에서 평가하지만, 현금흐름표는 회계기간의 경제성과를 현금증감의 측면에서 접근한다. 사례를 통해 순손익 정보와 현금증감 정보가 제시하는 의미의 차이를 살펴보도록 한다. 이는 발생주의와 현금주의의 차이점이기도 하다.

<사례 : 자동차부품 판매회사>

개인 H는 20×6.1.1. 1,000주의 주식을 ₩500에 액면발행함으로써 조달한 현금 ₩500,000의 자본금으로 1인 회사인 ㈜신바람을 설립했다. 이후 회사는 개업을 위해 ₩400,000으로 점포건물을 마련했으며, ㈜신바람은 친환경 자동차부품을 주요 재고자산으로 하는 판매기업이다. 회계기간은 20×6.1.1.~20×6.6.30.이다.

회사의 20×6.1.1. 재무상태표와 6개월 영업 후 시점인 20×6.6.30.의 재무상태표, 손익계산서가 각각 <도표 5-1>, <도표 5-2>, <도표 5-3>과 같다고 하자.

〈도표 5-1〉 20×6.1.1. 재무상태표

재무상태표

㈜신바람 20×6.1.1. (단위 : 원)

자 산		부 채	₩ 0
현 금	₩100,000	자 본	
점포건물	400,000	자본금	500,000
자산합계	₩500,000	부채와자본합계	₩500,000

〈도표 5-2〉 20×6.6.30. 재무상태표

재무상태표

㈜신바람 20×6.6.30. (단위 : 원)

자 산		부 채	
현 금	₩ 5,000	차입금	₩ 20,000
외상매출금	100,000	자 본	
재고자산	75,000	자본금	500,000
점포건물	400,000	이익잉여금	60,000
자산합계	₩580,000	부채와자본합계	₩580,000

〈도표 5-3〉 20×6.1.1. ~ 20×6.6.30.의 손익계산서

손익계산서

㈜신바람 20×6.1.1.~20×6.6.30. (단위 : 원)

매출액	₩225,000
매출원가	(135,000)
매출총이익	₩ 90,000
급 여	(30,000)
순이익(영업이익)	₩ 60,000

앞의 재무자료에서, <도표 5-3> 손익계산서의 영업 6개월간 순이익은 ₩60,000으로 정(+)의 수치이지만, <도표 5-2> 재무상태표의 영업 6개월 후인 20×6.6.30. 현재 현금 잔액은 20×6.1.1.의 ₩100,000에서 ₩5,000으로 줄었음을 알 수 있다. 또한, 기초에는 차입금이 없었으나 기중에 ₩20,000의 차입금을 조달한 것도 드러난다. 이 상태에서는 ㈜신바람이 영업에 필요한 재고자산을 현금매입하려 할 때 추가적인 차입이나 자본투자가 필요할 수도 있다. 현금 잔액이 ₩5,000뿐이기 때문이다. 상황이 타개되지 않으면 회사는 어려움에 봉착할 수 있고, 안이하게 대처한다면 회사의 가용자원을 과대평가하는 우를 범하게 된다.

순이익이 ₩60,000임에도 기말현금 잔액이 ₩5,000(당기중 ₩95,000 감소)에 그친 이유는 발생주의 순이익이 정(+)의 수치인 ₩60,000인 반면, 영업활동 순현금흐름(현금유입 - 현금유출)은 발생주의 순이익에 미치지 못한 데 있다. 순이익과 영업활동 순현금흐름 간의 차액은 <도표 5-1>의 20×6.1.1. 재무상태표, <도표 5-2>의 20×6.6.30. 재무상태표, <도표 5-3>의 20×6.1.1.~20×6.6.30. 손익계산

서를 통해 그 원인을 파악할 수 있다. 즉, 순이익의 현금전환 부족과 영업활동으로 인한 비현금 자산증가에 원인이 있다.

순이익의 현금전환 부족을 살펴보면, 1.1.~6.30.에 획득한 순이익 ₩60,000은 영업활동인 손익거래에서 초래된 순자산증가 ₩60,000과 일치한다. 순자산증가가 현금이 아닌 외상매출금의 증가로 이루어졌고, 이후 외상매출금의 현금회수가 순탄치 않아 순이익 실현이 현금증가로 연결되지 못한 것으로 분석된다.

영업활동으로 인한 비현금 자산증가를 살펴보면, 외상매출금이 20×6.1.1.의 ₩0에서 20×6.6.30.의 ₩100,000으로 증가했고, 재고자산도 20×6.1.1.의 ₩0에서 20×6.6.30.의 ₩75,000으로 증가했다. 20×6.6.30.까지 현금화되지 않은 매출수익은 재무상태표에서 외상매출금으로 나타나며, 외상매출금은 회사가 주된 영업활동인 매출을 통해 획득한 자산으로서 앞으로 회수할 미래 현금흐름을 뜻한다. 현금매입한 부품 중 팔리지 않은 부분은 20×6.6.30. 재무상태표에 재고자산의 형태로 나타나고, 팔린 부품은 실현된 수익에 대응되는 비용(매출원가)이 된다.

20×6.6.30. 회사자산은 현금, 외상매출금, 재고자산, 점포건물의 형태로 존재한다. 점포건물은 기중에 변화가 없으므로 순이익(₩60,000)과 영업활동 순현금흐름(순현금유출 ₩115,000) 간의 차액 ₩175,000(당기순이익 ₩60,000 + 기중 현금잔액 감소 ₩95,000 + 차입금 조달 ₩20,000)은 외상매출금의 증가 ₩100,000에 재고자산의 증가 ₩75,000을 더한 가액과 같은 수치임을 알 수 있다.

이처럼 운영자금의 부족은 회사경영의 적신호이며, 경영자는 가용한 자금상황을 점검하면서 조직을 이끌어나갈 수밖에 없다. 자금부족의 원인은 재무상태표와 손익계산서 항목을 분석함으로써 파악할 수도 있으나, 현금흐름표를 작성하면 그 원인을 더 신속하고 정확하게 밝힐 수 있다. 발생주의 회계에서 현금흐름표를 작성하는 이유가 여기에 있다. 앞 사례에서 보면, 발생주의의 손익계산서와 재무상태표만으로는 회사경영 등 관련 의사결정에 착오가 일어날 수 있음을 알 수 있다. 순이익, 자산, 부채, 자본, 현금흐름의 연결 모습을 이해하는 것은 회사의 재무성과와 미래전망을 파악하는 데 매우 중요하다.

재무상태표와 현금흐름표는 현금, 손익계산서와 현금흐름표는 영업활동, 자본변동표와 현금흐름표는 재무활동을 통해 서로 연결된다. 네 가지 회계보고서 간의 관계를 그림으로 표현하면 [그림 5-1]과 같다.

그림 5-1 재무상태표, 손익계산서, 자본변동표, 현금흐름표 간의 관계

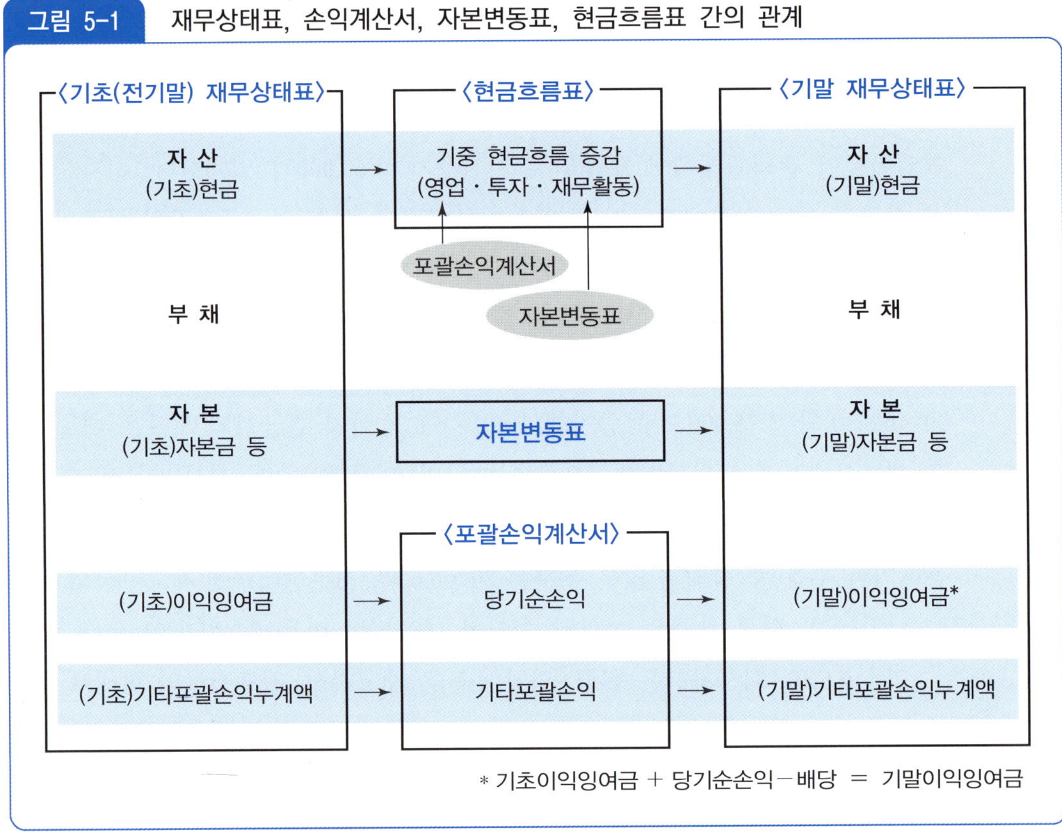

앞 사례는 축약한 예이다. 확장된 현금흐름을 살펴 시야를 넓히기로 한다.

A. 발생주의 순이익이 정(+)의 수치이면 영업활동 순현금흐름도 정(+)의 수치인가?

2 현금흐름표의 구성 : 세 가지 활동

현금흐름표는 재무상태표, 손익계산서, 자본변동표와 함께 기본재무제표에 해당하는 주요 회계보고서이지만, 재무상태표 및 손익계산서와 달리 현금자산 하나에만 초점을 맞춘다. 현금흐름표는 경제 개념이 아닌 실제의 기업활동 분류를

토대로 구성된다.

현금흐름표는 기업의 주요 경제활동을 영업활동, 투자활동, 재무활동의 세 가지로 설명한다. 투자활동은 유동・비유동(장기)자산의 취득과 처분이 담긴 현금유출입 활동이고, 재무활동은 유동・비유동(장기)부채 및 자본(지분)의 조달과 상환에 수반되는 현금유출입 활동이다. 영업활동은 주로 손익계산서에 반영되는 활동이며, 재고자산 증감과 재고자산의 매입・매출활동에서 나타나는 유동자산(예 : 매출채권) 및 유동부채(예: 매입채무)의 증감도 포함한다. 즉, 영업활동과 관련있는 유동자산・부채의 증감은 영업활동에서 다루어진다. 영업활동 현금흐름은 투자, 재무활동 현금흐름 외의 잔여부분으로 불리기도 하며, 투자, 재무활동 밖의 모든 현금흐름을 다룬다. 투자활동과 재무활동 현금흐름을 먼저 살펴본다.

가. 투자활동

기업은 여러 종류의 투자를 한다. 유동・비유동자산의 취득이나 처분에 해당하는 거래는 투자활동(Investing activities)으로 분류된다. 다른 회사의 주식(예: 당기손익인식금융자산, 기타포괄손익인식금융자산, 관계기업투자주식), 유・무형자산(예: 토지, 건물, 시설물이용권), 회사채(예: 상각후원가측정금융자산), 대여금 등을 취득하고 처분하는 거래가 포함된다. 현금, 재고자산과 영업활동에 관련된 유동자산을 제외한 모든 자산의 취득・매각이 투자활동으로 다루어진다. 타회사 주식, 토지, 건물 등을 구입하면 현금이 유출되고 매각하면 현금이 유입된다.

나. 재무활동

기업은 경영에 사용할 수 있는 자금이 풍부해야 안정된 영업활동을 할 수 있다. 장・단기자금을 조달하고 되갚는 활동(매입채무 제외)이 재무활동(Financing activities)이다. 채권자로부터의 차입활동(이자지급 제외)이나 기업소유주로부터의 자금조달활동(주식배당, 주식분할 제외)은 재무활동으로 분류된다. 유동・비유동(장기)부채(예: 회사채) 설정이나 보통주발행이 가장 대표적인 재무활동에 해당하며, 자본시장의 발달과 정교화로 다양한 형태의 재무수단(예: 파생금융상품)이 등장할 수도 있다. 대부분의 파생금융상품은 단순한 부채나 자본의 형태가 아니지만, 현금 조달과 상환을 그 내용으로 하면 재무활동에 포함된다. 부채와 자본 증가를 통해 자금을 조달하면 현금이 유입되고, 부채를 상환하거나 현금배당(자본항목인 이익잉여금의 감소)을 하면 현금이 유출된다.

다. 영업활동

투자나 재무활동에 담기지 않은 거래와 경제사건은 영업활동(Operating activities)으로 취급된다. 순손익 결정에 영향을 미치는 거래는 모두 영업활동으로 분류된다. 재고자산의 제조 또는 매입과 매출, 서비스 판매, 노동력 사용, 급여 지급 등이 이에 포함된다. 각종의 세금 납부, 이자 지급도 영업활동에 해당한다. 영업활동 현금흐름은 순손익 계상에 산입되는 거래와 경제사건이 현금유출입에 미치는 영향을 반영한다. 기업의 핵심활동인 재고자산의 매입 또는 생산, 매출, 용역매출이 주를 이루는 영업활동은 이익을 창출하며, 영업활동 현금흐름의 이해는 기업 재무성과 파악에 결정적인 역할을 한다.

라. 각 활동별 구성 계정

투자활동 현금흐름은 유동·비유동(고정)자산 계정과 연결되고, 재무활동 현금흐름은 유동·비유동부채 및 자본 계정과 통한다. 영업활동 현금흐름은 유동자산, 유동부채, 이익잉여금, 손익계산서 계정들과 관련 있다. 공급자로부터의 신용(외상)매입은 현금차입에 해당하지만 영업활동으로 취급되고, 배당금과 이자는 둘 다 투자자본의 사용 대가이지만 배당금 지급은 재무활동 현금유출, 이자 지급은 영업활동 현금유출로 다루어진다. 이자는 순손익 결정요소이고, 배당은 실현된 순이익(이익잉여금)의 처분이기 때문이다.

현금과 관련 없는 투자, 재무, 영업활동도 있다. 예컨대, 토지와 교환한 보통주나 회사채 발행은 비현금거래인 투자 및 재무활동이며, 이 거래는 재무상태표에 공시된다. 비현금거래도 세금문제 등 기업경영에 영향을 미치므로, 기업 경영성과와 재무상태를 평가할 때 고려되어야 한다.

복습문제

A. 영업활동, 투자활동, 재무활동을 예를 들어 설명하라.

B. 현금흐름표에서 매출채권과 매입채무의 증감을 영업활동 현금흐름에서 다루는 이유는 무엇인가?

3 현금흐름표의 작성방법(직접법, 간접법)

제4장 회계순환에서, 재무상태표는 영구계정에 의해 작성되고 손익계산서는 임시계정에 의해 구성되는 것을 살펴보았다. 현금흐름표는 재무상태표와 손익계산서의 계정을 적절히 이용해 작성하는데, 발생주의와 현금주의의 차이를 이해하는 것이 중요하다. 현금흐름표는 기초현금과 기말현금을 비교해, 당기의 현금유출입 내역과 순현금흐름의 증감을 파악하며, 순손익이 아닌 현금의 유출입을 계상한다. 두 가지 작성방법인 직접법과 간접법은 최종의 현금증감결과에서 일치하고, 투자활동 현금흐름과 재무활동 현금흐름의 내용도 차이가 없으나, 영업활동 현금흐름은 구성내용이 서로 다르다. 직접법은 현금증감이 수반되는 항목을 손익계산서에서 직접 뽑아내 영업활동 현금흐름을 구하며, 간접법은 당기순손익에서 출발해 현금지출 없는 비용을 더하고, 현금수입 없는 수익을 차감한 후 영업활동으로 인한 유동자산·부채의 증감을 반영해 영업활동 현금흐름을 도출한다.

가. 직접법에 의한 현금흐름표 작성

간접법(Indirect method)과 직접법(Direct method)은 영업활동 현금흐름에서 차이가 난다. 간접법은 당기순손익에 비현금 비용, 수익을 가감하고 영업활동으로 인한 유동자산, 유동부채의 조정을 거쳐 영업활동 순현금흐름을 구하며, 직접법은 당기순손익에서 출발하지 않고 거래자료에서 직접 현금유출입 항목을 추출하거나, 손익계산서의 수익, 비용에 재무상태표의 계정변화가 반영되는 조정을 거쳐 영업활동 순현금흐름을 산출한다. 현금거래를 직접 추출하려면 해당 거래자료가 잘 정리되어 있어야 한다. 투자활동과 재무활동은 두 방법 모두 회계자료의 분석을 통해 현금흐름을 산정한다.

현금은 현금및현금성자산을 의미하며, 타인발행수표, 당좌 · 보통예금 등이 포함된다. 직접법은 매출액, 매출원가, 판매와관리비용 등의 발생주의 수치를 현금주의로 전환해 영업활동 현금흐름을 산출하므로 감가상각비와 같은 현금지출 없는 비용의 조정은 등장하지 않는다. 투자활동이나 재무활동은 그 자체로 현금흐름을 알 수 있으므로, 각 계정의 회계처리를 살펴 현금흐름을 수반하는 계정만 분석하면 된다. 현금 계정의 분석이 끝나면, 영업, 투자, 재무활동 현금흐름을 확인하고, 각 활동별로 집계해 현금흐름표를 작성한다.

생활용 드론을 제조 · 판매하는 ㈜덕유산의 제3기 비교 재무상태표(<도표 5-4>) 및 비교 손익계산서(<도표 5-5>)와 관련 회계자료를 이용해 현금흐름표의 작성방법(직접법)을 예시하기로 한다.

〈도표 5-4〉 비교 재무상태표

비교 재무상태표

㈜덕유산 제2기 20×6.12.31. 현재 / 제3기 20×7.12.31. 현재 (단위 : 원)

계정과목	제2기말	제3기말
자 산		
현금및현금성자산	₩120,000	₩ 190,000
외상매출금(매출채권)	140,000	100,000
재고자산	60,000	90,000
당기손익인식금융자산	30,000	35,000
토 지	300,000	320,000
기계장치	480,000	490,000
기계장치감가상각누계액	(150,000)	(135,000)
자산합계	₩980,000	₩1,090,000
부채와자본		
외상매입금(매입채무)	₩ 70,000	₩ 45,000
미지급금	170,000	120,000
사 채	215,000	245,000
보통주자본금(주당 액면 ₩500)	445,000	500,000
이익잉여금	80,000	180,000
부채와자본합계	₩980,000	₩1,090,000

〈도표 5-5〉 비교 손익계산서

비교 손익계산서

㈜덕유산　　제2기 20×6.1.1.~20×6.12.31.
　　　　　　제3기 20×7.1.1.~20×7.12.31.　　(단위: 원)

	제2기	제3기
매출액	₩415,000	₩436,000
매출원가	(271,000)	(286,000)
매출총이익	₩144,000	₩150,000
판매와관리비용(감가상각비, 기타 영업비용)	(21,000)	(20,000)
연구개발비	(10,000)	(11,000)
기타수익(금융자산평가이익, 기계처분이익)	0	15,000
법인세비용차감전순이익	₩113,000	₩134,000
법인세비용	(11,300)	(13,400)
당기순이익	₩101,700	₩120,600

각 거래 기록 및 계정을 통해 파악한 제3기 거래내역은 다음과 같다.

(i) 보통주 70주를 액면(주당 액면가 ₩500) 발행해 현금을 조달했다.

(ii) 사채를 발행해 ₩30,000의 현금을 조달했다.

(iii) ₩20,600의 현금배당을 했다.

(iv) 장부가액 ₩50,000(취득가액 ₩80,000)의 기계장치를 ₩60,000에 현금매각하고, ₩90,000의 기계장치를 현금 매수했다.

(v) 토지 ₩20,000을 현물출자(40주의 보통주 액면발행)받았다.

(vi) 제3기 매출액 ₩436,000 중 ₩360,000은 현금매출이고 ₩76,000은 신용매출이다. 제2기 외상매출금 중 ₩116,000을 현금회수했으며, 외상매출금의 대손확정액은 없다. 매출원가는 ₩286,000이다.

(vii) 재고자산(부분품) 매입액 ₩316,000 중 ₩271,000은 현금매입이고, ₩45,000은 외상매입이다. 제2기 외상매입금 ₩70,000을 현금지급했다. 재고자산(드론제품, 부분품) 감모손실이나 평가손실은 없다.

(viii) 당기손익인식금융자산의 평가이익이 ₩5,000이다.

(ix) 판매와관리비용 중 감가상각비를 제외한 다른 비용(₩5,000)은 현금지출 비용이며, 연구개발비 ₩11,000과 법인세비용 ₩13,400은 모두 현금

지급했다.

(x) 제2기의 미지급금 중 ₩50,000을 현금지급했다.

〈거래내역의 분석〉

앞 현금흐름 거래 중 (vi), (vii), (viii), (ix)은 영업활동 거래이며, (iv)는 투자활동 거래이고, (i), (ii), (iii), (x)은 재무활동 거래이다. (v)는 현금흐름이 없는 투자활동 거래이다. 이 거래를 분개하면 다음과 같다.

		차변	금액		대변	금액
(i)	(차)	현 금	35,000	(대)	보통주자본금	35,000
(ii)	(차)	현 금	30,000	(대)	사 채	30,000
(iii)	(차)	(미처분)이익잉여금	20,600	(대)	현 금	20,600
(iv)	(차)	현 금	60,000	(대)	기계장치	80,000
		기계장치감가상각누계액	30,000		기계장치처분이익	10,000
		기계장치	90,000		현 금	90,000
(v) 현금흐름 없음						
	(차)	토 지	20,000	(대)	자본금	20,000
(vi)	(차)	현 금	360,000	(대)	매 출	436,000
		외상매출금(매출채권)	76,000			
		매출원가	286,000		재고자산	286,000
		현 금	116,000		외상매출금(매출채권)	116,000
(vii)	(차)	재고자산	316,000	(대)	현 금	271,000
					외상매입금(매입채무)	45,000
		외상매입금(매입채무)	70,000		현 금	70,000
(viii) 현금흐름 없음						
	(차)	당기손익인식금융자산	5,000	(대)	당기손익인식금융자산 평가이익	5,000
(ix)	(차)	판매와관리비용	5,000	(대)	현 금	5,000
		연구개발비	11,000		현 금	11,000
		법인세비용	13,400		현 금	13,400
(x)	(차)	미지급금	50,000	(대)	현 금	50,000

(vi)은 영업활동 현금유입을 포함하고 있으며, 그 내용은 고객으로부터의 현금수취(유입)액이다. (vii)은 영업활동 현금유출을 포함하고 있으며, 그 내용은 공

급자에 대한 현금지출(유출)액이다.

제3기의 직접법에 의한 현금흐름표는 <도표 5-6>에 제시되어 있다. 영업, 투자, 재무 활동 순현금유입의 합계는 <도표 5-6>에서 보는 것처럼, ₩70,000 (₩105,600 − ₩30,000 − ₩5,600)이고, 이는 제3기의 현금변화이다. 직접법을 사용해 현금흐름을 보고하는 기업은 적고,[3] 대부분의 기업이 간접법을 사용한다.

〈도표 5-6〉 직접법에 의한 현금흐름표

현금흐름표

㈜덕유산	제3기 20×7.1.1.~20×7.12.31.	(단위 : 원)
영업활동 현금흐름		₩105,600
고객으로부터의 현금수취	₩476,000	
공급자에 대한 현금지출	(341,000)	
판매비와관리비 지급	(5,000)	
연구개발비 지급	(11,000)	
법인세 납부	(13,400)	
투자활동 현금흐름		(30,000)
기계장치 매각	60,000	
기계장치 매수	(90,000)	
재무활동 현금흐름		(5,600)
사채 발행	30,000	
미지급금 감소	(50,000)	
보통주자본금 증가	35,000	
배당금 지급	(20,600)	
현금및현금성자산의 증가		₩ 70,000
기초현금및현금성자산		120,000
기말현금및현금성자산		₩190,000

간접법은 영업활동 현금흐름의 도출을 당기순손익에서 시작하기 때문에 처음 접하는 자에게 혼란을 불러일으킬 수 있으나, 작성논리를 익히면 보다 쉽게 습득하게 된다. 간접법은 영업활동 현금흐름과 순손익 간의 조정을 토대로 한다.

3 직접법을 사용하는 기업을 찾기는 어렵다. 현금거래를 따로 구분 관리하는 것보다 발생주의 회계자료에서 출발해 조정을 거쳐 현금흐름표를 작성하면 좀 더 수월하기 때문인 것으로 보인다.

나. 간접법에 의한 현금흐름표 작성

간접법은 현금흐름표 도출에 회계항등식을 사용한다. 현금, 유동자산, 비유동자산 등 자산합계는 유동부채, 비유동부채, 자본 등 부채및자본합계와 일치하므로, 현금을 분리해 다른 자산, 부채, 자본과의 관계를 식으로 나타내면 (현금 = 유동부채 − 현금 외의 유동자산 + 비유동부채 − 비유동자산 + 자본)이 된다.

순현금흐름은 회계기간의 현금 변화이며, 기말잔액과 기초잔액의 차이(잔액증감)를 나타내므로 순현금흐름은 다음과 같이 표시할 수 있다.

> 순현금흐름(현금잔액증감) = 유동부채잔액증감 − 현금 외 유동자산잔액증감 + 비유동부채잔액증감 − 비유동자산잔액증감 + 자본잔액증감

간접법은 순손익이 현금흐름에 어떻게 조정되는가를 보임으로써 영업활동 현금흐름의 변화를 설명한다. 위 순현금흐름식은 현금흐름을 현금과 재무상태표의 다른 계정 간의 관계를 통해 표현한 것이다. 이 식에 비추어 보면, 현금 계정 변화는 재무상태표의 다른 계정 변화와 연결되어 있고, 현금 계정과 다른 계정 간의 증감을 설명함으로써 현금흐름표를 작성할 수 있음을 알 수 있다. 예컨대, 자본잔액증감을 순현금흐름과 연결지어 보면, 자본 중 이익잉여금을 증감시키는 순손익은 영업활동 현금흐름과 관련이 있고, 이익잉여금을 감소시키는 현금배당은 재무활동 현금흐름에 해당한다는 것이 된다. 또한, 자본 중 보통주자본금, 주식발행초과금 등의 변화는 재무활동 현금흐름으로 처리된다. 현금 외 다른 자산, 부채의 계정도 이와 동일한 논리에 의해 현금흐름과 연결된다.

현금 계정의 변화가 다른 계정의 변화에 의해 설명될 수 있다는 명제를 매출액에 적용시켜 검토해보자. 손익계산서의 매출액은 신용매출액과 현금매출액으로 구성되며, 현금매출액에 신용매출(외상매출금) 회수액을 가산해 현금유입액을 산출하므로, 손익계산서의 매출액과 현금흐름표의 영업활동 현금유입액 간 차이는 외상매출금(매출채권) 잔액의 변화로써 정확히 설명될 수 있다. 즉, 외상매출금의 기말잔액이 기초잔액보다 증가했다면, 당기의 매출로 인한 현금유입액이 발생

그림 5-2 외상매출금 증가와 현금흐름의 관계

현 금	
증가(유입)	감소(유출)
당기순이익	10,000

외상매출금	
증가	감소
10,000	

주의 당기매출액보다 적다는 것을 뜻한다. 이 경우 당기순이익 수치를 영업활동 현금유입에 산입하는 것에서 출발한 간접법은 당기의 매출로 인한 현금유입과 당기매출액 간의 차액을 영업활동 현금유입에서 차감하게 된다. 외상매출금 기말잔액이 기초잔액보다 감소했다면, 반대 결과이므로 그 차액을 영업활동 현금유입에 가산하게 된다. 이를 현금 T-계정과 외상매출금 T-계정을 통해 나타내면 [그림 5-2]와 같다.

[그림 5-2]에서 외상매출금의 기말잔액이 기초잔액보다 ₩10,000 증가했다는 것은 고객으로부터의 현금수취(유입)액이 손익계산서의 매출수익보다 ₩10,000 적은 것을 뜻한다. 현금거래자료를 직접 분석하지 않더라도 영업활동 현금유입을 어렵지 않게 산출할 수 있다는 의미로서, 현금흐름표의 현금흐름을 '간접' 발견할 수 있는 것이 된다. 간접법에서는 이 기법을 적용해 현금흐름표를 작성하게 되며, 현금 외의 다른 모든 계정의 변화가 계정별 현금흐름 분석을 통해 현금흐름표 도출에 반영된다. 외상매출금 증감은 영업활동으로 인한 자산 변동 부분에 제시된다.

현금흐름표는 T-계정을 이용해 작성할 수 있다. T-계정 방식은 재무상태표의 모든 계정을 현금 계정과 그 외 계정으로 나누어, 현금 계정의 증감을 현금 외의 다른 자산, 부채, 자본 계정의 증감을 통해 설명하는 것이다. 이는 T-계정 정산표라고 이해할 수 있다. T-계정 방식의 내용을 요약하면 다음과 같다.

i) 현금및현금성자산 계정과 재무상태표의 현금및현금성자산 외 모든 계정에 대해 T-계정을 만들어 각 계정에 증감 여부를 표시하고, 당기순이익을 현금및현금성자산의 영업활동 현금유입에 계상한다.

ii) 주어진 거래자료를 통해 해당 T-계정의 증감 원인을 설명하는 기록(분개)을 해당 T-계정과 상대방 T-계정에 한다. 이때 각 계정 간에 기록되는 차변액과 대변액은 동일하며, 현금흐름이 수반되는 거래는 현금및현금성자산 계정과 해당 계정의 차 · 대변에 교차기록된다(예: 외상매출금 회수와 현금).

iii) 현금및현금성자산 T-계정에 기록된 차 · 대변 합계의 차이가 당기의 현금및현금성자산 증감액과 일치하면 현금및현금성자산 T-계정이 맞게 작성되었음을 확인할 수 있다.

iv) 감가상각비, 대손상각비, 유형자산처분손실과 같은 현금지출 없는 비용항목은 당기순이익을 감소시키나 실제 현금유출이 없으므로, 영업활동 현금흐름에 포함시켜 현금유입에 가산한다. 유형자산처분이익, 당기손익인식금융자산평가이익과 같은 현금수입 없는 수익항목은 당기순이익에 포함되어 영업활동 현금유입에 반영되지만 투자활동에 중복기록되거나 현금수취가 없으므로, 현금유출(현금유입의 감소)로 처리한다.

앞 <도표 5-4>, <도표 5-5>와 관련 회계자료를 이용해 T-계정 방식으로 현금흐름표를 작성하기로 한다. 각 T-계정에 적힌 내용은 ㈜덕유산의 제3기 거래에 대한 것이다.

〈T-계정 설정〉

현금및현금성자산

	차변	금액	대변	금액
	증가	70,000		
(영업)	당기순이익	120,600	(iv) 현금유입 없는 수익	10,000
	(iv) 현금지출 없는 비용	15,000	(viii) 현금유입 없는 수익	5,000
	(vi) 외상매출금 감소	40,000	(vi)(vii) 재고자산 증가	30,000
			(vii) 외상매입금 감소	25,000
(투자)	(iv) 기계장치 매각	60,000	(iv) 기계장치 매수	90,000
(재무)	(ii) 사채 발행	30,000	(x) 미지급금 감소	50,000
	(i) 보통주자본금 증가	35,000	(iii) 배당금 지급	20,600
	합 계	300,600		230,600

외상매출금

차변	금액	대변	금액
		감소	40,000
		(vi)	40,000

재고자산

차변	금액	대변	금액
증가	30,000		
(vii)	316,000	(vi)	286,000

당기손익인식금융자산

증가	5,000		
(viii)	5,000		

토 지

증가	20,000		
(v)	20,000		

기계장치

증가	10,000		
(iv)	90,000	(iv)	80,000

기계장치감가상각누계액

감소	15,000		
(iv)	30,000	(iv)	15,000

외상매입금

감소	25,000		
(vii)	25,000		

미지급금

감소	50,000		
(x)	50,000		

사 채

		증가	30,000
		(ii)	30,000

보통주자본금

		증가	55,000
		(i)	35,000
		(v)	20,000

이익잉여금

		증가	100,000
(iii)	20,600	당기순이익	120,600

㈜덕유산의 주어진 거래내역과 앞 T-계정 자료에서 파악된 추가정보에 대한 분개를 제시하면 다음과 같다.

(iv) 기계장치 처분

(차) 현 금	60,000	(대) 기계장치	80,000
기계장치감가상각누계액	30,000	기계장치처분이익	10,000

(기계장치 처분의 분개를 통해 기계장치 매각으로 인한 현금유입액과 기계장치처분손익을 구한다)

기계장치감가상각비	15,000	기계장치감가상각누계액	15,000

(당기 기계장치감가상각비는 기계장치감가상각누계액 계정에서 구한다)

영업활동으로 인한 유동자산·부채의 증감에 대한 현금분개를 제시하면 다음과 같다.

(vi) (차) 현 금 40,000 (대) 외상매출금 40,000
(주어진 자료를 통해 추적한 거래)

(vi)(vii) (차) 재고자산 30,000 (대) 현 금 30,000
(주어진 자료를 통해 추적한 거래)

(vii) (차) 외상매입금 25,000 (대) 현 금 25,000
(주어진 자료를 통해 추적한 거래)

현금거래가 모두 기록된 현금및현금성자산 계정의 내용을 현금흐름표 형식에 따라 영업활동, 투자활동, 재무활동으로 배치하면 현금흐름표가 완성된다. 간접법으로 완성된 현금흐름표는 <도표 5-7>과 같다.

〈도표 5-7〉 간접법에 의한 현금흐름표

현금흐름표

㈜덕유산 제3기 20×7.1.1.~20×7.12.31. (단위: 원)

영업활동 현금흐름			₩105,600
당기순이익		₩120,600	
비현금조정			
감가상각비		15,000	
당기손익인식금융자산평가이익		(5,000)	
기계장치처분이익		(10,000)	
영업활동으로 인한 자산, 부채의 변동			
외상매출금 감소	₩40,000		
재고자산 증가	(30,000)		
외상매입금 감소	(25,000)	(15,000)	
투자활동 현금흐름			(30,000)
기계장치 매각		60,000	
기계장치 매수		(90,000)	
재무활동 현금흐름			(5,600)
사채 발행		30,000	
미지급금 감소		(50,000)	
보통주자본금 증가		35,000	
배당금 지급		(20,600)	
현금및현금성자산의 증가			₩ 70,000
기초현금및현금성자산			120,000
기말현금및현금성자산			₩190,000

간접법은 모든 계정의 기초·기말 잔액과 계정 잔액의 변화원인을 설명해주는 추가정보가 필요하고, 분개 형식의 T-계정 기입은 계정 잔액의 변화원인을 설명한다. 손익계산서 정보는 다른 추가정보와 함께 매우 유용하다.

현금 T-계정과 다른 계정 간의 분개를 영업, 투자, 재무활동별로 설명해 보기로 한다. 영업활동 현금흐름은 당기순손익을 현금과 이익잉여금 T-계정에 분개하는 것으로 시작한다. ㈜덕유산의 사례는 당기순이익이 정(+)의 수치인 예이다.

(당기순이익) (차) 현금(영업활동) 120,600 (대) 이익잉여금 120,600

당기순이익은 이익잉여금으로 대체된다. 수익, 비용 항목은 대부분 현금흐름을 수반하므로 당기순이익 분개는 영업활동 현금흐름이 상당부분 당기순이익으로 설명된다고 추정하는 것으로 볼 수 있다. 이 추정치는 추가자료를 통해 조정된다. 직접법에서 발생주의 매출액을 조정해 고객으로부터의 현금수취(유입)액을 구하는 것도 같은 논리이다.

손익계산서에 포함된 감가상각비는 감가상각누계액을 증가시킴과 동시에 현금유출 없이 당기순이익을 감소시키므로, 영업활동 현금흐름을 산출할 때 현금유출 없는 비용으로 당기순이익에 더해진다. 분개는 다음과 같다.

(iv) (차) 현금(영업활동) 15,000 (대) 기계장치감가상각누계액 15,000

감가상각비와 유사한 비용항목인 당기손익인식금융자산평가손실, 기계장치처분손실, 대손상각비, 사채상환손실 등은 현금유출 없는 당기순이익 감소항목이므로 영업활동 현금유입에 가산된다. 반면, 당기손익인식금융자산평가이익, 기계장치처분이익, 사채상환이익 등은 현금유입 없는 당기순이익 증가항목(현금유입 없는 수익)이므로 영업활동 현금유출로 처리한다. 당기순이익을 영업활동 현금흐름과 유사하도록 조정하는 것이다. 아래 (iv)의 {(차) 기계장치감가상각누계액 10,000}은 기계장치처분이익에 대한 것이다.

(iv) (차) 기계장치감가상각누계액 10,000 (대) 현금(영업활동) 10,000

(viii) (차) 당기손익인식금융자산 5,000 (대) 현금(영업활동) 5,000

외상매출금 증가는 매출액 증가에 반영되어 당기순이익 증가를 초래하는데, 이는 현금유입의 과대계상을 가져온다. 그만큼 현금유입을 감소시키는 분개가 필요하다. 외상매출금 감소는 반대 결과를 가져온다. 앞 예는 외상매출금의 감소 상황이다.

(vi) (차) 현금(영업활동) 40,000 (대) 외상매출금 40,000

영업용 자산인 재고자산의 증가는 재고자산 매입액이 손익계산서상의 재고자산 매출원가보다 크다는 것을 뜻하며, 영업활동 현금유출로 연결된다.

(vi)(vii) (차) 재고자산 30,000 (대) 현금(영업활동) 30,000

외상매입금의 감소(상환)는 현금유출을 가져오며, 영업활동 현금유출로 처리된다.

(vii) (차) 외상매입금 25,000 (대) 현금(영업활동) 25,000

다음은 투자활동을 살펴보도록 한다. 유동·비유동자산의 계정 변화는 기계장치의 매각과 취득, 토지의 현물출자를 내용으로 한다. 기계장치 취득은 현금유출을, 기계장치 매각은 현금유입을 수반하는 투자활동이다. 토지의 현물출자는 비현금거래이다.

(iv) (차) 기계장치 90,000 (대) 현금(투자활동) 90,000
(iv) (차) 현금(투자활동) 60,000 (대) 기계장치 60,000

끝으로, 재무활동을 살펴보자. 부채의 상환이나 조달, 자본의 조달도 현금흐름을 수반한다. 주어진 자료 중 변화가 설명되지 않은 계정은 보통주자본금과 사채, 미지급금이다. 셋 다 회계기간 중의 재무활동에 속한다. 배당금 지급도 자본(이익잉여금)감소이기 때문에 재무활동에 해당한다.

(i) (차) 현금(재무활동) 35,000 (대) 보통주자본금 35,000
(ii) (차) 현금(재무활동) 30,000 (대) 사 채 30,000

(x) (차) 미지급금 50,000 (대) 현금(재무활동) 50,000
(iii) (차) 이익잉여금 20,600 (대) 현금(재무활동) 20,600

앞 13개의 분개 설명은 현금 T-계정에 기입되어 있는 것이다. 완성된 현금 T-계정으로부터 현금흐름표를 작성하는 것은 어렵지 않으며, 현금 T-계정은 현금의 증감 내용을 파악하고 항목들을 영업, 투자, 재무활동으로 나누는 데 도움을 준다. 간접법은 당기순손익에서 출발해 현금 T-계정과 다른 T-계정을 연결지어 영업활동 현금흐름을 산출해낸다. 직접법과 간접법의 최종 순현금흐름은 같다.

다. 직접법과 간접법의 비교

직접법은 영업, 투자, 재무활동별로 현금흐름 거래를 식별해 현금주의에 의해 현금흐름표를 작성하는 방법이고, 간접법은 발생주의 당기순손익을 토대로 현금흐름이 없는 비용·수익과 영업활동으로 인한 유동자산·부채의 변동을 반영해 영업활동 현금흐름을 도출하는 방법이다. 두 방법은 영업활동 현금흐름의 구성과 도출방식에서 다르지만, 투자, 재무활동 현금흐름에서는 차이가 없다. 직접법은 손익계산서를 주된 자료로 하고, 간접법은 재무상태표를 주된 자료로 이용한다. 직접법 사용기업은 찾기 힘들고, 간접법이 폭넓게 사용된다. 직접법에 의한 영업활동 현금흐름은 현금거래 자료를 별도 수집하지 않고도 발생주의 영업거래를 현금주의 영업거래로 바꾸는 과정을 거쳐 산출할 수도 있다.

앞 사례의 자료를 이용해 예를 들어 보기로 한다. ㈜덕유산의 매출액이 ₩436,000, 외상매출금 감소가 ₩40,000, 매출원가가 ₩286,000, 재고자산 증가가 ₩30,000, 매입채무 감소가 ₩25,000이므로 다음의 관계가 성립한다.

(a) 고객으로부터의 현금수취(유입) : 매출에 의한 현금유입(손익계산서와 재무상태표에서 자료 파악)

발생주의	조정사항	현금주의
매출액 ₩436,000	외상매출금 감소 ₩40,000(+) 비교: 외상매출금 증가(−)	₩476,000

(수익 · 비용에서 발생주의와 현금주의의 차이인 선급 · 미지급 · 선수 · 미수 항목을 고려한다)

(b) 공급자에 대한 현금지출(유출) : 상품매입에 의한 현금유출(매출원가에서 판단)

발생주의	조정사항	현금주의
매출원가 (₩286,000)	재고자산 증가 (₩30,000)(−) 외상매입금 감소 (₩25,000)(−) 비교 : 재고자산 감소(+), 외상매입금 증가(+)	(₩341,000)
(c) 영업비용 지급 (₩5,000)	− 비교 : 선급비용 증가(−) 감소(+), 미지급비용 증가(+) 감소(−), 감가상각비(+)	(₩5,000)
(d) 연구개발비 지급 (₩11,000)	−	(₩11,000)
(e) 법인세비용 납부 (₩13,400)	− 비교 : 미지급법인세 증가(+), 감소(−)	(₩13,400)

역으로, 직접법에 의한 영업활동 현금흐름이 주어진 상태(현금주의)에서 발생주의 매출액과 매출원가를 산출해보자. 고객으로부터의 현금유입 ₩476,000, 외상매출금 감소 ₩40,000, 공급자에 대한 현금유출 ₩341,000, 재고자산 증가 ₩30,000, 매입채무 감소 ₩25,000이므로 다음의 관계가 성립한다.

	발생주의	조 정	현금주의	
매출액	₩ X	₩40,000(+)	₩476,000	X = ₩436,000*
매출원가	−₩ Y	(₩30,000)(−) (₩25,000)(−)	−₩341,000	Y = ₩286,000**

* X + ₩40,000 = ₩476,000. X = ₩436,000

** − Y − ₩30,000 − ₩25,000 = − ₩341,000. Y = ₩286,000

발생주의 영업거래에서 직접법 영업활동 현금흐름을 구할 때는 발생주의 계정항목에 비현금(비용, 수익) 조정과 관련 유동항목(유동자산, 유동부채)의 조정을 하면 되고, 직접법 영업활동 현금흐름에서 발생주의 영업거래 내용을 도출할 때는 비현금(비용, 수익)과 관련 유동항목(유동자산, 유동부채)의 조정을 발생주의에서 직접법으로의 조정과 반대방향으로 적용하면 된다. 발생주의와 직접법 간의 영업활동 현금흐름 조정은 발생주의와 현금주의 간의 조정과 흡사하다.

4 현금흐름표의 작성방법 정리

가. 현금흐름표의 작성방법 요약

i) 발생주의와 현금주의의 차이를 인식하고, 현금의 정의와 범위를 이해해야 한다. 작성방법은 직접법과 간접법이 있다.

ii) 재무상태표의 현금 기초잔액과 기말잔액을 비교해 당기의 현금 유입과 유출을 파악하고 순현금흐름의 증감을 산출한다. 현금흐름표는 이익이 아니라 현금유출입을 계상하는 것이다.

iii) 영업활동 현금흐름(손익계산서의 당기순이익 창출과 관련있는 현금흐름으로서 투자활동 현금흐름과 재무활동 현금흐름을 제외한 것), 투자활동 현금흐름(현금, 재고자산과 영업활동에 관련된 자산을 제외한 모든 자산의 취득, 매각에 따른 것), 재무활동 현금흐름(매입채무와 같은 영업활동 관련 유동부채를 제외한 부채와 자본의 변동에 따른 것)으로 구분해 현금흐름표를 작성한다. 투자활동 현금흐름과 재무활동 현금흐름은 직접법과 간접법 간에 차이가 없다.

iv) 직접법의 영업활동 현금흐름은 현금증감을 수반하는 거래를 직접 추출해 산출하고, 간접법의 영업활동 현금흐름은 당기순손익에서 출발해, 비현금거래(비용, 수익)와 관련 유동항목(유동자산, 유동부채)의 조정을 거쳐 산출한다.

나. 직접법과 간접법의 구체적 비교

(1) 직접법

ⅰ) 영업활동 현금흐름은 발생주의 회계수치를 현금주의 회계수치로 전환시키는 방식으로 산출할 수 있다. 손익계산서 항목에서 출발해, 관련된 재무상태표 계정변화를 반영시켜 조정한다.

ⅱ) 투자활동이나 재무활동은 현금흐름을 수반하는 거래자료를 분석해 현금유출입을 산출한다. ⅰ)과 같은 조정은 일어나지 않는다.

ⅲ) 매출액, 매출원가, 판매와관리비용, 기타수익·비용 등을 직접 조정하므로, 현금흐름표에 현금유출입이 없는 감가상각비, 당기손익인식금융자산평가이익과 같은 계정의 조정은 등장하지 않는다.

(2) 간접법

ⅰ) 현금및현금성자산 계정과 재무상태표의 다른 모든 계정에 대해 T-계정을 설정하고 당기의 잔액 증감 여부를 표시한다.

ⅱ) 주어진 거래자료를 통해 해당 T-계정의 증감 원인을 설명하는 기록(분개)을 T-계정에 한다. 이때 각 계정 간 차변액과 대변액은 동일하게 기록되며, 현금흐름을 수반하는 거래는 현금 계정과 해당 계정의 차·대변에 교차기록된다(예: 외상매출금과 현금).

ⅲ) 현금및현금성자산 계정에 기록된 차변 합계와 대변 합계의 차이가 당기 현금및현금성자산증감액과 일치하면 현금및현금성자산 T-계정을 맞게 작성한 것이다.

ⅳ) 당기순손익에 감가상각비, 대손상각비, 당기손익인식금융자산평가이익, 유형자산처분이익과 같은 비현금거래와 외상매출금, 외상매입금 등과 같은 관련 유동항목(유동자산, 유동부채)에 대한 조정을 거쳐 영업활동 현금흐름을 산출한다. 예컨대, 유형자산처분이익은 투자활동에서 비롯된 것이나, 투자활동 현금흐름과 당기순손익 산출에 중복 계상되었으므로, 영업활동의 현금흐름에

포함시켜 현금유출로 처리한다. 투자활동, 재무활동 현금흐름은 거래자료를 통해 산출한다.

(3) 최종결과

직접법과 간접법의 최종 순현금흐름과 투자활동, 재무활동 현금흐름의 내용과 결과는 같으나, 영업활동 현금흐름의 구성과 내용은 두 방법 간에 차이가 난다.

A. 현금흐름표 작성의 직접법과 간접법을 비교 설명하라.

5 요 약

훌륭한 회계이익이 실현되었더라도 이것이 곧바로 충분한 현금자산 확보를 보장하는 것은 아니다. 기업의 경영성과가 앞으로의 경영활동에 필요한 현금창출로 이어지지 못하면, 자칫 조직의 위기를 불러올 수 있다. 현금흐름표는 생물체의 혈액에 해당하는 현금의 움직임을 추적해 보고하는 회계문서이다. 현금흐름을 투자, 재무, 영업활동으로 구분해 현금의 조달원과 쓰임새를 보고하면, 기업의 실제 경영과 현금운영을 보다 상세하게 이해하는 데 도움이 될 것으로 본다. 현금흐름표는 현금 계정을 통해 재무상태표와 연결되고, 당기순손익을 매개로 손익계산서와 맞닿아 있다.

현금흐름표 작성방법은 현금거래를 별도로 분석해 작성하는 방식의 직접법과 회계항등식을 바탕으로 당기 현금의 증감 원인을 재무상태표의 다른 계정의 증감에서 찾는 방식의 간접법이 있다. 영업활동과 유동자산 및 유동부채, 투자활동과 유동·비유동자산, 재무활동과 유동·비유동부채 및 자본 간에는 상호 설명관계가 성립한다. 현금흐름표의 각 현금흐름 도출에 재무상태표 계정을 사용하는 이유이다. 간접법은 발생주의 회계자료를 토대로 하며, 직접법보다 실체의 미래현금흐름 예측에 더 유용할 수 있다.

주요용어

- 현금 : 공적기관(예 : 국가)이 강제통용력을 인정한 것으로서, 다른 경제가치(재화나 용역)로 바로 전환될 수 있는 자산이다.
- 현금흐름표 : 일정 기간의 현금유출입을 구성하는 주요 활동을 밝히고, 이 활동이 현금증감에 미치는 영향을 파악하기 위해 작성하는 회계보고서이다.
- 투자활동 : 유동 · 비유동자산의 취득과 처분에 수반되는 현금유출입을 내용으로 하는 활동이다.
- 재무활동 : 유동 · 비유동부채 및 자본(지분)의 조달과 부채의 상환에 수반되는 현금유출입을 내용으로 하는 활동이다. 현금배당 지급도 재무활동에 해당한다.
- 영업활동 : 당기순손익에 영향을 미치는 거래는 영업활동으로 분류된다. 손익계산서에 반영되는 활동이며, 기업의 영업활동으로 인한 유동자산과 유동부채의 변동도 영업활동에 포함된다.
- 직접법 : 영업, 투자, 재무활동별로 현금흐름 거래를 식별해 현금주의에 의해 현금흐름표를 작성하는 방법이다.
- 간접법 : 발생주의 당기순손익을 토대로 현금흐름이 없는 비용 · 수익과 영업활동과 관련있는 유동자산 · 부채를 조정해 영업활동 현금흐름을 도출하는 방법이다. 직접법과 간접법은 영업활동 현금흐름의 구성과 도출방식에서 다르지만, 투자, 재무활동 현금흐름에서는 차이가 없다. 직접법은 손익계산서를 주된 자료로 사용하고, 간접법은 재무상태표를 주된 자료로 이용한다.

연습문제

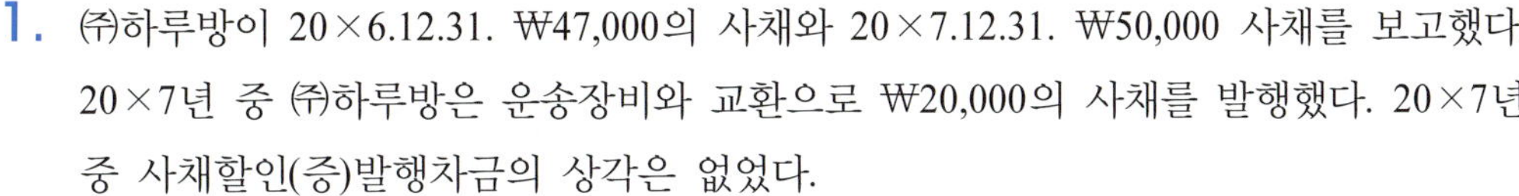

1. ㈜하루방이 20×6.12.31. ₩47,000의 사채와 20×7.12.31. ₩50,000 사채를 보고했다. 20×7년 중 ㈜하루방은 운송장비와 교환으로 ₩20,000의 사채를 발행했다. 20×7년 중 사채할인(증)발행차금의 상각은 없었다.

문

㈜하루방의 20×7년 현금흐름표에 사채상환(재무활동 현금유출)으로 보고될 액수는 얼마인가?

2. 20×7.12.31. ㈜모악산의 현금흐름표를 작성하기 위해 수집된 자료가 다음과 같다.

기계설비처분이익	₩ (3,000)
기계설비처분대가	9,000
㈜기린봉 주식 매입(액면가 ₩100,000)	(70,000)
사채할인발행차금 상각	2,000
현금배당 지급	(17,000)
자본금 증가(현금)	40,000

문

(1) 20×7.12.31. 현금흐름표에서 ㈜모악산이 보고할 투자활동 순현금유출은 얼마인가? (매입한 주식은 당기손익인식금융자산으로 처리한다)

(2) 20×7.12.31. 현금흐름표에서 ㈜모악산이 보고할 재무활동 순현금유입은 얼마인가?

(3) ㈜모악산의 20×7.12.31. 현금흐름표에서 기계설비처분이익과 사채할인발행차금 상각은 영업활동 현금흐름에 어떠한 영향을 미치는가?(간접법의 경우)

3. ㈜북한산은 현금흐름표 작성에 직접법을 사용한다. ㈜북한산의 20×6.12.31., 20×7.12.31.의 조정후 시산표가 다음과 같다. 조정후 시산표는 재무상태표와 손익계산서가 합쳐진 형태의 회계문서이다.

	20×6.12.31.	20×7.12.31.
(차변)		
현 금	₩ 22,000	₩ 25,000
외상매출금	20,000	23,000
재고자산	42,000	26,000
건 물	75,000	80,900
사채할인발행차금	4,000	3,500
매출원가	270,000	140,000
판매비용	160,000	129,500
일반관리비용	131,300	117,000
이자비용	2,400	4,100
법인세비용	60,000	19,200
	₩786,700	₩568,200
(대변)		
외상매입금	₩ 12,500	₩ 20,000
대손충당금	900	1,100
감가상각누계액	12,000	14,400
미지급법인세	17,100	11,000
미지급배당금	4,300	5,000
사채(액면이자율 8%)	15,000	40,000
자본금	30,000	38,000
주식발행초과금	6,200	7,800
이익잉여금(유보이익)	44,300	24,400
매 출	644,400	406,500
	₩786,700	₩568,200

- ㈜북한산은 20×7년에 ₩5,900의 건물을 구입했다.
- ㈜북한산은 감가상각비의 1/4을 판매비용에 배분한다.
- ㈜북한산의 20×7년 외상매출금 대손확정액은 ₩0이다.

문

㈜북한산이 20×7.12.31.의 현금흐름표에 보고할 다음의 금액을 구하라.

(1) 고객으로부터 수취한 현금유입은 얼마인가?

(2) 공급자에게 지출한 현금유출은 얼마인가?

(3) 이자비용으로 지급한 현금유출은 얼마인가?

(4) 판매비용으로 지급한 현금유출은 얼마인가?

(5) 법인세로 납부한 현금유출은 얼마인가?

4. 다음 각 문제에 대해 답하라.

(1) ㈜물구름의 20×8년 발생주의 매출액은 ₩570,000이다. 20×8년 손익계산서의 대손상각비가 ₩3,500일 때, 다음 자료를 토대로 20×8년 고객으로부터의 현금유입(현금주의 매출액)을 산출하라. 대손충당금 설정은 보충법에 따른다.

	20×8.1.1.	20×8.12.31.
외상매출금	₩49,000	₩42,000
대손충당금	5,000	4,500

(2) ㈜신기루의 20×8년 현금흐름표 영업활동 현금흐름(직접법)과 발생주의 회계(재무)자료가 다음과 같다. 이 회계(재무)자료를 가지고 ㈜신기루의 20×8년 발생주의 매출액과 매출원가를 산출하라.

영업활동 현금흐름	
고객으로부터의 현금수취(유입)	₩380,000
공급자에 대한 현금지출(유출)	(190,000)

	20×8.1.1.	20×8.12.31.
외상매출금	₩32,000	₩27,000
재고자산	45,000	51,000
외상매입금	23,000	30,000

(3) ㈜바람시계의 건물에 대한 다음 회계(재무)자료를 바탕으로 물음에 답하라.

	기초잔액	기말잔액
건 물	₩110,000	₩330,000
감가상각누계액	(38,000)	(52,000)

문

취득원가 ₩70,000, 장부가액 ₩45,000인 일부 건물이 현금 처분되었고, 처분이익이 ₩20,000일 때, 건물처분으로 인한 영업활동 현금유입, 투자활동 현금유입, 투자활동 현금유출은 각각 얼마인가?

연습문제 해답

1. ₩47,000 + ₩20,000 − ₩50,000 = ₩17,000

   20×7년 중 증가한 사채 ₩3,000은 20×7년에 발행한 ₩20,000의 사채와 ₩17,000의 사채 감소로 설명될 수 있으므로, ₩17,000의 사채가 상환(재무활동 현금유출)되었음을 알 수 있다.

사 채

		3,000	증가
상환	?	발행	20,000

₩20,000 − ₩3,000 = ₩17,000

2. (1) 기계설비처분대가 ₩9,000(현금유입) − ㈜기린봉 주식 매입 ₩70,000(현금유출)
   = 투자활동 순현금유출 ₩61,000

   (2) 현금배당 지급 (₩17,000)(현금유출) + 자본금 증가 ₩40,000(현금유입)
   = 재무활동 순현금유입 ₩23,000

   (3) 기계설비처분이익 : 영업활동 현금흐름 ₩3,000 감소(현금유입 없는 수익)
   사채할인발행차금 상각 : 영업활동 현금흐름 ₩2,000 증가(현금유출 없는 비용)
   사채할인발행차금 상각은 사채이자비용에 해당한다.

3. (1) 발생주의 매출액 ₩406,500은 외상매출금과 대손충당금의 변화에 따라 조정된다. 외상매출금의 기말잔액 ₩23,000, 기초잔액 ₩20,000, 대손확정액 ₩0, 기중 외상매출금 증가는 ₩3,000이다. 고객으로부터 수취한 현금유입인 현금매출액은 ₩403,500(₩406,500 − ₩3,000)이다.

매출액	조정(−)	고객으로부터 수취한 현금유입
₩406,500	외상매출금 증가(−) (₩3,000)	₩406,500 − ₩3,000 = ₩403,500

   (2) 공급자에게 지급한 현금유출

매출원가	조정(+)	공급자에게 지급한 현금유출
₩(140,000)	재고자산 감소(+) ₩16,000 외상매입금 증가(+) ₩7,500	− ₩140,000 + ₩16,000 + ₩7,500 = − X X = ₩116,500

발생주의 매출원가는 재고자산 증감과 외상매입금 증감에 따라 조정된다. 재고자산 증가는 현금유출로 취급되고, 재고자산 감소는 현금유출을 줄인다는 의미에서 현금유입으로 취급된다. 외상매입금의 증가는 현금유출을 줄인다는 의미에서 현금유입으로 처리되고, 외상매입금의 감소는 현금유출을 수반하므로 현금유출로 다루어진다. T-계정으로 풀면 다음과 같다.

재고자산

		16,000	감소
매입	?	140,000	매출원가

외상매입금

		7,500	증가
지급	?	124,000	매입

매입 = 매출원가 + (기말재고 − 기초재고)에서, (기말재고 − 기초재고) 값이 (₩16,000)이므로 ₩140,000에서 ₩16,000을 차감한 ₩124,000이 당기 재고자산 매입액이다. 또한, 공급자에게 지급된 현금유출액은 당기 매입액 ₩124,000에서 외상매입금 증가액 ₩7,500을 차감한 ₩116,500(₩124,000 − ₩7,500)이다.

(3) 이자비용으로 지급한 현금유출

이자비용	조정(+)	이자비용 현금유출
₩(4,100)	사채할인발행차금상각(+) ₩500	₩(4,100) + ₩500 = ₩(3,600)

(분개) (차) 이자비용 4,100 (대) 현 금 3,600
사채할인발행차금 500

(4) 판매비용은 선급비용이나 미지급비용의 영향을 받는다. 이 문제에서는 선급 또는 미지급 비용이 없으므로 판매비용으로 배분되는 감가상각비를 고려해 판매비용 현금유출액을 구할 수 있다. 20×7년의 감가상각비 ₩2,400(감가상각누계액 증가분) 중 1/4인 ₩600이 판매비용이므로 판매비용 현금유출액은 ₩128,900(₩129,500 − 현금유출 없는 비용인 감가상각비 ₩600)이다. 이때 대손충당금 증가에 따른 대손상각비까지 고려하면 판매비용 현금유출액은 ₩128,700(₩128,900 − 현금유출 없는 비용인 대손상각비 ₩200)이다.

판매비용	조정(+)	판매비용 현금유출
₩(129,500)	₩600(+) ₩200(+)	₩(128,700)

(5) 법인세로 납부한 현금유출

T-계정으로 풀면, 미지급법인세가 감소했으므로 영업활동 현금유출이 발생한다. 20×7년 손익계산서 법인세비용이 ₩19,200이므로 20×7년의 법인세비용 현금유출은 ₩25,300(₩19,200 + ₩6,100)이다.

미지급법인세

감소 6,100	
현금유출 ?	

법인세비용	조정(−)	법인세비용 현금유출
₩(19,200)	₩(6,100)	₩(25,300)

현금 분개는 다음과 같다.

(차) 법인세비용	19,200	(대) 현 금	25,300
미지급법인세	6,100		

4. (1)

외상매출금

	감소 7,000
매출 570,000	대손충당금 4,000
	현금 573,000

대손충당금

감소 500	
외상매출금 4,000	대손상각비 3,500

20×8년의 대손상각비가 ₩3,500이고 대손충당금 감소가 ₩500이므로 연중 대손충당금 감소액은 ₩4,000이다. 이는 전기 외상매출금 ₩4,000이 대손확정되었음을 뜻한다. 당기 외상매출금 감소는 대손확정액 ₩4,000과 외상매출금 회수액 ₩573,000으로 설명될 수 있다. 고객으로부터의 현금유입은 ₩573,000(₩570,000 + ₩3,000)이다.

(2)

	발생주의	조정	현금주의	
매출액	₩ X	₩5,000(+)	₩380,000	X = ₩375,000*
매출원가	−₩ Y	(₩6,000)(−)	−₩190,000	Y = ₩191,000**
		₩7,000(+)		

* X + ₩5,000 = ₩380,000　　X = ₩375,000

** −Y − ₩6,000 + ₩7,000 = −₩190,000　Y = ₩191,000

㈜신기루의 20×8년 발생주의 매출액은 ₩375,000, 발생주의 매출원가는 ₩191,000이다.

(3)

건 물			
증가	220,000		
현금매수	290,000	처분	70,000

감가상각누계액			
		증가	14,000
건물	25,000	설정	?

• 건물처분 분개

(차) 감가상각누계액 25,000 (대) 건 물 70,000
현 금 65,000 건물처분이익 20,000

• 감가상각비 분개(감가상각비 설정액 = ₩14,000 + ₩25,000 = ₩39,000)

(차) 감가상각비 39,000 (대) 감가상각누계액 39,000

• 건물 현금매수 분개

(차) 건 물 290,000 (대) 현 금 290,000

영업활동 현금유입 = 감가상각비(현금유출 없는 비용) ₩39,000 − 건물처분이익 (현금유입 없는 수익) ₩20,000 = ₩19,000

투자활동 현금유입 = 건물매각(처분) ₩65,000

투자활동 현금유출 = 건물매수 ₩290,000

제 2 부

자산, 부채, 자본의 유형별 회계처리

제 6 장 현금, 예금, 현금흐름의 시간가치

제 7 장 유동채권과 유동채무

제 8 장 재고자산

제 9 장 시장성 있는 유가증권

제10장 비유동자산(유형자산, 무형자산)

제11장 비유동부채

제12장 자 본

제 6 장

현금, 예금, 현금흐름의 시간가치

1. 현금, 예금의 회계처리
2. 현금흐름의 가치평가
3. 요 약

현금[1]은 거래대가의 지불이나 가치저장의 수단으로서 그 강제통용력을 공적 기관(예 : 국가)이 인정한 것을 말하며, 지폐, 동전, 전자화폐(현금이 적립된 카드 등), 외국통화(화폐) 등이 현금에 포함된다. 암호(가상)화폐는 자산성 인정 여부에 관계없이 강제통용력이 인정되지 않고, 실질구매력이 제한될 뿐 아니라 현 통화 유통에 교란을 초래할 수 있어 현금이라고 할 수 없다. 현금은 재무상태표의 자산부분에 가장 먼저 기록되는(유동성배열법) 매우 특별하고 중요한 자산 항목이다. 현금성자산은 통상 3월 내에 만기가 돌아오는 금전채권을 말한다. 우편환, 배당증권, 이자표는 현금으로 처리된다. 자기앞수표는 은행이 수표액면금액을 지급보증하고 있으므로, 은행의 도산이 없는 한 현금으로 취급된다.

예금은 은행에 예치한 현금자산을 뜻하지만, 목적이 특정된(예 : 사채상환기금) 예금이나 임직원 퇴직금에 대비한 사외적립자산 등은 정해진 목적 외로 즉시 인출할 수 없기 때문에 현금자산으로 처리하기는 어려울 것이다. 보통예금이나 저축예금과 같이 곧바로 현금인출을 할 수 있는 예금은 현금의 범주에 든다. 예금주가 수표(당좌수표)를 발행 · 교부함으로써 거래대금을 결제할 수 있는 당좌예금은 현금과 구별되는 자산으로 처리된다.[2] 외환(외국화폐)은 환율에 의해 환산된 자국화폐로 기록되는데, 환율은 외국화폐 1단위에 대한 자국화폐의 교환비율로서 외국화폐 1단위에 대한 자국화폐 가격을 뜻한다.

기업의 현실 거래는 재화나 용역의 이전 후 현금결제를 하는 신용(외상)거래가 주를 이루지만, 거래를 종결짓는 최종 현금결제가 없으면 흑자도산의 위험이 있기 때문에, 현금자산은 기업의 유지 · 발전에 필수적인 항목이다. 현금은 보유시점에 따라 이자가 발생하는 등 경제여건에 따라 가치가 달라지는 특성을 지닌다.

이 장에서는 현금, 예금의 회계처리와 현금흐름의 시간가치를 살펴보기로 한다.

---

1 현금은 '유동성(Liquidity)'으로 표현되기도 하는데, 유동성은 현금으로의 전환가능성을 말한다.

2 현금흐름표에서는 당좌예금을 현금및현금성자산에 포함시킨다.

1 현금, 예금의 회계처리

현금, 예금에 관한 회계처리의 경우의 수는 가. 현금거래와 신용거래의 현금회수, 나. 소액현금 계정, 다. 당좌거래, 라. 은행계정조정표 작성에 따른 회계처리 등으로 나누어 살펴볼 수 있다.

가. 현금거래와 신용거래의 현금회수(판매 측)

㈜때맞춤의 (1) ₩1,000의 현금매출거래와 (2) ₩1,000의 신용매출 및 현금회수거래를 분개하면 다음과 같다.

(1)	(차) 현 금	1,000	(대) 매 출	1,000
(2)	(차) 외상매출금(매출채권)	1,000	(대) 매 출	1,000
	현 금	1,000	외상매출금(매출채권)	1,000

나. 소액현금 계정

현금은 도난, 횡령 등 재산범죄 위험이 크므로 대부분 은행거래를 통해 수수하고, 현금결제가 불가피한 소규모 거래에 한해 현금거래를 하는 것이 보통이다. 소규모 현금거래를 위해 보관하는 일정액의 현금을 소액현금이라고 하며, 이는 현금에 대한 내부통제[3] 수단의 하나이다.

소액현금을 미리 마련하는 예로 정액기금 전도방식을 들 수 있다. 예컨대, ㈜때맞춤이 ₩100,000의 당좌예금 예치 후 당좌예금을 인출해 ₩10,000의 소액현금을 준비했다고 하자. 그 분개는 다음과 같다.

(당좌예금 예치 시)	(차) 당좌예금	100,000	(대) 현 금	100,000
(당좌예금 인출 시)	(차) 소액현금	10,000	(대) 당좌예금	10,000

㈜때맞춤이 운송비 ₩2,000과 통신요금 ₩1,000을 소액현금으로 결제했을 때

3 내부통제는 자산을 보호하고 회계 신뢰성을 높이기 위한 조직의 내부관리시스템을 말한다.

의 회계처리는 다음과 같다.

(소액현금 결제 시)	(차) 운송비	2,000	(대) 소액현금	3,000
	통신비	1,000		
(소액현금 재준비 시)	(차) 소액현금	3,000	(대) 당좌예금	3,000
(두 분개 통합)	(차) 운송비	2,000	(대) 당좌예금	3,000
	통신비	1,000		

다. 당좌거래

경제주체 특히, 기업은 거래대가의 지급수단으로 자신이 발행한 수표를 이용하는 경우가 많다. 당좌수표로 불리는 이 수표는 어음수표법상의 요건을 갖추어 발행 · 유통되며, 금융기관(은행)에 지급제시함으로써 현금으로 인출할 수 있다. 기업이 은행과 당좌예금 계좌를 개설해 현금을 예치한 후 당좌예금 범위 내에서

그림 6-1 당좌거래의 내용

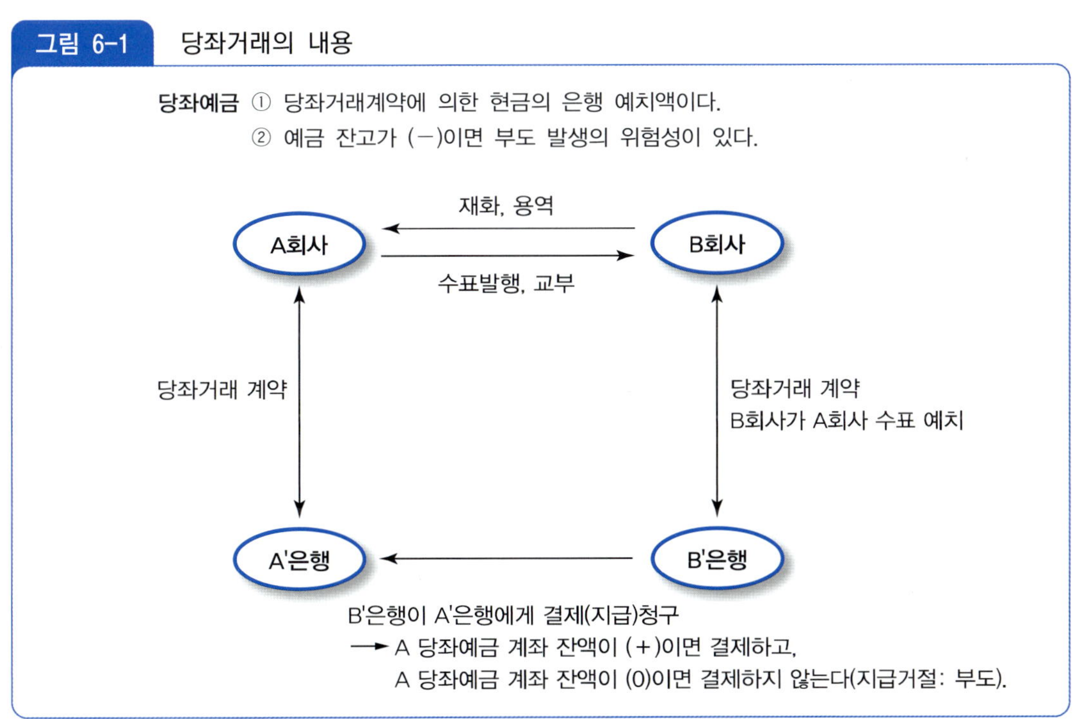

당좌수표를 발행한다는 내용의 당좌거래계약을 맺음으로써 당좌거래가 성립한다. 기업이 발행하는 당좌수표는 발행인이 은행에 지급을 위탁하는 유가증권에 해당한다. 당좌예금 잔액이 부족할 경우, 거래은행이 지급을 거절하면 수표대금의 지급거절을 의미하는 수표의 부도가 발생하게 된다. 당좌예금은 현금과 구분되는 별도계정으로 처리된다.

당좌거래의 내용을 그림으로 제시하면 앞의 [그림 6-1]과 같다.

㈜때맞춤의 당좌예금 거래와 그 회계처리를 예시해보자.

- ㈜때맞춤이 은행과 당좌거래 계약을 하고 현금 ₩100,000을 예치했다.

(차) 당좌예금	100,000	(대) 현　금	100,000

- ㈜때맞춤이 ₩50,000의 재고자산을 매입하고, 당좌수표를 발행·교부하여 거래대금을 지급했다.

(차) 재고자산	50,000	(대) 당좌예금	50,000

- ㈜때맞춤이 ㈜때이름에게 ₩70,000의 재고자산 매출을 하고, ㈜때이름으로부터 받은 ㈜때이름 발행 당좌수표를 거래은행에 예입했다(판매한 재고자산의 매입원가 ₩35,000). ㈜때맞춤은 계속재고법을 사용해 매출원가를 산정한다.

(차) 당좌예금	70,000	(대) 매　출	70,000
매출원가	35,000	재고자산	35,000

다음은 ㈜때이름이 ㈜때맞춤에게 ₩70,000의 당좌수표를 발행·교부했으나 ㈜때이름의 당좌예금 잔액이 없을 경우, ㈜때이름과 ㈜때맞춤에서 나타날 수 있는 회계처리를 살펴보기로 한다.

〈당좌수표를 발행한 ㈜때이름 측〉

- **당좌차월 받은 경우**: 당좌차월은 은행으로부터 결제부족액을 임시로 단기차입하는 것을 말한다.

(당좌차월 시)

(차) 당좌예금	70,000	(대) 단기차입금	70,000

(당좌차월 변제 시)

(차) 단기차입금	70,000	(대) 현 금	70,000

- **당좌차월 받지 못한 경우**: 수표의 부도 상태가 되며, 채권자인 ㈜때맞춤의 매매 계약 해제[4] 여부에 따라 회계처리가 달라진다.

  (ⅰ) 계약해제 시: 처음부터 계약이 없었던 것처럼 원분개의 역분개를 한다.

(원분개)	(차) 재고자산	70,000	(대) 당좌예금	70,000
(역분개)	(차) 당좌예금	70,000	(대) 재고자산	70,000

  (ⅱ) 단순신용거래로 대체 시: 대변의 당좌예금 계정을 외상매입금 계정으로 바꾼다.

(원분개)	(차) 재고자산	70,000	(대) 당좌예금	70,000
(신용거래분개)	(차) 당좌예금	70,000	(대) 외상매입금 (매입채무)	70,000

〈당좌수표를 수취한 ㈜때맞춤 측〉

- **㈜때이름이 당좌차월 받은 경우**: 회계처리가 원분개 그대로 유지된다.

(차) 당좌예금	70,000	(대) 매 출	70,000
매출원가	35,000	재고자산	35,000

- **㈜때이름이 당좌차월 받지 못한 경우**: 수표의 부도 상태가 되며, 채권자인 ㈜때맞춤의 계약해제 여부에 따라 회계처리가 달라진다.

  (ⅰ) 계약해제 시: 처음부터 계약이 없었던 것처럼 원분개를 역분개한다.

(원분개)	(차) 당좌예금	70,000	(대) 매 출	70,000
	매출원가	35,000	재고자산	35,000
(역분개)	(차) 매 출	70,000	(대) 당좌예금	70,000
	재고자산	35,000	매출원가	35,000

  (ⅱ) 단순신용거래로 대체 시: 차변의 당좌예금 계정을 외상매출금 계정으로

4 거래상대방인 채무자의 채무불이행 시 채권자가 계약을 원천무효로 돌리는 것을 말한다.

바꾸었다가 ㈜때이름이 도산하면 대손상각처리한다.

(원분개)	(차) 당좌예금	70,000	(대) 매 출	70,000
(신용거래분개)	(차) 외상매출금 (매출채권)	70,000	(대) 당좌예금	70,000
(㈜때이름의 도산)	(차) 대손상각비	70,000	(대) 외상매출금	70,000
	또는			
	(차) 대손충당금	70,000	(대) 외상매출금	70,000

라. 은행계정조정표 작성

은행계정조정표는 회사의 장부상 당좌예금 잔액과 은행에 예치된 회사의 당좌예금 잔액을 확인함으로써, 올바른 예금자산을 산출하는 데 쓰이는 문서이다. 재무제표 작성일 현재 회사와 은행의 예금 잔액이 서로 다를 수 있는데, 이를 조정(수정)하기 위한 것이다. 회사는 회계기말에 장부상 당좌예금 잔액과 거래은행에 예치된 회사 당좌예금 잔액을 비교하는 은행계정조정표를 작성하고, 은행계정조정표에 나타난 불일치사항에 대해 조정을 한다. 당좌예금에 대한 회사 잔액과 은행 잔액의 불일치원인을 찾아 불일치를 바로잡는 것이 은행계정조정표 작성의 주된 목적이다. H회사와 H′은행 간 당좌거래를 전제로, 당좌예금 잔액의 불일치원인과 그 조정 및 회계처리 예를 살펴보기로 한다. 불일치원인에는 당좌예금 기록시점의 차이, 예금이자수익이나 은행수수료 발생, 당좌수표의 지급거절, 당좌예금 기록 오류 등이 있다.

(1) 당좌예금 기록시점의 차이

기록시점의 차이는 H회사가 당좌수표를 발행·교부했으나 H′은행이 아직 결제하지 않은 경우나, H′은행은 H회사의 거래처로부터 수취한 당좌수표를 H회사 당좌예금에 입금했으나 H회사 장부에 아직 기입되지 않은 경우가 있을 수 있다. 전자는 H회사가 재고자산을 매입하면서 거래처에 매입대가로 당좌수표를 발행·교부했으나 거래처가 H′은행에 아직 지급청구하지 않은 경우를 예로 들 수 있고, 후자는 H회사가 거래처에 신용매출을 한 후 매입한 거래처가 매입대금을 당좌수표를 발행해 H′은행에 입금시켰으나 해당 금액이 H회사에게 통지되지 않은 경우를 예로 들 수 있다. 각 가액이 ₩1,000이라고 가정하고, 조정과 분개를 예시하도록 한다.

〈조정과 분개〉

H회사가 당좌수표를 발행 · 교부했으나 H′은행이 아직 결제하지 않은 경우는 해당금액(₩1,000)만큼 H′은행의 당좌예금 잔액을 감소시키는 조정이 필요하고, H′은행이 H회사의 거래처로부터 수취한 당좌수표를 H회사 당좌예금 계좌에 입금했으나 해당 금액이 H회사 장부에 기입되지 않은 경우는 해당 금액(₩1,000)만큼 H회사의 장부상 당좌예금 잔액을 증가시키는 조정이 필요하다.

H회사는 H회사의 장부상 잔액 조정이 필요한 경우에만 조정분개를 하게 된다. H′은행의 잔액 조정은 H′은행의 업무이기 때문이다. 예컨대, 신용매출대금(₩1,000)의 회수가 H회사에 통지되지 않은 경우, H회사에 필요한 조정분개는 다음과 같다.

• 회사 측 조정분개

(차)	당좌예금	1,000	(대)	외상매출금	1,000

(2) 예금이자수익이나 은행수수료 발생

예금이자수익 발생은 H회사의 당좌예금에서 실현된 이자수익이 H′은행의 당좌예금 계좌에 기록되어 있으나 H회사의 장부상 당좌예금 잔액에는 반영되지 않은 경우를 예로 들 수 있고, 은행수수료 발생은 H′은행이 은행수수료나 당좌차월 이자를 H회사의 당좌예금 계좌에서 차감했으나 H회사의 장부상 당좌예금 잔액에는 기록되지 않은 경우를 예로 들 수 있다. 각 가액이 ₩1,000이라고 가정하고, 조정과 분개를 예시하도록 한다.

〈조정과 분개〉

예금이자수익의 발생은 H회사의 장부상 당좌예금 잔액을 ₩1,000 증가시키는 조정을 하고, 은행수수료의 발생은 H회사의 장부상 당좌예금 잔액을 ₩1,000 감소시키는 조정을 한다. H회사에 필요한 조정분개는 다음과 같다.

• 회사 측 조정분개

(차)	당좌예금	1,000	(대)	이자수익	1,000
(차)	은행수수료	1,000	(대)	당좌예금	1,000

(3) H회사 소유 당좌수표의 지급거절(부도)

H회사 소유 당좌수표의 지급거절은 H회사가 거래처로부터 교부받은 당좌수표가 거래처의 당좌거래 은행으로부터 지급거절된 경우를 예로 들 수 있다.

〈조정과 분개〉

H회사의 장부상 당좌예금 잔액을 해당 금액(₩1,000)만큼 감소시킨다. H회사에 필요한 조정분개는 다음과 같다. H회사가 거래처와 계약을 해제하는 대신 신용거래 형식으로 계약을 유지한다고 가정한다.

• 회사 측 조정분개

(차)	외상매출금	1,000	(대)	당좌예금	1,000

(4) H회사의 당좌예금 기록 오류

H회사의 장부상 당좌예금 잔액이 H′은행의 H회사 당좌예금 잔액과 차이가 있는 경우, H회사는 회사와 은행의 잔액 중 옳은 가액을 기준으로 회사의 장부상 당좌예금 잔액을 해당 금액(₩1,000)만큼 증감시킨다. 잔액 차이의 원인이 바로 규명되지 않으면 현금과부족 계정을 설정했다가 밝혀진 원인(예: 외상매출금 회수, 광고비용)에 따라 해당 계정을 현금과부족 계정에 대체한다.

〈조정과 분개〉

H회사의 장부상 당좌예금 잔액이 H′은행의 H회사 당좌예금 잔액보다 적고 H′은행의 잔액에 오류가 없으며 불일치원인이 사후에 외상매출금 회수로 밝혀진 경우, 회계처리는 다음과 같다.

• 회사 측 조정분개

(원인 규명 전)	(차)	당좌예금	1,000	(대)	현금과부족	1,000

(원인 규명 후) (차) 현금과부족 1,000 (대) 외상매출금 1,000

이상으로 은행계정조정표의 조정사항을 살펴보았다. 조정사항은 유형이 따로 정해져 있거나 명칭이 고정되어 있는 것이 아니므로, 회사의 장부상 당좌예금 잔액과 은행의 회사 당좌예금 잔액을 비교, 분석해 적절한 조정을 하면 된다. 회사측 분개는 회사에서 회계처리되지 않은 부분을 따져 해당 분개를 하면 된다.

앞 H회사 자료를 기초로 은행계정조정표를 작성하면 다음과 같다. 조정전 H회사의 장부상 당좌예금 잔액과 H′은행의 H회사 당좌예금 잔액이 각각 ₩11,000과 ₩13,000이라고 가정한다.

은행계정조정표

회사잔액 조정		은행잔액 조정	
조정전 회사잔액	₩11,000	조정전 은행잔액	₩13,000
• 미통지예금	+ 1,000	• 미결제예금	− 1,000
• 예금이자수익 발생	+ 1,000		
• 은행수수료 발생	− 1,000		
• 수표지급거절(부도)	− 1,000		
• 외상매출금 회수	+ 1,000		
조정후 회사잔액	₩12,000	조정후 은행잔액	₩12,000

복습문제

A. 가상(암호)화폐를 현금으로 볼 수 없는 이유는 무엇인가?

B. 소액현금 ₩100을 지출하고 소모품을 구입했을 때의 분개를 제시하라.

C. 은행계정조정표를 작성하는 이유를 예를 들어 설명하라.

2 현금흐름의 가치평가

모든 경제활동은 자산의 획득과 사용으로 귀결되며, 회계는 자산거래를 비롯해 자산 움직임과 연결된 부채, 자본, 수익, 비용의 모든 거래를 화폐가치로 측정한다. 화폐가치 자체인 현금은 그만큼 경제실체에 중요한 자산이며, 가치의 원천이다. 자산의 화폐가치는 현재 또는 미래의 현금흐름 예측치이며, 현금흐름은 시간 경과에 따라 이자율 등의 요인으로 다른 가치를 가진다. 시간이 현금흐름의 경제가치에 미치는 영향을 살펴보는 이유이다. 금융시장 상황이 반영된 경제가치로 현금흐름이 측정되면 의사결정의 합리성이 제고될 것이다. 시간을 반영한 현금흐름 가치에는 현재가치와 미래가치가 있다.

화폐는 시간가치를 가지므로 상이한 시점 간 화폐금액의 가치를 비교하는 절차가 필요하다. 예컨대, 1년 후의 ₩1,030은 현재의 ₩1,000보다 더 가치가 있는지를 검토해보자. 시중은행(시장) 금리가 연 2%이면, 현재의 ₩1,000은 1년 후 ₩1,020(이자소득세 무시)이므로 1년 후 ₩1,030이 현재의 ₩1,000보다 가치가 더 크다. 시중은행(시장) 금리가 연 4%이면, 현 ₩1,000이 1년 후 ₩1,030보다 가치가 더 크다. 현재 ₩1,000의 1년 후 가치가 ₩1,040이기 때문이다(이자소득세 무시).

오늘의 ₩1,000은 내일의 ₩1,000보다 더 큰 가치를 가진다. 오늘의 현금은 긴급한 곳에 소비해 효익을 극대화하거나 미래 소비를 위해 자산증식에 투자(예: 예금)하는 등 여러 가지의 사용 기회를 현재 제공하기 때문에 내일의 ₩1,000보다 더 큰 가치가 있다.

현금흐름의 미래가치(FV : Future value)는 현재의 ₩1,000이 시장이자율에 따를 때 일정 기간이 지난 미래 시점에 얼마의 가액이 될 것인가의 문제이고, 현금흐름의 현재가치(PV : Present value)는 일정 기간 후인 미래 시점의 ₩1,000이 시장이자율을 따를 때 현재 얼마의 가액에 상당할 것인가의 문제이다.

현금흐름의 미래가치와 현재가치에 대해 각각 단일 현금흐름과 연금(여러 기간) 현금흐름으로 나누어 살펴보기로 한다.

가. 현금흐름의 미래가치

(1) 단일 현금흐름

단일 현금흐름은 한 번의 현금흐름을 말한다. 현재 수중의 ₩1,000을 이자율 r(예: 3%)로 은행 예금할 경우, 미래가치가 얼마인지 살펴보자. 실제 상황에서는 복리이자의 계산에 적용될 수 있다. 복리이자는 이자에 이자가 붙는 것을 뜻한다.

현재	$A = 1{,}000$
1년 후	$A(1+r) = FV_1$
2년 후	$A(1+r)^2 = FV_2$
:	:
n년 후	$A(1+r)^n = FV_n$

예컨대, 5년 후라면 5년 후의 가치인 $FV_5 = ₩1{,}000(1+r)^5 = ₩1{,}000(1+0.03)^5 = ₩1{,}000 \times 1.1593 = ₩1{,}159$이다. 1.1593의 수치는 단일금액 ₩1의 미래가치표에서 찾아 쓴다.

앞 예의 5년 후 가치 FV_5를 좀 더 검토해보자. ₩1,000의 현금을 연 이자율 3%로 예금하면, 연말 ₩30(₩1,000×0.03)의 이자가 원금에 더해져 1년 후 연말 예금잔액은 ₩1,030(₩1,000+₩30)이 된다. 이자는 자금사용의 대가로서, 대출 시는 이자수익이 실현되고 차입 시는 이자비용이 발생한다. 1년 후 가치인 FV_1은 다음 식으로 표현된다.

$$FV_1 = ₩1{,}000 \times (1+0.03) = ₩1{,}000 \times (1.03) = ₩1{,}030$$

무인출의 경우, ₩1,030이 다음 연초의 잔액이 되며, 2년 후 가치인 FV_2는 다음 식으로 표현된다.

$$FV_2 = ₩1{,}000 \times (1.03) \times (1.03) = ₩1{,}000 \times (1.03)^2 = ₩1{,}061$$

5년간 계속 예금인출이 없으면, 5년 후의 예금 잔액인 FV_5는 ₩1,159가 된다. 복리이자가 적용된 결과이다.

$$FV_5 = ₩1{,}000(1+0.03)^5 = ₩1{,}000 \times (1.03)^5 = ₩1{,}000 \times 1.1593 = ₩1{,}159$$

이자총액 ₩159은 단리이자 ₩150(₩1,000×0.03×5)과 복리이자 ₩9(₩159 − ₩150)으로 구성된다.

(2) 연금 현금흐름

연금이란 매년 일정액의 현금이 상당 기간 연속해서 유입(출)되는 것을 말한다. 단일 현금흐름의 미래가치가 현재 수중에 있는 ₩1이 미래 일정 시점에 얼마의 가액이 되는가의 문제라면, 연금 현금흐름의 미래가치는 매년 말마다 ₩1이 유입(출)될 때 그 합계가 미래 일정 시점에 얼마의 가액이 되는가의 문제이다. 매년 말 유입(출)액 A, 이자율 r, 기간 n일 때의 미래가치 산출식을 도출하면 다음과 같다. 연금 현금흐름의 미래가치계수는 연금흐름 ₩1의 미래가치표에서 찾아 쓴다.

$FV_{A.n} = A + A(1+r)^1 + \cdots + A(1+r)^{n-1}$에서 양변에 $(1+r)$을 곱한 식 $(1+r)FV_{A.n}$을 구한 후 $(1+r)FV_{A.n}$에서 $FV_{A.n}$을 빼준다.

$$
\begin{aligned}
(1+r)FV_{A.n} &= A(1+r) + \cdots + A(1+r)^{n-1} + A(1+r)^n \\
-\quad FV_{A.n} &= A + A(1+r) + \cdots + A(1+r)^{n-1} \\
\hline
rFV_{A.n} &= A(1+r)^n - A \\
&= A\{(1+r)^n - 1\} \\
FV_{A.n} &= \frac{A}{r}\{(1+r)^n - 1\} \\
\therefore\ FV_{A.n} &= \frac{A}{r}\{(1+r)^n - 1\} \quad \text{미래가치계수: } \frac{1}{r}\{(1+r)^n - 1\}
\end{aligned}
$$

복습문제

A. 복리이자가 단리이자보다 큰 이유는 무엇인가?

나. 현금흐름의 현재가치

현재가치도 단일 현금흐름과 연금 현금흐름으로 나누어 살펴볼 수 있다.

(1) 단일 현금흐름

미래가치는 재무계획에서 중요한 기능을 하고, 현재가치는 자산, 부채의 평가

(Valuation)와 투자의사결정에서 핵심기능을 한다. 현재가치에도 복리계산이 적용되며, 현재가치는 미래 시점의 일정액이 시장이자율에 따를 때 현재 시점의 얼마에 해당하는지를 찾는다. 그 예시로, 시장이자율이 연 3%일 때 1년 후 ₩1,000 (A)은 현재의 얼마에 해당하는지, 즉 1년 후 ₩1,000을 만들려면 현재 얼마가 필요한지를 현재가치 계산을 통해 알아보기로 한다.

현재가치 계산에 쓰이는 이자율을 할인율이라고 하며, 현재가치를 할인가치 또는 현가라고도 한다.

$$\text{현재가치} = PV_0$$

$$PV_0 \times (1+r) = ₩1{,}000, \quad PV_0 \times (1+0.03) = ₩1{,}000$$

$$PV_0 = \frac{A}{1+r} = ₩1{,}000 \div (1+0.03) = ₩1{,}000 \div (1.03)$$

$$= ₩1{,}000 \times 0.9709 = ₩971$$

0.9709 수치는 단일 현금흐름의 현재가치표에서 찾아 쓴다. 1년 후 ₩1,000을 만들려면 현재 ₩971을 예금해야 한다(이자소득세 무시). 이는 1년 후 ₩1,000의 현금흐름을 창출하는 자산의 현재가치가 ₩971이라는 것을 뜻한다.

(2) 연금 현금흐름

매년 말 유입(출)액 A, 이자율 r, 기간 n일 때의 현재가치 산출식을 도출하면 다음과 같다. 연금 현금흐름의 현재가치계수는 연금흐름 ₩1의 현재가치표에서 찾아 쓴다.

$$PV_{A\cdot n} = \frac{A}{(1+r)} + \frac{A}{(1+r)^2} + \cdots + \frac{A}{(1+r)^n}$$

$$- \quad \frac{1}{(1+r)} PV_{A\cdot n} = \frac{A}{(1+r)^2} + \frac{A}{(1+r)^3} + \cdots + \frac{A}{(1+r)^{n+1}}$$

$$\left(1 - \frac{1}{1+r}\right) PV_{A\cdot n} = \frac{A}{(1+r)} - \frac{A}{(1+r)^{n+1}}$$

$$\frac{r}{1+r}PV_{A.n} = \frac{A}{(1+r)}\left\{1 - \frac{1}{(1+r)^n}\right\}$$

$$rPV_{A.n} = A\left\{1 - \frac{1}{(1+r)^n}\right\}$$

$$\therefore\ PV_{A.n} = \frac{A}{r}\left\{1 - \frac{1}{(1+r)^n}\right\} \quad \text{현재가치계수}: \frac{1}{r}\left\{1 - \frac{1}{(1+r)^n}\right\}$$

연금흐름 현가계산은 시장이자율에 따를 때 미래 일정 기간 매년 ₩1,000을 받기 위해 현재 불입해야 할 가액을 구하거나, 시장이자율에 따를 때 만기와 사채액면이자율이 정해진 액면 ₩1,000의 사채는 현재 얼마에 발행되어야 하는가 등의 문제에 해답을 제시한다. 사채발행을 예로 들어 설명하기로 한다.

〈연금 현금흐름의 현가계산 예시〉

20×7.1.1. 5년 만기, 액면금액 ₩1,000, 액면이자율 3%, 시장이자율 4%일 때, 사채의 발행가액을 산출해 보기로 한다(사채발행비용은 무시). 회사채 발행가액은 회사채 매수 측에게는 취득가액이 되며, 사채액면이자율과 시장이자율의 차이에 따라 사채발행가액이 달리 정해진다.

사채발행가액은 5년 후 돌려주는 원금 ₩1,000의 현재가치와 5년간 지급하는 사채액면이자의 현재가치 합계로 산출된다. 현재가치 계산에는 금융시장 상황이 반영된 시장이자율을 할인율로 쓴다.

• 5년 후 원금 ₩1,000의 현가(단일 현금흐름의 현가계수 사용)
  ₩1,000 $\div (1+0.04)^5$ = ₩1,000 $\div (1.04)^5$ = ₩1,000 × 0.8219 = ₩822

• 5년간 매년 이자 ₩30의 현가(연금 현금흐름의 현가계수 사용)
  ₩30 $\div (1.04)$ + ₩30 $\div (1.04)^2$ + ₩30 $\div (1.04)^3$ + ₩30 $\div (1.04)^4$ +
  ₩30 $\div (1.04)^5$ = ₩30 × 4.4518 = ₩134

• 사채발행가액은 ₩956(₩822 + ₩134)이다.

사채를 액면가액 ₩1,000보다 ₩44 적은 ₩956으로 발행하는 이유는 사채액면이자율이 시장이자율보다 낮아 생기는 이자 차이를 보전해주기 위해서이다. 사채액면가액의 발행가액 초과분을 뜻하는 사채할인발행차금만큼 이자를 선급하는 셈이다. 이를 사채할인발행이라고 한다. 사채액면이자율이 시장이자율보다 높으면 액면가액보다 큰 가액으로 사채를 발행하게 되는데, 이를 사채할증발행이라고 한다. 사채액면이자와 시장이자 간의 차이를 미리 돌려받는 것이다. 사채할인발행의 예에 대해 사채발행 측과 사채매수 측의 분개를 하면 다음과 같다.

(발행 측)	(차) 현 금	956	(대) 사 채	1,000
	사채할인발행차금	44		
(매수 측)	(차) 상각후원가측정 금융자산	956	(대) 현 금	956

상각후원가측정금융자산은 제9장과 제11장에서 보다 상세하게 다룬다.

(3) 회계에서의 현재가치

자산은 미래의 경제효익 창출능력을 의미하고 경제효익은 현금흐름을 토대로 하므로, 자산은 현금흐름의 현재가치로 평가되는 것이 바람직하다. 현금흐름의 현가를 고려해 조정을 거치는 자산평가의 예는 당기손익인식금융자산, 재고자산, 비유동자산의 원가모형, 비유동자산의 재평가모형 등을 들 수 있다. 재고자산과 비유동자산의 원가모형은 저가주의를 적용해 시가평가를 하며, 당기손익인식금융자산과 비유동자산의 재평가모형은 기말에 공정가치 평가를 하는데, 이는 현금흐름의 현가를 고려한 조정이라고 할 수 있다.

장기할부구입 자산과 그 대가인 장기미지급금부채를 액면가액이 아닌 현재가치로 측정하는 것이나 장기할부판매의 대가인 금전채권과 수익을 액면가액이 아닌 현재가치로 평가하는 것도 현금흐름의 현가를 고려한 조정에 해당한다.

회계에서의 자산평가는 해당 자산에 대해 형성된 시장이 없을 때는 정확한 현재가치 대신 추정치를 쓸 수밖에 없다는 한계를 지닌다. 주당 시가를 주당순이익으로 나눈 주가이익(수익)비율(Price-earnings ratio : PER)이나, 기업의 시장가치를 장부가치로 나눈 비율인 시장가치율(Market-to-book ratio)은 제한적이지만 자본시장의 가치평가를 회계시스템의 가치평가와 직접 비교할 수 있게 해준다.

 복습문제

A. 만 5년 후 ₩1,000을 받을 권리에 지급할 수 있는 현재의 최대금액은 얼마인가? 연 이자율 4%의 복리계산에 의한다(이자소득세 무시).

B. 사채발행 시 사채액면이자율과 시장이자율을 비교해 발행가액을 정하는 이유는 무엇인가?

3 요 약

현금은 거래대가의 지급이나 가치저장의 수단이며, 그 강제통용력이 공적기관(예: 국가)에 의해 인정된 특수한 자산이다. 자산거래를 비롯해 부채, 자본, 수익, 비용거래는 화폐가치로 측정되기 때문에, 화폐가치가 시점에 따라 달라지면 이미 기록된 장부가치는 제대로 된 현금흐름을 반영할 수 없다. 회계가 일정 시점의 재무상태와 일정 기간의 경영성과를 주기적으로 보고하면서, 거래에 뒤따르는 현금의 수수시점에 따라 달라지는 화폐가치에 주목하는 이유가 여기에 있다.

현금흐름의 미래가치와 현재가치의 개념은 시장 상황이 투영된 경제가치를 파악하는 데 도움을 준다. 현재가치(현가)는 단일 현금흐름과 연금 현금흐름을 구분하고, 현재 수중의 ₩100이 내일 받을 ₩100보다 가치가 더 크다는 점을 보인다. 현재가치를 자산・부채 평가에 적용함으로써, 회계정보의 신뢰성과 함께 의사결정의 합리성을 제고시킬 수 있다. 이는 일정 자산에 공정가치 평가를 인정하는 근거가 된다.

현금, 예금에 대한 회계처리는 외상매출금의 현금회수, 당좌거래, 소액현금계정, 은행계정조정표 작성 등을 통해 이루어진다.

주요용어

- 현금 : 거래대가의 지급이나 가치저장의 수단이며, 그 강제통용력이 공적기관(예: 국가)에 의해 인정된 자산을 말하며, 지폐, 동전, 전자화폐(현금이 적립된 카드 등), 외국통화 등이 포함된다.
- 복리이자 : 이자에 이자가 붙는 것을 말한다.
- 단일 현금흐름 : 한 번의 현금흐름을 말한다.
- 현금흐름의 미래가치 : 시장이자율을 따를 때, 예컨대 현재의 ₩1,000은 일정 기간이 지난 미래 시점에 얼마의 가액이 될 것인가를 나타낸다.
- 현금흐름의 현재가치 : 시장이자율을 따를 때, 예컨대 일정 기간 후인 미래 시점의 ₩1,000은 현재 시점에서 얼마의 가액에 상당하는가를 나타낸다.
- 연금 현금흐름 : 매년 일정액의 현금이 상당 기간 연속해서 유입되는 현금흐름을 말한다.
- 할인율 : 현재가치계산에 쓰이는 이자율을 할인율이라고 한다.

연습문제

1. 20×8.12.31. ㈜물수제비의 장부상 당좌예금 계정 잔액이 ₩25,400이고, 거래은행의 은행계정명세서상 ㈜물수제비의 당좌예금 계좌 잔액은 ₩23,900이다. 두 잔액의 불일치 원인은 다음으로 밝혀졌다.

- 회사가 예입한 ₩700이 은행에서 입금처리되지 않았다.
- 은행에 예치한 수표(매출대가)의 지급거절(부도처리)액 ₩2,500이 회사에 기록되지 않았다.
- 은행예금 이자수익 ₩300과 당좌차월 이자비용 ₩400의 기록이 회사에서 누락되었다.
- 이미 발행 · 교부된 수표 중 은행에서 결제되지 않은 수표가 있다.

수표번호 101	₩ 900
수표번호 102	1,300

- 거래상대방이 은행에 직접 송금처리한 외상매출금 ₩1,200이 있다.
- 회사에서 매출대금으로 받은 ₩1,600의 당좌수표를 당좌예금 계정에 자산처리했으나, 거래가 취소되어 반환된 수표 전액을 기록에 빠트렸다.

문

(1) ㈜물수제비의 은행계정조정표를 작성하라.

(2) ㈜물수제비에서 필요한 조정분개를 하라.

(3) 은행 측과 회사 측의 조정을 마친 후 파악되는 정확한 당좌예금 잔액은 얼마인가?

2. J사가 20×9.9.30. 은행계정조정표를 작성하면서 얻은 정보는 다음과 같다.

- 20×9.9.30. 은행 측 보고서(명세서) 잔액 ₩16,000

• 20×9.9.30. 회사 측 은행예입액(은행미기록)	5,300
• 고객의 예금잔액 부족으로 인한 수취수표의 지급거절	700
• 20×9.9.30.의 수표발행(미결제)	2,650
• 9월의 은행수수료 차감	200

문

20×9.9.30. J사의 올바른 당좌예금 잔액은 얼마인가?

3. H사가 20×8.8.31. 은행계정조정표를 작성하면서 얻은 정보는 다음과 같다.

• 20×8.8.31. 은행 측 보고서(명세서) 잔액	₩20,000
• 20×8.8.31. 은행 영업시간 후 회사가 은행에 예입한 금액	4,000
• 20×8.8.31. 이자수익 발생의 미기록 금액	600
• 20×8.8.31. 수표 발행했으나 결제되지 않은 금액	2,000
• 20×8.8.31. 이자비용 발생의 미기록 금액	300
• 20×8.8.31. 은행수수료 차감의 미기록 금액	200

문

(1) 20×8.8.31. H사의 올바른 당좌예금 잔액은 얼마인가?

(2) H사에서 필요한 조정분개를 하라.

(3) H사 은행계정조정표의 조정전 잔액은 얼마인가?

4. 20×8.12.31. S사의 조정후 시산표 작성과정에서 드러난 회계자료가 다음과 같다.

• 은행 보통예금	₩32,000
• 금고 보관 중인 현금	5,000
• 사채상환기금	16,000
• 당좌예금	55,000
• 암호(가상)화폐	17,000

문

사채상환기금은 사채상환용으로 쓸 수 있도록 용도가 제한된 자산이고 당좌예금은 별도의 당좌예금 계정에서 회계처리를 할 경우, S사가 20×8.12.31. 재무상태표에 보고할 현금액은 얼마인가?

5. 20×9.4.30. ㈜울림의 은행계정조정표와 20×9.5.31. 거래은행보고서의 다음 자료를 이용해 물음에 답하라. 4.30.의 은행미기록예금이나 회사수표 발행 · 교부액은 모두 5월 중 은행에서 처리된다.

은행계정조정표

20×9.4.30.	은행잔액	₩25,000
	• 은행미기록예금	+ 7,000
	• 회사수표발행 · 교부액	− 5,000
20×9.4.30.	조정후 잔액	₩27,000

20×9.5.31. 거래은행보고서의 5월 중 회사 당좌예금 계좌 변동내역

• 입 금	₩41,000
• 인 출	22,000

문

20×9.5.31. ㈜울림의 회사수표 발행 · 교부액이 ₩5,900이고 은행미기록예금이 없을 경우, 5.31. ㈜울림의 당좌예금 잔액은 얼마인가?

6. 20×5.1.1. ㈜미래꽃이 5년 후인 20×9.12.31.까지 ₩100,000을 만들 계획을 가지고 있다. ㈜미래꽃은 매년 일정액을 5% 복리이자로 적립하는 펀드에 가입하려 한다. 20×5.12.31. 첫 입금이 이루어지며, 미래가치계수는 다음과 같다.

5% 이자, ₩1의 5년 후 가치	1.2763
5% 이자, 매년 ₩1 불입의 4년간 연금가치	4.3101
5% 이자, 매년 ₩1 불입의 5년간 연금가치	5.5256

문

㈜미래꽃의 5년간 매년 입금액은 얼마인가?

7. 20×9.12.31. ㈜와이는 기계를 판매하면서 7회에 걸쳐 매년 ₩1,000씩 지급받는 무이자부어음을 수취했고, 20×9.12.31. 1회차로 ₩1,000을 지급받았다. 현가계수 자료가 다음과 같고, 유사한 어음의 시장이자율은 4%이다.

기간	4%, 단일현금 ₩1의 현가계수	4%, 연금 ₩1의 현가계수
6	0.7903	5.2421
7	0.7599	6.0021

문

㈜와이가 20×9.12.31. 재무상태표에 계상할 받을어음 가치는 얼마인가?

8. ㈜삼전(三田)은 20×9.1.3. 취득원가 ₩40,000의 접히는(컨버터블) 자동차를 팔면서 만기 4년인 액면가액 ₩44,000의 무이자부어음을 받았다. 동일 어음의 시장이자율은 연 5%이고, 4년, 5%의 ₩1(단일현금) 현가계수는 0.8227이다.

문

㈜삼전의 20×9년 손익계산서에 보고되는 이자수익은 얼마인가?

연습문제 해답

1. (1) 은행계정조정표

회사잔액 조정		은행잔액 조정	
조정전 잔액	₩ 25,400	조정전 잔액	₩ 23,900
• 수표부도처리액	− 2,500	• 미입금액	+ 700
• 이자수익 발생	+ 300	• 미결제수표	− 900
• 이자비용 발생	− 400	• 미결제수표	− 1,300
• 외상매출금 회수	+ 1,200		
• 매출취소 누락	− 1,600		
합 계	₩ 22,400	합 계	₩ 22,400

(2) 회사 측 분개

(차)		(대)	
외상매출금	2,500	당좌예금	2,500
당좌예금	300	이자수익	300
이자비용	400	당좌예금	400
당좌예금	1,200	외상매출금	1,200
매 출	1,600	당좌예금	1,600

(3) ₩22,400

2. ₩16,000 + ₩5,300 − ₩2,650 = ₩18,650
은행 측 보고서(명세서) 잔액이 주어져 있으므로 은행 측 조정사항을 고려해 J사의 예금잔액을 구할 수 있다.

3. (1) ₩20,000 + ₩4,000 − ₩2,000 = ₩22,000

(2)

(차)		(대)	
당좌예금	600	이자수익	600
이자비용	300	당좌예금	300
은행수수료	200	당좌예금	200

(3) ₩22,000 − ₩600 + ₩300 + ₩200 = ₩21,900
올바른 당좌예금 잔액 ₩22,000에 이자수익(₩600), 이자비용(₩300), 은행수수료(₩200) 등 조정사항을 대입해 J사의 조정전 잔액을 구할 수 있다.

4. ₩32,000 + ₩5,000 = ₩37,000

5. 5월 중 은행의 회사 당좌예금 입금액 = ₩41,000 − ₩7,000 = ₩34,000
은행의 회사 당좌예금 인출액 = ₩22,000 − ₩5,000 + ₩5,900 = ₩22,900
5월 중 은행의 회사 당좌예금 증가액 = ₩34,000 − ₩22,900 = ₩11,100
20×9.5.31. 회사의 당좌예금 잔액 = ₩27,000 + ₩11,100 = ₩38,100

6. ₩100,000 ÷ 5.5256 = ₩18,098
적용되는 미래가치계수는 5%, 5년간 ₩1 불입의 연금가치인 5.5256이다.

7. ₩1,000 × 5.2421 = ₩5,242
판매시점인 20×9.12.31. 현금 ₩1,000을 받았기 때문에 그 시점부터 6년간 매년 ₩1,000의 현금을 받게 된다.

8. 무이자부어음의 현가 = ₩44,000 × 0.8227 = ₩36,199

(차) 받을어음	44,000	(대) 접히는(컨버터블) 자동차(재고자산)	40,000
자동차처분손실	3,801	현재가치할인차금	7,801

이자수익 = ₩36,199 × 0.05 = ₩1,810

무이자부어음의 현가가 ₩36,199이므로 ₩40,000의 자동차를 ₩36,199에 판매한 셈이다. 자동차처분손실(₩3,801)이 발생하는 이유이다. 무이자부어음의 액면가액에는 원금과 이자가 포함되어 있다. 무이자부어음의 현가에 이자율을 곱해 이자수익을 산출한다.

표 1 | 미래가치 이자율계수(*FVIF*)

현재 1원의 n기 후 미래가치 = $(1+r)^n$

기간 (n)	이자율(r)								
	1%	2%	3%	4%	5%	6%	7%	8%	9%
1	1.0100	1.0200	1.0300	1.0400	1.0500	1.0600	1.0700	1.0800	1.0900
2	1.0201	1.0404	1.0609	1.0816	1.1025	1.1236	1.1449	1.1664	1.1881
3	1.0303	1.0612	1.0927	1.1249	1.1576	1.1910	1.2250	1.2597	1.2950
4	1.0406	1.0824	1.1255	1.1699	1.2155	1.2625	1.3108	1.3605	1.4116
5	1.0510	1.1041	1.1593	1.2167	1.2763	1.3382	1.4026	1.4693	1.5386
6	1.0615	1.1262	1.1941	1.2653	1.3401	1.4185	1.5007	1.5869	1.6771
7	1.0721	1.1487	1.2299	1.3159	1.4071	1.5036	1.6058	1.7138	1.8280
8	1.0829	1.1717	1.2668	1.3686	1.4775	1.5938	1.7182	1.8509	1.9926
9	1.0937	1.1951	1.3048	1.4233	1.5513	1.6895	1.8385	1.9990	2.1719
10	1.1046	1.2190	1.3439	1.4802	1.6289	1.7908	1.9672	2.1589	2.3674
11	1.1167	1.2434	1.3842	1.5395	1.7103	1.8983	2.1049	2.3316	2.5804
12	1.1268	1.2682	1.4258	1.6010	1.7959	2.0122	2.2522	2.5182	2.8127
13	1.1381	1.2936	1.4685	1.6651	1.8856	2.1329	2.4098	2.7196	3.0658
14	1.1495	1.3195	1.5126	1.7317	1.9799	2.2609	2.5785	2.9372	3.3417
15	1.1610	1.3459	1.5580	1.8009	2.0789	2.3966	2.7590	3.1722	3.6425
16	1.1726	1.3728	1.6047	1.8730	2.1829	2.5404	2.9522	3.4259	3.9703
17	1.1843	1.4002	1.6528	1.9479	2.2920	2.6928	3.1588	3.7000	4.3276
18	1.1961	1.4282	1.7024	2.0258	2.4066	2.8543	3.3799	3.9960	4.7171
19	1.2081	1.4568	1.7535	2.1068	2.5270	3.0256	3.6165	4.3157	5.1417
20	1.2202	1.4859	1.8061	2.1911	2.6533	3.2071	3.8697	4.6610	5.6044
21	1.2324	1.5157	1.8603	2.2788	2.7860	3.3996	4.1406	5.0338	6.1088
22	1.2447	1.5460	1.9161	2.3699	2.9253	3.6035	4.4304	5.4365	6.6586
23	1.2572	1.5769	1.9736	2.4647	3.0715	3.8197	4.7405	5.8715	7.2579
24	1.2697	1.6084	2.0328	2.5633	3.2251	4.0489	5.0724	6.3412	7.9111
25	1.2824	1.6406	2.0938	2.6658	3.3864	4.2919	5.4274	6.8485	8.6231
30	1.3478	1.8114	2.4273	3.2434	4.3219	5.7435	7.6123	10.063	13.268
40	1.4889	2.2080	3.2620	4.8010	7.0400	10.286	14.974	21.725	31.409
50	1.6446	2.6916	4.3839	7.1067	11.467	18.420	29.457	46.902	74.358
60	1.8167	3.2810	5.8916	10.520	18.679	32.988	57.946	101.26	176.03

(표1 계속)

기간 (n)	이자율(r)									
	10%	12%	14%	15%	16%	18%	20%	24%	28%	32%
1	1.1000	1.1200	1.1400	1.1500	1.1600	1.1800	1.2000	1.2400	1.2800	1.3200
2	1.2100	1.2544	1.2996	1.3225	1.3456	1.3924	1.4400	1.5376	1.6384	1.7424
3	1.3310	1.4049	1.4815	1.5209	1.5609	1.6430	1.7280	1.9066	2.0972	2.3000
4	1.4641	1.5735	1.6890	1.7490	1.8106	1.9388	2.0736	2.3642	2.6844	3.0360
5	1.6105	1.7623	1.9254	2.0114	2.1003	2.2878	2.4883	2.9316	3.4360	4.0075
6	1.7716	1.9738	2.1950	2.3131	2.4364	2.6996	2.9860	3.6352	4.3980	5.2899
7	1.9487	2.2107	2.5023	2.6600	2.8262	3.1855	3.5832	4.5077	5.6295	6.9826
8	2.1436	2.4760	2.8526	3.0590	3.2784	3.7589	4.2998	5.5895	7.2058	9.2170
9	2.3579	2.7731	3.2519	3.5179	3.8030	4.4355	5.1598	6.9310	9.2234	12.166
10	2.5937	3.1058	3.7072	4.0456	4.4114	5.2338	6.1917	8.5944	11.806	16.060
11	2.8531	3.4785	4.2262	4.6524	5.1173	6.1759	7.4301	10.657	15.112	21.199
12	3.1384	3.8960	4.8179	5.3503	5.9360	7.2876	8.9161	13.215	19.343	27.983
13	3.4523	4.3635	5.4924	6.1528	6.8858	8.5994	10.699	16.386	24.759	36.937
14	3.7975	4.8871	6.2613	7.0757	7.9875	10.147	12.839	20.319	31.691	48.757
15	4.1772	5.4736	7.1379	8.1371	9.2655	11.974	15.407	25.196	40.565	64.359
16	4.5950	6.1304	8.1372	9.3576	10.748	14.129	18.488	31.243	51.923	84.954
17	5.0545	6.8660	9.2765	10.761	12.468	16.672	22.186	38.741	66.461	112.14
18	5.5599	7.6900	10.575	12.375	14.463	19.673	26.623	48.039	85.071	148.02
19	6.1159	8.6128	12.056	14.232	16.777	23.214	31.948	59.568	108.89	195.39
20	6.7275	9.6463	13.743	16.367	19.461	27.393	38.338	73.864	139.38	257.92
21	7.4002	10.804	15.668	18.822	22.574	32.324	46.005	91.592	178.41	340.45
22	8.1403	12.100	17.861	21.645	26.186	38.142	55.206	113.57	228.36	449.39
23	8.9543	13.552	20.362	24.891	30.376	45.008	66.247	140.63	292.30	593.20
24	9.8497	15.179	23.212	28.625	35.236	53.109	79.497	174.63	374.14	783.02
25	10.835	17.000	26.462	32.919	40874	62.669	95.396	216.54	478.90	1033.6
30	17.449	29.960	50.950	66.212	85.850	143.37	237.38	634.82	1645.5	4142.1
40	45.259	93.051	188.88	267.66	378.72	750.38	1469.8	5455.9	19427.	66521.
50	117.39	289.00	700.23	1083.7	1670.7	3927.4	9100.4	46890.	-	-
60	304.48	897.60	2595.9	4384.0	7370.2	20555.	56348.	-	-	-

표 2 | 현재가치 이자율계수(*PVIF*)

n기 후 1원의 현재가치 = $1/(1+r)^n$

기간 (n)	이자율(r)								
	1%	2%	3%	4%	5%	6%	7%	8%	9%
1	0.9901	0.9804	0.9709	0.9615	0.9524	0.9434	0.9346	0.9259	0.9174
2	0.9803	0.9612	0.9426	0.9246	0.9070	0.8900	0.8734	0.8573	0.8417
3	0.9706	0.9423	0.9151	0.8890	0.8638	0.8396	0.8163	0.7938	0.7722
4	0.9610	0.9238	0.8885	0.8548	0.8227	0.7921	0.7629	0.7350	0.7084
5	0.9615	0.9057	0.8626	0.8219	0.7835	0.7473	0.7130	0.6806	0.6499
6	0.9420	0.8880	0.8375	0.7903	0.7462	0.7050	0.6563	0.6302	0.5963
7	0.9327	0.8706	0.8131	0.7599	0.7107	0.6651	0.6227	0.5835	0.5470
8	0.9235	0.8635	0.7894	0.7307	0.6768	0.6274	0.5820	0.5403	0.5019
9	0.9143	0.8368	0.7664	0.7026	0.6446	0.5919	0.5439	0.5002	0.4604
10	0.9053	0.8203	0.7441	0.6756	0.6139	0.5584	0.5083	0.4632	0.4224
11	0.8963	0.8043	0.7224	0.6496	0.5847	0.5268	0.4751	0.4289	0.3875
12	0.8874	0.7885	0.7014	0.6246	0.5568	0.4970	0.4440	0.3971	0.3555
13	0.8787	0.7730	0.6810	0.6006	0.5303	0.4688	0.4150	0.3677	0.3262
14	0.8700	0.7579	0.6611	0.5775	0.5051	0.4423	0.3878	0.3405	0.2992
15	0.8613	0.7430	0.6419	0.5553	0.4810	0.4173	0.3624	0.3152	0.2745
16	0.8528	0.7284	0.6232	0.5339	0.4581	0.3936	0.3387	0.2919	0.2519
17	0.8444	0.7142	0.6050	0.5134	0.4363	0.3714	0.3166	0.2703	0.2311
18	0.8360	0.7002	0.5874	0.4936	0.4155	0.3503	0.2959	0.2502	0.2120
19	0.8277	0.6864	0.5703	0.4746	0.3957	0.3305	0.2765	0.2317	0.1945
20	0.8195	0.6730	0.5537	0.4564	0.3769	0.3118	0.2584	0.2145	0.1784
21	0.8114	0.6598	0.5375	0.4388	0.3589	0.2942	0.2415	0.1987	0.1637
22	0.8034	0.6468	0.5219	0.4220	0.3418	0.2775	0.2257	0.1839	0.1502
23	0.7954	0.6342	0.5067	0.4057	0.3256	0.2618	0.2109	0.1703	0.1378
24	0.7876	0.6217	0.4919	0.3901	0.3101	0.2470	0.1971	0.1577	0.1264
25	0.7798	0.6095	0.4776	0.3751	0.2953	0.2330	0.1842	0.1460	0.1160
30	0.7419	0.5521	0.4120	0.3083	0.2314	0.1741	0.1314	0.0994	0.0754
40	0.6717	0.4529	0.3066	0.2083	0.1420	0.0972	0.0668	0.0460	0.0318
50	0.6080	0.3715	0.2281	0.1407	0.0872	0.0543	0.0339	0.0213	0.0134

(표2 계속)

기간 (n)	이자율(r)									
	10%	12%	14%	15%	16%	18%	20%	24%	28%	32%
1	0.9091	0.8929	0.8772	0.8696	0.8621	0.8475	0.8333	0.8065	0.7813	0.7576
2	0.8264	0.7972	0.7695	0.7561	0.7432	0.7182	0.6944	0.6504	0.6104	0.5739
3	0.7513	0.7118	0.6750	0.6575	0.6407	0.6086	0.5787	0.5245	0.4768	0.4348
4	0.6830	0.6355	0.5921	0.5718	0.5523	0.5158	0.4823	0.4230	0.3725	0.3294
5	0.6209	0.5674	0.5194	0.4972	0.4761	0.4371	0.4019	0.3411	0.2910	0.2495
6	0.5645	0.5066	0.4556	0.4323	0.4104	0.3704	0.3349	0.2751	0.2274	0.1890
7	0.5132	0.4523	0.3996	0.3769	0.3538	0.3139	0.2791	0.2218	0.1776	0.1432
8	0.4665	0.4039	0.3506	0.3269	0.3050	0.2660	0.2326	0.1789	0.1388	0.1085
9	0.4241	0.3606	0.3075	0.2843	0.2630	0.2255	0.1938	0.1443	0.1084	0.0822
10	0.3855	0.3220	0.2697	0.2472	0.2267	0.1911	0.1615	0.1164	0.0847	0.0623
11	0.3505	0.2875	0.2366	0.2149	0.1954	0.1619	0.1348	0.0938	0.0662	0.0472
12	0.3186	0.2567	0.2076	0.1869	0.1685	0.1372	0.1122	0.0757	0.0517	0.0357
13	0.2897	0.2292	0.1821	0.1625	0.1452	0.1163	0.0935	0.0610	0.0404	0.0271
14	0.2633	0.2046	0.1597	0.1413	0.1252	0.0985	0.0779	0.0492	0.0316	0.0205
15	0.2394	0.1827	0.1401	0.1229	0.1079	0.0835	0.0649	0.0397	0.0247	0.0155
16	0.2176	0.1631	0.1229	0.1069	0.0930	0.0708	0.0541	0.0320	0.0193	0.0118
17	0.1978	0.1456	0.1078	0.0929	0.0802	0.0600	0.0451	0.0258	0.0150	0.0089
18	0.1799	0.1300	0.0946	0.0808	0.0691	0.0508	0.0376	0.0208	0.0118	0.0068
19	0.1635	0.1161	0.0829	0.0703	0.0596	0.0431	0.0313	0.0168	0.0092	0.0051
20	0.1486	0.1037	0.0728	0.0611	0.0514	0.0365	0.0261	0.0135	0.0072	0.0039
21	0.1351	0.0926	0.0638	0.0531	0.0443	0.0309	0.0217	0.0109	0.0056	0.0029
22	0.1228	0.0826	0.0560	0.0462	0.0382	0.0262	0.0181	0.0088	0.0044	0.0022
23	0.1117	0.0738	0.0491	0.0402	0.0329	0.0222	0.0151	0.0071	0.0034	0.0017
24	0.1015	0.0659	0.0431	0.0349	0.0284	0.0188	0.0126	0.0057	0.0027	0.0013
25	0.0923	0.0588	0.0378	0.0304	0.0245	0.0160	0.0105	0.0046	0.0021	0.0010
30	0.0573	0.0334	0.0196	0.0151	0.0116	0.0070	0.0042	0.0016	0.0006	0.0002
40	0.0221	0.0107	0.0053	0.0037	0.0026	0.0013	0.0007	0.0002	0.0001	–
50	0.0085	0.0035	0.0014	0.0009	0.0008	0.0003	0.0001	–	–	–

표 3 | 연금의 미래가치계수(*FVIFA*)

기간 (n)	n기까지 매기 1원을 수수하는 연금의 미래가치 = $[(1+r)^n-1]/r$								
	이자율(r)								
	1%	2%	3%	4%	5%	6%	7%	8%	9%
1	1.0000	1.0000	1.0000	1.0000	1.0000	1.0000	1.0000	1.0000	1.0000
2	2.0100	2.0200	2.0300	2.0400	2.0500	2.0600	2.0700	2.0800	2.0900
3	3.0301	3.0604	3.0909	3.1216	3.1525	3.1836	3.2149	3.2464	3.2781
4	4.0604	4.1216	4.1836	4.2465	4.3101	4.3746	4.4399	4.5061	4.5731
5	5.1010	5.2040	5.3091	5.4163	5.5256	5.6371	5.7507	5.8666	5.9847
6	6.1520	6.3081	6.4684	6.6330	6.8019	6.9763	7.1533	7.3359	7.5233
7	7.2135	7.4343	7.6625	7.8983	8.1420	8.3938	8.6540	8.9228	9.2004
8	8.2857	8.5830	8.8932	9.2142	9.5491	9.8975	10.260	10.637	11.028
9	9.3685	9.7546	10.159	10.583	11.027	11.491	11.978	12.488	13.021
10	10.462	10.950	11.464	12.006	12.578	13.181	13.816	14.487	15.193
11	11.567	12.169	12.808	13.486	14.207	14.972	15.784	16.645	17.560
12	12.683	13.412	14.192	15.026	15.917	16.870	17.888	18.977	20.141
13	13.809	14.680	15.618	16.627	17.713	18.882	20.141	21.495	22.953
14	14.947	15.974	17.086	18.292	19.599	21.015	22.550	24.215	26.019
15	16.097	17.293	18.599	20.024	21.579	23.276	25.129	27.152	29.361
16	17.258	18.639	20.157	21.825	23.657	25.673	27.888	30.324	33.003
17	18.430	20.012	21.762	23.698	25.840	26.213	30.840	33.750	36.974
18	19.615	21.412	23.414	25.645	26.132	30.906	33.999	37.450	41.301
19	20.811	22.841	25.117	27.671	30.539	33.760	37.379	41.446	46.018
20	22.019	24.297	26.870	29.778	33.066	36.786	40.995	45.762	51.160
21	23.239	25.763	28.676	31.969	35.719	39.993	44.865	50.423	56.765
22	24.472	27.299	30.537	34.248	38.505	43.392	49.006	55.457	62.873
23	25.716	28.845	32.453	36.618	41.430	46.996	53.436	60.893	69.532
24	26.973	30.422	34.426	39.083	44.502	50.816	58.177	66.765	76.790
25	28.243	32.030	36.459	41.646	47.727	54.865	63.249	73.106	84.701
30	34.785	40.568	47.575	56.085	66.439	79.058	94.461	113.28	136.31
40	48.886	60.402	75.401	95.026	120.80	154.76	198.64	259.06	337.88
50	64.463	84.579	112.80	152.67	209.35	290.34	406.53	573.77	815.08
60	81.670	114.05	163.05	237.99	363.58	533.13	813.52	1253.2	1944.8

(표3 계속)

기간 (n)	이자율(r)									
	10%	12%	14%	15%	16%	18%	20%	24%	28%	32%
1	1.0000	1.0000	1.0000	1.0000	1.0000	1.0000	1.0000	1.0000	1.0000	1.0000
2	2.1000	2.1200	2.1400	2.1500	2.1600	2.1800	2.2000	2.2400	2.2800	2.3200
3	3.3100	3.3744	3.4396	3.4725	3.5056	3.5724	3.6400	3.7776	3.9184	4.0624
4	4.6410	4.7793	4.9211	4.9934	5.0665	5.2154	5.3680	5.6842	6.0156	6.3624
5	6.1051	6.3528	6.6101	6.7424	6.8771	7.1542	7.4416	8.0484	8.6999	8.3983
6	7.7156	8.1152	8.5355	8.7537	8.9775	9.4420	9.9299	10.980	12.136	13.406
7	9.4872	10.089	10.730	11.067	11.414	12.142	12.916	14.615	16.534	18.696
8	11.436	12.300	13.233	13.727	14.240	15.327	16.499	19.123	22.163	25.678
9	13.579	14.776	16.085	16.786	17.519	19.086	20.799	24.712	29.369	34.895
10	15.937	17.549	19.337	20.304	21.321	23.521	25.959	31.643	38.593	47.062
11	18.531	20.655	23.045	24.349	25.733	28.755	32.150	40.238	50.398	63.122
12	21.384	24.133	27.271	29.002	30.850	34.931	39.581	50.895	65.510	84.320
13	24.523	28.029	32.089	34.352	36.786	42.219	48.497	64.110	84.853	112.30
14	27.975	32.393	37.581	40.505	43.672	50.818	59.196	80.496	109.61	149.24
15	31.772	37.280	43.842	47.580	51.660	60.965	72.035	100.82	141.30	198.00
16	35.950	42.753	50.980	55.717	60.925	72.939	87.442	126.01	181.87	262.36
17	40.545	48.884	59.118	65.075	71.673	87.068	105.93	157.25	233.79	347.31
18	45.599	55.750	68.394	75.836	84.141	103.74	128.12	195.99	300.25	459.45
19	51.159	63.440	78.969	88.212	98.603	123.41	154.74	244.03	385.32	607.47
20	57.275	72.052	91.025	102.44	115.38	143.63	186.69	303.60	494.21	802.86
21	64.002	81.699	104.77	118.81	134.84	174.02	225.03	377.46	633.59	1060.8
22	71.403	92.503	120.44	137.63	157.41	206.34	271.03	469.06	812.00	1401.2
23	79.543	104.60	138.30	159.28	183.60	244.49	326.24	582.63	1040.4	1850.6
24	88.497	118.16	158.66	184.17	213.98	289.49	392.48	723.46	1332.7	2443.8
25	98.347	133.33	181.87	212.79	249.21	342.60	471.98	898.09	1706.8	3226.8
30	164.49	241.33	356.79	434.75	530.31	790.95	1181.9	2640.9	5873.2	12941.
40	442.59	767.09	1342.0	1779.1	2360.8	4163.2	7343.9	22729.	69377.	-
50	1163.9	2400.0	4994.5	7217.7	10436.	21813.	45497.	-	-	-
60	3043.8	7471.6	18535.	29220.	46058.	-	-	-	-	-

표 4 | 연금의 현재가치계수(*PVIFA*)

	n기까지 매기 1원을 수수하는 연금의 현재가치 = $[1-1/(1+r)^n]/r$								
기간 (n)	이자율(r)								
	1%	2%	3%	4%	5%	6%	7%	8%	9%
1	0.9901	0.9804	0.9709	0.9615	0.9524	0.9434	0.9346	0.9259	0.9174
2	1.9704	1.9416	1.9135	1.8861	1.8594	1.8334	1.8080	1.7833	1.7591
3	2.9410	2.8839	2.8286	2.7751	2.7232	2.6730	2.6243	2.5771	2.5313
4	3.9020	3.8077	3.7171	3.6299	3.5460	3.4651	3.3872	3.3121	3.2397
5	4.8534	4.7135	4.5797	4.4518	4.3295	4.2124	4.1002	3.9927	3.8897
6	5.7955	5.6014	5.4172	5.2421	5.0757	4.9173	4.7665	4.6229	4.4859
7	6.7282	6.4720	6.2303	6.0021	5.7864	5.5824	5.3893	5.2064	5.0330
8	7.6517	7.3255	7.0197	6.7327	6.4632	6.2098	5.9713	5.7466	5.5348
9	8.5660	8.1622	7.7861	7.4353	7.1078	6.8017	6.5152	6.2469	5.9952
10	9.4713	8.9826	8.5302	8.1109	7.7217	7.3601	7.0236	6.7101	6.4177
11	10.3676	9.7858	9.2526	8.7605	8.3064	7.8669	7.4987	7.1390	6.8052
12	11.2551	10.5753	9.9540	9.3851	8.8633	8.3838	7.9427	7.5361	7.1607
13	12.1337	11.3484	10.6350	9.9856	9.3936	8.8527	8.3577	7.9038	7.4869
14	13.0037	12.1062	11.2961	10.5631	9.8986	9.2960	8.7455	8.2442	7.7862
15	13.8651	12.8493	11.9379	11.1184	10.3797	9.7122	9.1079	8.5595	8.0607
16	14.7179	13.5777	12.5611	11.6523	10.8378	10.1059	9.4466	8.8514	8.3126
17	15.5623	14.2919	13.1661	12.1657	11.2741	10.4773	9.7632	9.1216	8.5436
18	16.3983	14.9920	13.7535	12.6593	11.6896	10.8276	10.0591	9.3719	8.7556
19	17.2260	15.6785	14.3238	13.1339	12.0853	11.1581	10.3356	9.6036	8.9501
20	18.0456	16.3514	14.8775	13.5903	12.4622	11.4699	10.5940	9.8181	9.1285
21	18.8570	17.0112	15.4150	14.0292	12.8212	11.7641	10.8355	10.0168	9.2922
22	19.6604	17.6580	15.9369	14.4511	13.1630	12.0416	11.0612	10.2007	9.4424
23	20.4558	18.2922	16.4436	14.8568	13.4886	12.3034	11.2722	10.3741	9.5802
24	21.2434	18.9139	16.9355	15.2470	13.7986	12.5604	11.4693	10.5288	9.7066
25	22.0232	19.5235	17.4131	15.6221	14.0939	12.7834	11.6536	10.6748	9.8226
30	25.8077	22.3955	19.6004	17.2920	15.3725	13.7648	12.4090	11.2578	10.2737
40	32.8347	27.3555	23.1148	19.7928	17.1591	15.0463	13.3317	11.9246	10.7574
50	39.1961	31.4236	25.7298	21.4822	18.2559	15.7619	13.8007	12.2335	10.9617

(표4 계속)

기간 (n)	이자율(r)									
	10%	12%	14%	15%	16%	18%	20%	24%	28%	32%
1	0.9091	0.8929	0.8772	0.8696	0.8621	0.8475	0.8333	0.8065	0.7813	0.7576
2	1.7355	1.6901	1.6467	1.6257	1.6052	1.5656	1.5278	1.4568	1.3916	1.3315
3	2.4869	2.4018	2.3216	2.2832	2.2459	2.1743	2.1065	1.9813	1.8684	1.7663
4	3.1699	3.0373	2.9137	2.8550	2.7982	2.6901	2.5887	2.4043	2.2410	2.0957
5	3.7908	3.6048	3.4331	3.3522	3.2743	3.1272	2.9906	2.7454	2.5320	2.3452
6	4.3553	4.1114	3.8887	3.7845	3.6847	3.4976	3.3255	3.0205	2.7594	2.5342
7	4.8684	4.5638	4.2883	4.1604	4.0386	3.8115	3.6046	3.2423	2.9370	2.6775
8	5.3349	4.9676	4.6389	4.4873	4.3436	4.0776	3.8372	3.4212	3.0758	2.7860
9	5.7590	5.3282	4.9464	4.7716	4.6065	4.3030	4.0310	3.5655	3.1842	2.8681
10	6.1446	5.6502	5.2161	5.0188	4.8332	4.4941	4.1925	3.6819	3.2689	2.9304
11	5.4951	5.9377	5.4527	5.2337	5.0286	4.6560	4.3271	3.7757	3.3351	2.9776
12	8.8137	6.1944	5.6603	5.4206	5.1971	4.7932	4.4392	3.8514	3.3868	3.0133
13	7.1034	5.4235	5.8424	5.5831	5.3423	4.9095	4.5327	3.9124	3.4272	3.0404
14	7.3667	6.6282	6.0021	5.7245	5.4675	5.0081	4.6106	3.9616	3.4587	3.0609
15	7.6061	6.8109	6.1422	5.8474	5.5755	5.0916	4.6755	4.0013	3.4834	3.0764
16	7.8237	6.9740	6.2651	5.9542	5.6685	5.1624	4.7296	4.0333	3.5026	3.0882
17	8.0216	7.1196	6.3729	6.0472	5.7487	5.2223	4.7746	4.0591	3.5177	3.0971
18	8.2014	7.2497	6.4674	6.1280	5.8178	5.2732	4.8122	4.0799	3.5294	3.1039
19	8.3649	7.3658	6.5504	6.1982	5.8775	5.3162	4.8435	4.0967	3.5386	3.1090
20	8.5136	7.4694	6.6231	6.2593	5.9288	5.3527	4.8696	4.1103	3.5458	3.1129
21	8.6487	7.5620	6.6870	6.3125	5.9731	5.3837	4.8913	4.1212	3.5514	3.1158
22	8.7715	7.6446	6.7429	6.3587	6.0113	5.4099	4.9094	4.1300	3.5558	3.1180
23	8.8832	7.7184	6.7921	6.3988	6.0442	5.4321	4.9245	4.1371	3.5592	3.1197
24	8.9847	7.7843	6.8351	6.4338	6.0726	5.4509	4.9371	4.1428	3.5619	3.1210
25	9.0770	7.8431	6.8729	6.4641	6.0971	5.4669	4.9476	4.1474	3.5640	3.1220
30	9.4269	8.0552	7.0027	6.5660	6.1772	5.5168	4.9789	4.1601	3.5693	3.1242
40	9.7791	8.2438	7.1050	6.6418	6.2335	5.5482	4.9966	4.1659	3.5712	3.1250
50	9.9148	8.3045	7.1327	6.6605	6.2463	5.5541	4.9995	4.1666	3.5714	3.1250

제 7 장

ACCOUNTING

유동채권과 유동채무

1. 채권 · 채무의 발생원인
2. 채권 · 채무의 예시
3. 외상매출금
4. 받을어음, 지급어음
5. 기타 유동채권 · 채무
6. 요 약

화폐경제시대에 사는 우리는 유선전화 · 휴대폰의 통신서비스, 전기 · 가스 · 수도의 공공서비스, 인터넷 · 와이파이의 연결망서비스 등을 신용구입하고 있다. 대금은 이후 지정된 지급일에 자동이체, 인터넷금융, 휴대폰 결제, 지로용지 입금 등을 통해 결제된다. 용역(서비스)의 제공 후 현금회수까지 신용거래가 형성되는 것이다. 기업 간에는 용역뿐만 아니라 재화에 있어서도 신용거래를 하는 경우가 대부분이다. 판매기업은 신용기간을 정해 고객에게 재화나 용역을 제공하고 그 대가를 청구할 권리를 갖게 되는데, 이 권리를 통상 외상매출금(Accounts receivable)이라고 한다. 외상매출금(매출채권)은 현금지급청구권을 내용으로 하는 금전채권이다. 구매기업은 약정기일에 구매대금을 지급할 의무를 지는데, 이 의무를 통상 외상매입금(Accounts payable)이라고 한다. 외상매입금(매입채무)은 현금지급 의무를 내용으로 하는 금전채무이다.

채권은 거래상대방에게 일정 행위 또는 급부를 청구할 수 있는 권리이고, 채무는 거래상대방에게 일정 행위 또는 급부를 이행할 의무이다. 거래상대방 사이에 한쪽이 채권을 가지는 채권자이면, 다른 한쪽은 채무를 지는 채무자가 된다. 회계는 채권 · 채무의 범위를 좁혀 금전채권 · 채무만을 처리대상으로 한다. 금전채권은 유동채권과 비유동채권으로 나눌 수 있으며, 유동채권은 단기(통상 1년 이내)에 현금화되는 채권으로 유동자산에 속한다. 재고자산의 신용매출채권인 외상매출금과 받을어음이 유동채권의 주를 이루며, 둘을 합해 매출채권이라고 한다. 유동채무는 단기에 현금이 지출되어야 하는 채무로 재고자산의 신용매입채무인 외상매입금과 지급어음이 주를 이루며, 둘을 합해 매입채무라고 한다.

어음은 만기(지급일)에 원금(액면금액)을 지급받을 권리(금전채권)를 표창하는 유가증권을 뜻하며, 어음수표법상 약속어음과 환어음이 있다. 실제 거래에는 약속어음이 주로 사용된다. 판매기업이 판매대가로 받은 어음은 '받을어음'으로 자산처리하고, 구매기업이 구매대금으로 어음을 발행 · 교부하면 '지급어음'으로 부채처리한다. 회계의 계정명과 어음수표법의 명칭이 서로 다르다. 어음은 정해진 이자지급일의 이자지급을 수반한다.

이 장에서는 채권 · 채무의 발생원인, 채권 · 채무의 예시, 외상매출금, 받을어음, 지급어음, 기타 유동채권 · 채무의 순으로 유동채권과 유동채무를 살펴본다.

1 채권 · 채무의 발생원인

회계처리에서 채권, 채무 계정이 나타나는 이유는 회계가 발생주의를 적용해 거래를 인식하는 데 있다. 재화나 용역의 거래로 금전 수수의 권리의무가 발생하면 채권, 채무로 기록하는 것이다. 발생주의의 채권, 채무 내용을 정리하면 [그림 7-1]과 같다. 미지급비용, 미수수익, 선급비용, 선수수익은 그 자체의 계정 명칭이 없고 손익거래(수익, 비용 거래)나 그 전단계에서 등장하며, 미지급금, 미수금, 선급금, 선수금은 그 자체의 계정 명칭이 있으며 자본거래(자산, 부채, 자본 거래)에서 사용한다.

2 채권 · 채무의 예시

가. 미지급채무

미지급채무는 미지급비용과 미지급금으로 나누어 살펴볼 수 있다. 미지급비용은 미지급이자, 미지급운송비 등을 예로 들 수 있으며, 미지급금은 외상매입금,

그림 7-1 발생주의의 채권, 채무 내용

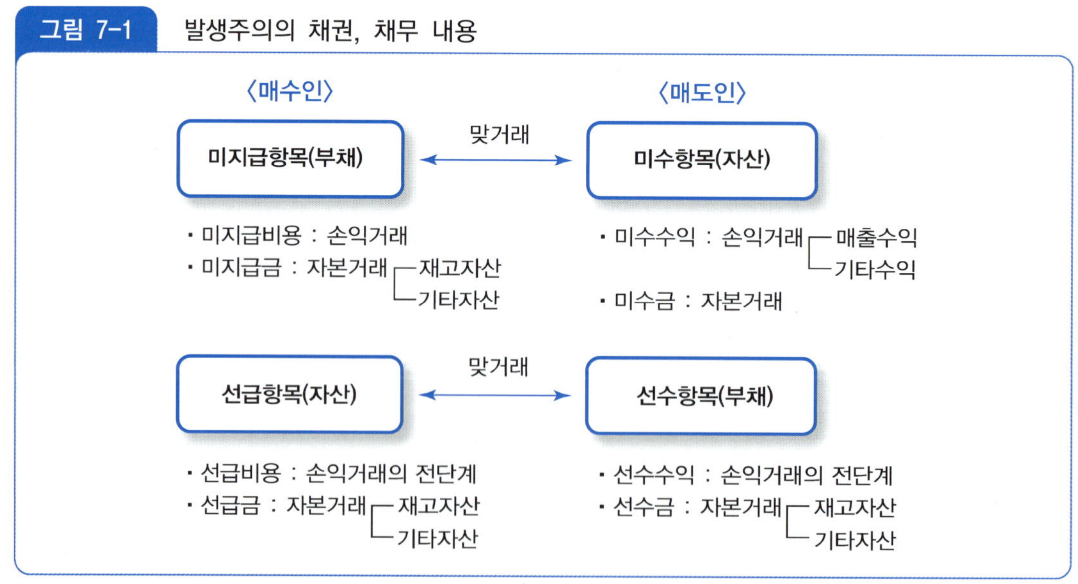

지급어음, 미지급금 등이 그 예에 해당한다. 미지급채무는 미래 시점에서의 현금 지출의무를 뜻하므로 부채에 해당한다.

(1) 미지급비용 : 손익거래에서 발생한다.

미지급비용의 회계처리를 예시하면 다음과 같다.

• ㈜큰꿈이 자금차입 대가인 이자비용 ₩5,000을 아직 현금지급하지 않았다.

(차) 이자비용	5,000	(대) 미지급이자(부채)	5,000

• ㈜큰꿈이 미지급이자 ₩5,000을 현금지급했다.

(차) 미지급이자	5,000	(대) 현 금	5,000

• ㈜큰꿈이 운송회사로부터 ₩1,000의 운송용역을 제공받았으나, 아직 현금지급하지 않았다.

(차) 운송비(비용)	1,000	(대) 미지급운송비(부채)	1,000

• ㈜큰꿈이 미지급운송비 ₩1,000을 현금지급했다.

(차) 미지급운송비	1,000	(대) 현 금	1,000

(2) 미지급금 : 자본거래에서 발생한다.

미지급금의 회계처리를 예시하면 다음과 같다.

• ㈜큰꿈이 ₩10,000의 재고자산을 신용매입했다.

(차) 재고자산(매입)	10,000	(대) 외상매입금(부채)	10,000

• ㈜큰꿈이 ₩10,000의 재고자산을 신용매입하고 액면가액 ₩10,000의 약속어음을 발행 · 교부했다.

(차) 재고자산(매입)	10,000	(대) 지급어음(부채)	10,000

외상매입금과 지급어음은 모두 재고자산의 매입에 따른 금전채무인 매입채

무에 해당한다.

• ㈜큰꿈이 ₩50,000의 기계를 신용구입했다.

(차) 기 계	50,000	(대) 미지급금(부채)	50,000

'외상매입금', '지급어음', '매입채무' 계정은 통상 '재고자산'의 신용거래에서 등장하고, 다른 자산의 신용구매는 '미지급금' 계정을 사용한다.

나. 선급채권

선급채권은 선급비용과 선급금으로 나누어 검토할 수 있다. 선급비용은 선급임차료, 선급보험료 등이 있으며, 선급금은 계약금이나 구입대금을 미리 지급할 때 등장하는 계정이다. 선급채권은 선급액에 해당하는 경제가치의 제공을 거래상대방에게 청구할 권리를 내포하고 상대방의 채무불이행 시 선급액을 돌려받을 수 있으므로 자산에 해당한다. 또는 선급액만큼의 현금지급 회피능력을 보유하므로 자산성을 지닌다고 할 수도 있다.

(1) 선급비용 : 손익거래의 전단계에서 발생한다.

선급비용의 회계처리를 예시하면 다음과 같다.

• ㈜큰꿈이 회계기간 시작점인 1.1. 1년분(12개월) 임차료 ₩12,000을 미리 지급했다.

(차) 선급임차료(자산)	12,000	(대) 현 금	12,000

• ㈜큰꿈이 1개월분 임차용역을 제공받은 시점인 1.31. 선급임차료 중 1개월분을 비용 인식했다.

(차) 임차료	1,000	(대) 선급임차료	1,000

(2) 선급금 : 자본거래에서 발생한다.

선급금의 회계처리를 예시하면 다음과 같다.

- ㈜큰꿈이 ₩20,000의 재고자산 매입계약을 체결하면서 계약금 ₩3,000을 지급했다.

(차) 선급금(자산)	3,000	(대) 현　금	3,000

- ㈜큰꿈이 ₩20,000의 재고자산을 인도받고 계약금을 뺀 나머지 매입대금은 신용으로 했다.

(차) 재고자산	20,000	(대) 선급금	3,000
		외상매입금	17,000

- ㈜큰꿈이 ₩20,000의 재고자산을 인도받고 계약금을 뺀 나머지 매입대금으로 약속어음을 발행·교부했다.

(차) 재고자산	20,000	(대) 선급금	3,000
		지급어음	17,000

- ㈜큰꿈이 계약금을 지급한 후 거래상대방의 물건 인도가 없어 계약을 해제했다. 계약을 해제해 계약이 원천무효되면 원상회복으로서 선급금을 돌려받을 수 있다.

(차) 현　금	3,000	(대) 선급금	3,000

- ㈜큰꿈이 ₩10,000의 기계구입계약을 체결하면서 계약금 ₩2,000을 지급했다.

(차) 선급금(자산)	2,000	(대) 현　금	2,000

- ㈜큰꿈이 ₩10,000의 기계를 인도받으면서 계약금을 뺀 나머지 대금은 신용으로 했다.

(차) 기　계	10,000	(대) 선급금	2,000
		미지급금	8,000

선급금은 그 액수에 상당하는 재화나 용역의 제공을 청구할 수 있는 권리가 내포되어 있고, 상대방의 귀책사유로 계약이 파기될 때 돌려받을 수 있는 가액이므로 자산에 해당한다.

다. 미수채권

미수채권은 미수수익과 미수금으로 나누어 검토할 수 있다. 미수수익은 외상매출금, 받을어음, 미수이자 등이 있으며, 미수금은 재고자산 이외의 자산을 신용매각할 때 등장하는 계정이다. 미수채권은 인도한 재화나 용역의 대가에 해당하는 경제가치의 지급을 거래상대방에게 청구할 수 있는 권리를 뜻하므로 자산에 해당한다.

(1) 미수수익 : 손익거래에서 발생한다.

미수수익의 회계처리를 예시하면 다음과 같다.

- ㈜대망(大望)이 재고자산을 ₩15,000에 매출하고 상대방으로부터 약속어음을 수취했다.

(차) 받을어음(자산) 15,000 (대) 매 출 15,000

- ㈜대망이 재고자산을 ₩15,000에 단순신용으로 매출했다.

(차) 외상매출금(자산) 15,000 (대) 매 출 15,000

받을어음과 외상매출금은 모두 매출로 인한 금전채권인 매출채권에 해당한다.

- ㈜대망이 거래처에 ₩20,000을 빌려준 후 3개월이 경과했다(이자율 연 6%).

(대여시점) (차) 대여금 20,000 (대) 현 금 20,000

(3개월 후)

이자를 현금지급받은 경우(이자수익은 경과한 대여기간에 비례해 실현된다)

(차) 현 금 300 (대) 이자수익 300

(₩20,000 × 0.06 × 3/12 = ₩300)

이자를 현금지급받지 못한 경우

(차) 미수이자(자산) 300 (대) 이자수익 300

미수이자를 현금지급받은 경우

(차) 현 금	300	(대) 미수이자	300

- 20×7.1.1. ㈜대망이 거래처에 ₩20,000을 2년간 대여하고 대여기간 동안 이자를 받기로 했다(이자율 6%, 이자지급일 매년 3.31., 9.30.).

20×7.3.31.	(차) 현 금	300	(대) 이자수익	300
9.30.	(차) 현 금	600	(대) 이자수익	600
12.31.	(차) 미수이자(자산)	300	(대) 이자수익	300
20×8.3.31.	(차) 현 금	600	(대) 미수이자	300
			이자수익	300

(20×7.3.31. ₩20,000×0.06×3/12
9.30. ₩20,000×0.06×6/12
12.31. ₩20,000×0.06×3/12)

(2) 미수금 : 자본거래에서 발생한다.

미수금의 회계처리를 예시하면 다음과 같다.

- ㈜대망이 장부가치 ₩5,000의 기계를 ₩7,000에 신용매각했다.

(차) 미수금(자산)	7,000	(대) 기 계	5,000
		기계처분이익(수익)	2,000

판매용 재고자산의 신용매출은 '외상매출금', '받을어음', '매출채권' 계정을 사용하고, 재산자산 외의 영업용 자산인 기계 등의 신용매각은 '미수금' 계정을 사용한다. 아직 받지 못한 이자수익은 '미수이자' 계정을 쓴다.

라. 선수채무

선수채무는 선수수익과 선수금으로 나누어 살펴볼 수 있다. 선수수익은 선수임대료, 선수보험료 등을 예로 들 수 있으며, 선수금은 계약금을 미리 받을 때 등장한다. 선수채무는 미리 받은 가액에 상당하는 재화나 용역을 제공할 의무를 내포하고, 채무불이행을 비롯한 귀책사유가 있을 때 돌려주어야 할 경제가치를 미리 받은 것이므로 부채에 해당한다.

(1) 선수수익 : 손익거래의 전단계에서 발생한다.

선수수익의 회계처리를 예시하면 다음과 같다.

- ㈜대망이 20×8.1.1. 12개월의 임대료 ₩12,000을 미리 지급받았다.

(차) 현 금	12,000	(대) 선수임대료(부채)	12,000

- ㈜대망이 1개월의 임대용역을 제공한 시점인 20×8.1.31. 1개월의 선수임대료를 임대료수익으로 인식했다.

(차) 선수임대료	1,000	(대) 임대료수익	1,000

- ㈜대망이 1개월이 지난 20×8.1.31. 임대차계약을 해지하고 남은 선수임대료를 돌려주었다(해지는 임대차와 같은 계속계약이 무효로 된 것을 뜻한다).

(차) 선수임대료	11,000	(대) 현 금	11,000

(2) 선수금 : 자본거래에서 발생한다.

선수금의 회계처리를 예시하면 다음과 같다.

- ㈜대망이 재고자산 매매계약을 체결하고 ₩2,000의 계약금을 받았다.

(차) 현 금	2,000	(대) 선수금(부채)	2,000

- ㈜대망이 상품(재고자산)을 고객에게 인도했다(판매대금 ₩10,000).

(차) 선수금	2,000	(대) 매 출	10,000
현금(외상매출금)	8,000		

- ㈜대망이 재고자산이 아닌 영업용 자산(예 : 기계)을 매각하기로 하고, 계약금 ₩2,000을 받았다.

(차) 현 금	2,000	(대) 선수금(부채)	2,000

• ㈜대망이 ₩25,000의 기계를 고객에 넘겨주었다(매각대금 ₩25,000).

(차) 선수금	2,000	(대) 기 계	25,000
현금(미수금)	23,000		

선급금과 선수금은 재고자산과 기타자산의 구별 없이 쓰이는 계정이다. 휴대폰 매매계약과 같은 일시계약의 채무불이행으로 인한 계약 무효를 해제라 하고, 임대차계약과 같은 계속계약의 채무불이행으로 인한 계약 무효는 해지라고 한다. 해제는 계약시점으로 거슬러 무효가 되는 소급효가 있으나, 해지는 해지시점부터 미래를 향해 무효가 된다는 점에서 다르다.

3 외상매출금

외상매출금은 재고자산이나 용역(서비스)을 신용매출함으로써 나타나는 유동자산 항목이다. 회계처리 경우의 수는 가. 발생 · 회수, 나. 기말평가, 다. 대손확정, 라. 대손확정 후 회수, 마. 대손충당금 계정 분석, 바. 외상매출금 매각 등으로 나누어 살펴볼 수 있다. 외상매출금은 현금지급청구권을 내용으로 하는 금전채권이며, 현금회수시점과 회수가능성은 외상매출금의 경제가치에 영향을 미치는 중요요소이다. 외상매출금의 계정잔액에서 회수불능액 추정치인 대손충당금을 차감한 가액을 외상매출금 장부가치(액)라고 한다.

가. 발생 · 회수

발생 · 회수의 회계처리를 예시하면 다음과 같다.

• ㈜도약이 재고자산(매입원가 : ₩2,000)을 ₩3,000에 신용매출했다(계속재고법).

(차) 외상매출금	3,000	(대) 매 출	3,000
매출원가	2,000	재고자산	2,000

- ㈜도약이 외상매출금 ₩3,000을 현금회수했다.

(차) 현 금	3,000	(대) 외상매출금	3,000

나. 기말평가

외상매출금 기말평가는 외상매출금의 회수가능성 정도를 추정하는 절차를 통해 이루어지며, 회수가능성은 미회수기간(나이계산)을 고려해 판단한다. 회수불가능액 추정은 경영자 책임이며, 추정방법의 하나인 (외상)매출액비율법은 회수경험과 현 경제여건을 고려해 회수불능으로 예측되는 외상매출금비율을 정하고, 미회수기간 경과에 따라 회수불능액 비율을 조정한다. 회수불능액 추정의 다른 방법인 나이(미회수기간)계산법[1]은 재무상태표일의 외상매출금 잔액에 초점을 맞추고, 잔액을 구성하는 계정들을 0～30, 31～60, 61～90, 91～120, 120 초과 등 미회수기간의 길이에 따라 분류하여 회수불가능성을 추정한다. 채권의 미회수기간이 길수록 회수불가능성이 커지는 경향이 있다. 회계처리를 예시하도록 한다.

- ㈜도약의 회계기간(20×6.1.1～20×6.12.31.) 말인 20×6.12.31.의 외상매출금 잔액 ₩10,000에 대해 대손(회수불능)액이 ₩1,000으로 추정되었다.

(차) 대손상각비	1,000	(대) 대손충당금	1,000

앞 분개의 '대손충당금' 계정은 자산인 외상매출금 가치를 감소시키는 평가계정의 기능을 하며, 대변에 적는다. 대손충당금을 설정해 외상매출금의 가치를 조정하는 방법을 간접상각법이라고 한다. 재무상태표는 외상매출금의 장부가치(외상매출금 잔액 − 대손충당금 잔액)를 보고한다. 회수불능이 확실해질 때까지 기다렸다가 대손이 확정되면, 외상매출금을 감소시키고(대변) 대손상각비를 인식하는(차변) 직접상각법이 있으나 사용빈도가 낮다. 대손상각비는 금전채권의 회수불능(자산감소)에 따라 발생하는 비용 항목이다.

---

1 연령분석법이라고도 한다.

다. 대손확정

대손추정된 외상매출금 중 전부 또는 일부가 회수불가능으로 결정되면, 이를 대손확정이라고 한다. ㈜도약의 20×6.12.31. 대손충당금 설정액이 ₩1,000인 상태에서 대손확정의 회계처리를 예시하도록 한다.

- 20×7.3.5. ㈜도약의 외상매출금 ₩500이 회수할 수 없는 것으로 확정되었다.

(차) 대손충당금	500	(대) 외상매출금	500

이 분개에서 대손상각비 계정은 등장하지 않는다. 외상매출금의 회수불가능에 대비해 설정한 대손충당금을 차변, 외상매출금을 대변에 적어 두 계정을 함께 감소시키는 분개를 하기 때문이다.

- 20×7.3.5. ㈜도약의 외상매출금 ₩1,100이 대손확정되었다면 그 분개는 다음과 같다.

(차) 대손충당금	1,000	(대) 외상매출금	1,100
대손상각비	100		

설정된 대손충당금을 초과하는 대손이 발생했으므로 초과분 ₩100만큼 대손상각비를 계상한다.

라. 대손확정 후 회수

대손확정 후 회수에 대한 회계처리를 예시하면 다음과 같다.

- 20×7.4.7. 대손확정된 ㈜도약의 외상매출금 ₩500 중 ₩300이 현금회수되었다.

(차) 현 금	300	(대) 대손충당금	300

- 20×7.4.7. 대손확정된 ㈜도약의 외상매출금 ₩1,100이 현금회수되었다면 그 분개는 다음과 같다.

(역분개)	(차) 외상매출금	1,100	(대) 대손충당금	1,000
			대손상각비	100
(회수분개)	(차) 현 금	1,100	(대) 외상매출금	1,100
(두 분개 통합)	(차) 현 금	1,100	(대) 대손충당금	1,000
			대손상각비	100

역분개는 이전 분개의 차, 대변을 바꾸어 적음으로써 이전 분개의 효력을 상쇄시키는 분개를 말한다.

마. 대손충당금 계정 분석

대손충당금은 회계기말 외상매출금 계정잔액의 회수불가능성을 추정할 때 등장하는 계정으로, 외상매출금의 경제가치를 감소시키는 평가계정이다. 대손충당금에 대한 거래와 회계처리를 예시하면 다음과 같다.

- ㈜도약의 20×7.1.1. 대손충당금 잔액이 ₩1,000인 상태에서 20×7년 중 외상매출금 ₩500이 대손확정되었다.

(차) 대손충당금	500	(대) 외상매출금	500

- 20×7.12.31. ㈜도약의 외상매출금 회수불능액이 ₩1,500으로 추정되었다.

(보충법)	(차) 대손상각비	1,000	(대) 대손충당금	1,000
	(추정치 ₩1,500의 부족분 ₩1,000을 추가설정한다)			
(총액법)	(차) 대손충당금	500	(대) 대손충당금환입	500
	대손상각비	1,500	대손충당금	1,500

보충법은 20×7.12.31. 추정된 대손액에서 대손충당금 이월잔액을 차감한 부족분만 추가로 설정하는 방법이고(앞 예의 ₩1,000 = ₩1,500 − ₩500), 총액법은 대손충당금 이월잔액을 불러들인 후, 새로운 추정액 전부에 대해 대손충당금을 설정하는 방법이다. 당기순이익에 미치는 영향은 두 방법 간에 차이가 없으나 보충

법을 주로 쓴다. 보충법으로 앞 거래자료가 반영된 대손충당금 T-계정을 제시하면 다음과 같다. 당기의 대손추정액은 ₩1,500이지만 대손상각비는 ₩1,000인 점을 유의해야 한다.

대손충당금

차변		금액	일자	적요	금액
외상매출금(대손확정)		500	20×7.1.1.	전기이월	1,000
20×7.12.31.	차기이월	1,500	20×7.12.31.	대손상각비	1,000
		2,000			2,000
			20×8.1.1	전기이월	1,500

바. 외상매출금 매각

회수불능액의 추정이 심각한 문제로 드러나는 사례는 외상매출금이 매각(Factoring)되었을 때이다. 현금회수를 위해 기업은 외상매출금을 매각할 수 있는데, 팩토링이 담보자산 없이 이루어지면 외상매출금 구매자는 회수불능의 모든 위험을 부담하게 된다. 이때 무담보 외상매출금의 매각가치는 장부가치보다 낮은 할인된 가액으로 형성되는 것이 보통이며, 이 할인은 이자효과가 아니라 회수불가능성이 고려된 것이다. 담보부 팩토링은 구매자에게 외상매출금의 회수불능에 대비한 구상청구권을 부여하는 효과를 가진다. 회계처리를 예시하도록 한다.

• ㈜도약이 ₩2,000의 외상매출금을 ₩1,650에 매각했다.

(차) 현　금	1,650	(대) 외상매출금	2,000
팩토링수수료(비용)	350		

복습문제

A. 미지급비용, 선급비용, 미수수익, 선수수익의 예를 하나씩 들어라.

B. 대손충당금의 성격과 설정방법을 설명하라.

C. 회계기말 외상매출금의 회수불능액 추정방법을 설명하라.

4 받을어음, 지급어음

재화나 용역의 판매대금을 유가증권인 어음으로 받을 때의 어음이 받을어음(자산)이며, 구매대금으로 어음을 발행·교부할 때의 어음은 지급어음(부채)이다. 어음은 만기(지급일)에 일정 금액을 지급받을 권리(금전채권)를 표창하는 유가증권이다. 유가증권은 유통성이 보장된다.

어음에는 어음수표법의 환어음, 약속어음의 분류 외에 상업어음(진성어음), 융통어음, 기업어음의 분류도 있다. 환어음은 발행인과 지급인이 다른 어음이고, 약속어음은 발행인과 지급인이 동일한 어음이다. 실제 거래는 약속어음이 주를 이룬다. 상업어음은 상거래가 바탕이 된 어음으로 진성어음이라고 하는데, 회계에서의 받을(지급)어음은 상업어음을 뜻한다. 융통어음은 신용제공에 쓰이는 어음이고, 기업어음은 기업이 자금을 차입하면서 발행·교부하는 어음이다. 액면가액과 이자가 어음면상에 각각 표시된 어음이 이자부어음이며, 무이자부어음은 이자가 액면가액에 포함되어 있는 어음이다.

상업어음에 해당하는 받을어음의 회계처리 경우의 수는 외상매출금과 유사하게 가. 발생·회수·유통, 나. 기말평가, 다. 대손확정, 라. 대손확정 후 회수, 마. 대손충당금 계정, 바. 어음할인으로 나누어 검토할 수 있다. 받을어음은 외상매출금과 함께 매출채권에 속하며, 받을어음의 회계처리는 이자수익, 미수이자, 어음할인의 계정을 수반하는 점이 외상매출금과 다르다.

가. 발생·회수·유통

어음의 발생·회수·유통에 대한 회계처리를 예시하면 다음과 같다.

• ㈜도약이 물건 판매의 대가로 ₩1,200의 약속어음을 받았다.

(수취 측)	(차) 받을어음(자산)	1,200	(대) 매 출	1,200
(지급 측)	(차) 재고자산	1,200	(대) 지급어음(부채)	1,200

• ㈜도약이 연이율 5%로 3개월 후 약속어음의 원리금을 현금회수했다.

(수취 측)	(차) 현 금	1,215	(대) 받을어음	1,200
			이자수익	15

이자 = ₩1,200 × 0.05 × 3/12 = ₩15

(지급 측)	(차) 지급어음	1,200	(대) 현 금	1,215
	이자비용	15		

- ㈜도약이 ₩1,200의 재고자산을 매입하면서 보유 중인 ₩1,200의 받을어음을 양도했다.

(양도 측)	(차) 재고자산	1,200	(대) 받을어음	1,200
(양수 측)	(차) 받을어음	1,200	(대) 매 출	1,200

나. 기말평가

받을어음에 대한 기말평가의 회계처리를 예시하면 다음과 같다.

- 20×7.10.1. ㈜도약이 거래처에 ₩20,000의 매출을 하고 만기 1년의 약속어음을 받았다(이자율 6%, 이자지급일 매년 3.31., 9.30.).

20×7.10.1.	(차) 받을어음	20,000	(대) 매 출	20,000
12.31.	(차) 미수이자	300	(대) 이자수익	300

미수이자 = ₩300(₩20,000 × 0.06 × 3/12)

- 20×7.12.31. ㈜도약이 받을어음의 대손액을 ₩5,300으로 추정했다(원금 ₩5,000 + 미수이자 ₩300).

(차) 대손상각비	5,300	(대) 대손충당금	5,300

다. 대손확정

받을어음에 대한 대손확정의 회계처리를 예시하면 다음과 같다.

- 20×8.2.8. ㈜도약의 받을어음 ₩5,000, 미수이자 ₩300이 대손확정되었다.

(차) 대손충당금	5,300	(대) 받을어음	5,000
		미수이자	300

라. 대손확정 후 회수

받을어음의 대손확정 후 회수에 대한 회계처리를 예시하면 다음과 같다.

• 20×8.9.30. ㈜도약이 대손확정액(원금 ₩5,000 + 미수이자 ₩300)을 포함해 받을어음 ₩20,000, 이자 ₩1,200을 현금회수했다.

(차) 현　금	21,200	(대)	받을어음	15,000
			대손충당금	5,300
			이자수익	900

마. 대손충당금 계정

받을어음에 대한 대손충당금의 성격이나 설정방법은 외상매출금과 동일하며, 계상된 미수이자에 대해서도 회수불가능성을 추정한다(나. 기말평가 참조).

• ㈜도약의 20×8.1.1. 대손충당금 이월잔액이 ₩1,500이고, 20×8년 동안의 받을어음 대손확정액이 ₩700, 20×8.12.31. 대손추정액이 ₩1,600이다.

(대손확정)	(차) 대손충당금	700	(대) 받을어음	700

(20×8.12.31. 대손충당금 설정, 보충법에 따른다)

	(차) 대손상각비	800	(대) 대손충당금	800

대손충당금

받을어음(대손확정)		700	20×8.1.1.	전기이월	1,500
20×8.12.31.	차기이월	1,600	20×8.12.31.	대손상각비	800
		2,300			2,300
			20×9.1.1.	전기이월	1,600

바. 어음할인

받을어음은 금융기관에 매각하거나 추심위탁을 할 수 있다. 받을어음의 매각은 회수불가능 정도에 따라 할인된 가액으로 이루어지며, 추심위탁의 경우는 추심수수료를 지급하게 된다. 회계처리를 예시하도록 한다.

- ㈜도약이 ₩20,000의 받을어음을 ₩18,200에 매각(추심위탁)했다.

(차) 현 금	18,200	(대) 받을어음	20,000
어음할인료(어음추심료)	1,800		

사. 융통어음

재화나 용역의 거래대가가 아니라 신용제공에 쓰이는 어음을 융통어음이라고 한다. 회계처리를 예시하도록 한다.

- B사가 C사로부터 ₩1,200의 재고자산을 매입하면서 A사가 B사에 발행·교부한 약속어음을 양도했다(A사가 B사에게 신용을 제공한 것이다).

(C사 분개)

(차) 받을어음	1,200	(대) 매 출	1,200 (B에게 매출 시)
현 금	1,200	받을어음	1,200 (A로부터 현금수취 시)

(A사 분개)

(차) 대여금	1,200	(대) 융통어음	1,200 (융통어음 발행·교부 시)
융통어음	1,200	현 금	1,200 (C에 현금지급 시)
현 금	1,200	대여금	1,200 (B로부터 현금수취 시)

(B사 분개)

(차) 융통어음	1,200	(대) 차입금	1,200 (융통어음 수취 시)
재고자산	1,200	융통어음	1,200 (C로부터 매입 시)
차입금	1,200	현 금	1,200 (A에 현금상환 시)

C사는 상거래의 대가로 A사가 발행한 약속어음을 수취했으므로 '받을어음' 계정을 사용한다. 반면 A사와 B사 간에는 상거래가 없으므로 '대여금', '차입금', '융통어음' 계정을 쓴다. '융통어음' 계정은 일시적으로 사용하는 계정이다.

아. 기업(금융)어음

기업이 자금을 빌려 쓸 목적으로 발행・교부하는 어음을 기업어음이라고 한다. 회계처리를 예시하도록 한다.

• ㈜첫걸음이 ₩1,200의 자금을 빌리면서 채권자에게 기업어음을 발행・교부했다.

(발행・교부기업)	(차) 현 금	1,200	(대) 차입금	1,200
(채권자)	(차) 대여금	1,200	(대) 현 금	1,200

5 기타 유동채권・채무

기타 유동채권・채무는 가지급금, 가수금, 예수금 등이 있다.

가. 가지급금, 가수금

가지급금과 가수금은 현금지급액과 현금수취액의 계정명이 밝혀지지 아니한 경우에 일시적으로 사용하는 계정이다. 회계처리를 예시하도록 한다.

• ㈜첫걸음에서 현금지급한 ₩1,000의 거래원인이 미확인되었다.

(원인 미확인시)	(차) 가지급금(자산)	1,000	(대) 현 금	1,000
(원인 확인시)	(차) 차입(대여)금	1,000	(대) 가지급금	1,000

• ㈜첫걸음에서 현금수취한 ₩1,000의 거래원인이 미확인되었다.

(원인 미확인시)	(차) 현 금	1,000	(대) 가수금(부채)	1,000
(원인 확인시)	(차) 가수금	1,000	(대) 대여(차입)금	1,000

나. 예수금

예수금은 잠시 보관 중인 타인에게 지급할 현금을 말하며, 부채에 해당한다.

회계처리를 예시하도록 한다.

• 임직원의 급여 ₩2,000에서 ₩250의 소득세 원천징수액을 차감한 ₩1,750을 현금지급했다. 원천징수는 소득지급자가 세무서를 대신해 소득자에게 지급할 소득에서 소득자의 세금을 징수해 납부하는 것을 말한다.

(원천징수 시)	(차) 급 여	2,000	(대) 현 금	1,750
			소득세예수금	250
(소득세납부 시)	(차) 소득세예수금	250	(대) 현 금	250

복습문제

A. 받을어음 보유 시 미수이자가 발생하는 이유는 무엇인가?

B. 받을(지급)어음과 융통어음의 차이를 설명하라.

6 요 약

외상매출금과 받을어음 등 매출채권은 발생주의 회계의 신용거래에서 등장하는 계정이며, 현금회수시점과 회수불가능성은 그 경제가치에 중요한 영향을 미친다. (외상)매출액비율법과 나이(미회수기간)계산법을 통해 추정된 회수불가능액은 대손충당금 계정으로 처리되며, 외상매출금과 받을어음의 장부가치에 반영된다. 대손충당금은 매출채권(외상매출금과 받을어음)의 평가계정으로 자산감소항목이다. 외상매출금은 이자를 수반하지 않지만, 받을어음은 이자를 내포한다. 어음을 받은 매출기업은 받을어음(자산) 계정을 설정하고, 어음을 발행·교부한 매입기업은 지급어음(부채) 계정을 설정한다.

재무분석에 자주 쓰이는 외상매출금(매출채권) 분석비율은 외상매출금(매출채권)회전율을 들 수 있다. 외상매출금회전율은 외상매출금을 순매출액과 비교해 회전율의 관점에서 영업성과를 평가하는 지표이며, 순매출액을 평균 외상매출금 {(기초외상매출금 + 기말외상매출금) ÷ 2}으로 나눈 수치이다. 외상매출금회전율은 외상매출금의 현금화 속도(현금전환에 걸리는 시간)를 뜻한다.

주요용어

- 외상매출금 : 신용판매한 기업은 고객에게 판매대금을 청구할 권리를 갖게 되는데, 이 권리를 통상 외상매출금이라고 한다. 외상매출금은 현금지급청구권을 내용으로 하는 금전채권이다.
- 외상매입금 : 재고자산을 신용매입한 기업은 매입대금을 지급할 의무를 지는데, 이 금전채무를 통상 외상매입금이라고 한다.
- (외상)매출액비율법 : 회수경험과 현 경제여건을 고려해 회수불능으로 예측되는 외상매출금의 비율을 정하는 방법이다.
- 나이(미회수기간)계산법 : 재무상태표일의 외상매출금 잔액을 구성하는 계정들을 미회수기간의 길이에 따라 분류하여, 회수불가능성을 추정하는 방법이다.
- 대손충당금 : 회계기말 외상매출금 계정잔액의 회수불가능성을 추정할 때 등장하며, 외상매출금의 경제가치를 감소시키는 평가계정이다.
- 팩토링 : 외상매출금의 매각을 뜻하며, 무담보 외상매출금의 매각가치는 회수불능의 위험 때문에 장부가치보다 낮은 할인된 가액인 것이 보통이다.
- 받을어음, 지급어음 : 재화나 용역의 판매대금을 유가증권인 어음으로 받을 때의 어음이 받을어음(자산)이며, 구매대금으로 어음을 발행·교부할 때의 어음은 지급어음(부채)이라고 한다.
- 이자부어음, 무이자부어음 : 액면가액과 이자가 어음면상에 각각 표시된 어음이 이자부어음이며, 무이자부어음은 이자가 액면가액에 포함되어 있는 어음이다.
- 어음할인 : 금융기관에 어음을 매각하거나 추심위탁을 할 때 회수불가능 정도에 따라 어음액면가액에 밑도는 어음할인이 나타난다.
- 융통어음 : 재화나 용역의 거래대가가 아니라 신용제공에 쓰이는 어음이다.
- 기업(금융)어음 : 기업이 자금을 빌려 쓸 목적으로 채권자에게 발행·교부하는 어음이다.
- 가지급금, 가수금 : 현금지급액과 현금수취액의 계정명이 밝혀지지 아니한 경우에 일시적으로 사용하는 계정이다.
- 예수금 : 잠시 보관 중인 타인에게 지급할 현금을 말하며, 부채에 해당한다. 소득세예수금을 그 예로 들 수 있다.

연습문제

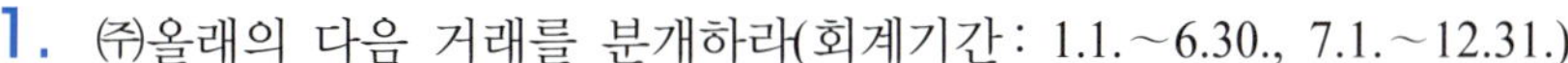

1. ㈜올래의 다음 거래를 분개하라(회계기간: 1.1.~6.30., 7.1.~12.31.)

(1) 20×8.3.1. ㈜올래가 ㈜갈래에 ₩30,000의 매출을 하고 ㈜갈래가 발행한 약속어음을 받았다. 어음만기는 20×9.3.1., 연 이자율은 4%, 이자지급일은 8.31., 2.28.이다.

(2) 20×8.6.30. ㈜올래가 미수이자를 계상하였다.

(3) 20×8.6.30. ㈜올래가 ₩10,400(원금 ₩10,000+미수이자 ₩400)의 대손충당금을 설정했다.

(4) 20×8.8.28. ㈜올래의 미수이자 ₩400과 받을어음 ₩10,000의 대손이 확정되었다.

(5) 20×8.9.27. 20×8.8.28.에 대손확정처리했던 받을어음 원금과 미수이자가 현금회수되었다.

2. ㈜홍련암의 외상매출금 자료가 다음과 같다.

	20×7.12.31.	20×8.12.31.
외상매출금	₩40,000	₩50,000
대손충당금	2,000	3,000
외상매출금순액(장부가치)	₩38,000	₩47,000

문

(1) 20×8.3.9. ㈜홍련암의 외상매출금 ₩2,000이 대손확정되었다. 이에 대한 분개를 하라.

(2) 20×8.5.8. 위 대손확정된 외상매출금 중 ₩1,000의 현금회수가 있었다. 이에 대한 분개를 하라.

(3) (1)번과 (2)번의 회계처리를 전제로 20×8.12.31.의 대손충당금 설정 분개를 하라(대손충당금 설정은 보충법에 따른다).

(4) ㈜홍련암의 20×8년 대손상각비는 얼마인가?

3. ㈜파이의 20×7년말 외상매출금 계정잔액이 ₩10,000이고, 외상매출금의 미회수기간에 따른 대손충당금 설정액은 ₩1,000이다. 20×8년의 영업자료는 다음과 같다.

- 20×8.5.16. 매입원가 ₩3,000의 재고자산을 ₩5,000에 신용매출했다.
- 20×8.7.15. 전기말 외상매출금 ₩10,000 중 ₩8,000이 회수되고 ₩1,000이 대손확정되었다.
- 20×8.11.27. 대손확정된 외상매출금 중 ₩500이 현금회수되었다.

문

(1) ㈜파이의 20×8.12.31. 외상매출금 계정잔액은 얼마인가?

(2) ㈜파이의 20×8.12.31. 외상매출금의 대손추정액이 ₩800일 경우, 20×8년에 인식된 대손상각비는 얼마인가? 대손충당금 설정은 보충법에 따른다.

(3) ㈜파이의 20×8.12.31. 외상매출금 장부가치는 얼마인가?

4. A가 B에게 신용을 제공하기 위해 약속어음을 B에게 발행 · 교부했고(A와 B의 상거래는 없었다), B는 A가 발행 · 교부한 어음을 C에게 양도하고 C로부터 재고자산을 매입했다(어음금액은 ₩10,000이고 B와 C의 거래금액도 동일하다). 그 후 A는 C에게 어음금 ₩10,000을 현금지급하고, B는 A에게 A의 C에 대한 어음금 지급액을 상환했다.

문

(1) 위의 연속된 거래에 대해 C 입장에서 분개하라.

(2) 위의 연속된 거래에 대해 A 입장에서 분개하라.

5. 20×6.12.31. ㈜갯벌의 외상매출금 미회수기간(나이계산)에 근거한 외상매출금 장부가치는 ₩43,000이었다. 추가 정보는 다음과 같다.

20×6.1.1. 대손충당금 잔액	₩ 2,100
20×6년 중 대손확정액(감소된 대손충당금)	1,150
20×6년 중 대손확정 후 현금회수액(대손충당금 증가)	150
20×6.12.31. 외상매출금 계정잔액	47,000

대손충당금은 보충법으로 설정한다.

문

(1) 20×6.12.31.에 계상될 ㈜갯벌의 대손상각비는 얼마인가?

(2) (1)의 대손상각비 분개를 하라.

6. 다음 정보는 ㈜개골의 20×6년 외상매출금 관련 정보이다.

20×6.1.1. 외상매출금	₩ 72,000
20×6년의 신용매출	350,000
20×6년의 매출에누리및환입	8,300
20×6년의 상각액(대손확정)	4,100
20×6년의 외상매출금 현금회수액	212,000
20×6.12.31. 외상매출금의 회수불능액 추정치	15,000

문

(1) ㈜개골의 20×6.12.31. 외상매출금 계정잔액은 얼마인가?

(2) ㈜개골의 20×6.12.31. 외상매출금 회수불능액 추정에 대한 분개를 하라.

7. ㈜탐라는 20×7.9.5. ㈜윗세오름과 재고자산 1,000단위(단위당 ₩100)의 판매계약을 맺었다. 600단위는 20×7.12.7.에 배달했고, 400단위는 20×8.3.7.에 배달했다. 전체 판매대금의 지급과 수취는 계약 시 40%, 첫 배달 시 30%, 둘째 배달 시 30% 비율로 이루어졌다.

문

(1) ㈜탐라의 계약 시, 첫 배달 시, 둘째 배달 시의 분개를 각각 하라.

(2) ㈜탐라가 20×8년에 인식해야 할 수익은 얼마인가?

(3) ㈜윗세오름의 계약 시, 첫 배달 시, 둘째 배달 시의 분개를 각각 하라(㈜윗세오름의 자산매입은 판매목적용이다).

8. 20×7.12.31. ㈜삼각산의 조정후 시산표 일부 자료가 다음과 같다.

외상매입금	₩15,000
지급어음(만기 : 20×8.2.28.)	8,500
미지급배당금(지급일 : 20×8.3.2.)	3,100
지급어음(만기 : 20×9.4.5.)	2,800
사채(만기 : 3년 후)	13,000

문

20×7.12.31. ㈜삼각산의 재무상태표에 계상될 유동채무(부채)는 얼마인가?(1년 기준)

9. ㈜인수봉은 주문가구제조업체로서 주문대금을 미리 받고(선수) 있다. 20×9년의 주문내역이 다음과 같다. ㈜인수봉은 매출에누리및환입 계정을 설정한다.

20×9.1.1. 고객주문잔액	₩219,000
20×9년의 주문액	257,000
20×9년의 주문이행액	313,400
20×9년의 주문취소액	94,800
20×9년의 매출에누리및환입액	13,700

문

(1) ㈜인수봉의 20×9.12.31. 재무상태표에 보고될 선수금(선수매출)잔액은 얼마인가?

(2) ㈜인수봉의 20×9년 주문이행에 대한 분개를 하라.

(3) ㈜인수봉의 20×9년 매출에누리및환입에 대한 분개를 하라.

10. ㈜노고단의 급여에 대한 다음 자료로 물음에 답하라. 급여지급액은 전기 미지급급여 외 당기 선급급여, 당기발생 급여 중 일부에 대한 것이다.

	20×8.12.31.	20×9.12.31.
선급급여	₩35,000	₩ 42,000
미지급급여	46,000	?
20×9년의 급여비용 발생액		528,000
20×9년의 급여지급액		497,500

문

(1) ㈜노고단의 20×9년 급여지급액 중 20×9년에 발생한 급여에 대해 지급된 액수는 얼마인가?
(2) ㈜노고단의 20×9년 미지급급여는 얼마인가?
(3) ㈜노고단의 20×9년 미지급급여에 대한 분개를 하라.

11. ㈜집선봉은 2/15, n/30 조건의 신용거래를 통해 매출을 하는 도매가게이다. 상당수의 고객은 할인매입을 이용하는 것으로 파악되었다. 20×8.12.31. 외상매출금(받을어음) 계정잔액과 회수가능성 추정치가 다음과 같을 때, 물음에 답하라.

미회수기간(나이)	계정잔액	회수가능추정치
0~15일	₩ 70,000	100%
16~30일	40,000	90%
31~60일	8,000	85%
61~90일	4,000	80%
90일 초과	1,500	₩300
	₩123,500	

문

(1) 20×8.12.31. ㈜집선봉이 재무상태표에 계상할 대손충당금은 얼마인가?
(2) 0~15일의 외상매출금 회수에 대한 ㈜집선봉의 분개를 하라(매출할인 계정을 설정한다).

연습문제 해답

1. (1) (차) 받을어음 30,000 (대) 매 출 30,000
   (2) (차) 미수이자 400 (대) 이자수익 400
   (₩30,000 × 0.04 × 4 ÷ 12 = ₩400)
   (3) (차) 대손상각비 10,400 (대) 대손충당금 10,400
   (4) (차) 대손충당금 10,400 (대) 받을어음 10,000
   미수이자 400
   (5) (차) 현 금 10,400 (대) 대손충당금 10,400

2. (1) (차) 대손충당금 2,000 (대) 외상매출금 2,000
   (2) (차) 현 금 1,000 (대) 대손충당금 1,000
   (3) (차) 대손상각비 2,000 (대) 대손충당금 2,000
   (4) ₩2,000

3. (1) 전기말 외상매출금 중 미회수분 ₩1,000 + 당기 외상매출금 ₩5,000 = ₩6,000
   (2) ₩800 − ₩500 = ₩300(대손확정된 외상매출금 중 ₩500이 현금회수되었으므로 20×7.12.31. 설정된 대손충당금 중 ₩500은 20×8.12.31.까지 그대로 유지된다)
   (3) ₩6,000 − ₩800 = ₩5,200

4. (1) C 입장
   (B에게 매출) (차) 받을어음 10,000 (대) 매 출 10,000
   (A의 어음결제) (차) 현 금 10,000 (대) 받을어음 10,000
   (2) A 입장
   (B에게 어음발행) (차) 대여금 10,000 (대) 융통어음 10,000
   (C에게 현금지급) (차) 융통어음 10,000 (대) 현 금 10,000
   (B로부터 현금수취)(차) 현 금 10,000 (대) 대여금 10,000

5. (1) ₩2,100 − ₩1,150 + ₩150 = ₩1,100(조정전 대손충당금잔액)
   ₩4,000(₩47,000 − ₩43,000)(조정후 대손충당금잔액) − ₩1,100
   = ₩2,900(당기 대손충당금 설정액)
   (2) (차) 대손상각비 2,900 (대) 대손충당금 2,900

6. (1) ₩72,000 + ₩350,000 − ₩8,300 − ₩4,100 − ₩212,000 = ₩197,600

(2) (차) 대손상각비 15,000 (대) 대손충당금 15,000

7. (1)

(계약 시)	(차) 현 금	40,000	(대) 선수금	40,000
(첫 배달 시)	(차) 현 금	30,000	(대) 매 출	60,000
	선수금	30,000		
(둘째 배달 시)	(차) 현 금	30,000	(대) 매 출	40,000
	선수금	10,000		

(2) ₩40,000

(3)

(계약 시)	(차) 선급금	40,000	(대) 현 금	40,000
(첫 배달 시)	(차) 재고자산	60,000	(대) 선급금	30,000
			현 금	30,000
(둘째 배달 시)	(차) 재고자산	40,000	(대) 선급금	10,000
			현 금	30,000

8. ₩15,000 + ₩8,500 + ₩3,100 = ₩26,600

9. (1) ₩219,000 + ₩257,000 − ₩313,400 − ₩94,800 = ₩67,800

(2) (차) 선수금(선수매출)(부채) 313,400 (대) 매 출 313,400

(3)

(기중)	(차) 매출에누리및환입	13,700	(대) 현 금	13,700
(기말)	(차) 매 출	13,700	(대) 매출에누리및환입	13,700
(최종 분개)	(차) 매 출	13,700	(대) 현 금	13,700

10. (1) 20×9년 급여지급액 ₩497,500 − 20×8.12.31. 미지급급여 ₩46,000 − 20×9.12.31. 선급급여 ₩42,000 = ₩409,500

(2) 20×9년 미지급급여 = 20×9년 급여비용 발생액 ₩528,000 − 20×9년 현금지급된 급여비용 ₩409,500 − 20×8.12.31. 선급급여 ₩35,000 = ₩83,500

(3) (차) 급 여 83,500 (대) 미지급급여 83,500

11. (1) (₩40,000 × 0.1) + (₩8,000 × 0.15) + (₩4,000 × 0.2) + ₩1,200 = ₩7,200

(2)

(차) 현 금	68,600	(대) 외상매출금	70,000
매출할인	1,400		

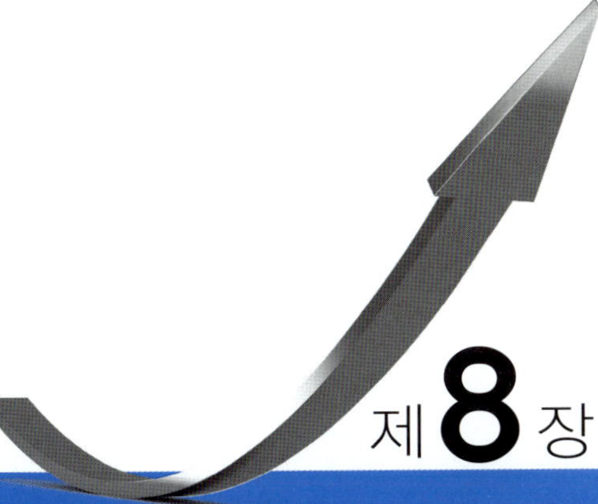

제 8 장

ACCOUNTING

재고자산

1. 재고자산의 회계처리
2. 요 약

재고자산은 경제주체가 일정 목적에 쓰기 위해 창고에 보관, 비축하고 있는 자산을 말한다. 정부나 지자체의 농산물 저장, 염화칼슘 비축, 생선가게의 수산물 냉동보관, 전자제품 가게의 컴퓨터 · 냉장고 · 휴대폰 보유 등이 그 예에 해당한다. 기업은 판매목적 자산의 고갈로 원가나 손실이 추가되는 위험을 줄이기 위해 재고자산을 보유하게 된다. 제때 소비하지 못한 고객의 불만, 공급물량 부족이 가져오는 매출지체, 원재료 소진에서 나타나는 생산차질 원가 등은 기업의 수익성을 악화시킨다. 제조기업은 완제품 외에 다단계 생산공정의 원만한 진행을 위해 원재료, 재공품의 재고자산도 보유한다.

재고자산 관리(저장, 보관, 보존)는 저장원가, 원상유지원가, 재산세, 보험료 등의 경제가치 투입을 유발하고, 재고자산의 확보, 관리에 묶인 자금은 은행이자수익이나 다른 투자수익의 획득기회를 잃게 하면서, 그만큼 추가적인 기회원가를 부담하게 한다. 훼손, 도난당하거나 유행에 뒤떨어진 재고자산이 발생할 수도 있다. 재고자산은 한편으로 수요이탈, 공급부족, 생산차질의 원가를 줄이는 기능을 하지만, 다른 한편으로 재고관리원가, 주문원가, 기회원가를 늘리는 양면성을 지닌다. 경영자는 이 세 가지 원가발생의 위험을 비교해 최적의 재고자산 유지 · 관리정책을 마련해야 한다.

최근 비약적으로 발전된 수요예측방법(예 : 빅데이터), 제조기술, 재고관리방법에 힘입어 재고보유수준을 대폭 줄일 수 있게 되었으나(예 : 적시시스템), 모든 재고자산의 보유량을 0으로 할 수 있을지는 미지수이다. 대다수 기업에서 재고자산은 앞으로도 상당기간 주요 자산으로서의 위치를 고수할 것으로 보인다.

회계, 컨설팅, 법률 기업에서의 미회수된 서비스대금은 지속적인 관리가 필요하다는 점에서 재고자산과 유사한 점이 있다. 신용거래를 하는 기업의 재고자산 관리는 재고자산 매매와 연결되어 유동채권(예 : 외상매출금)과 유동채무(예 : 외상매입금)의 관리에도 영향을 미친다.

1 재고자산의 회계처리

판매가 주된 영업활동인 판매(상)기업의 재고자산은 '판매목적자산'으로 정의할 수 있다. 재고자산은 통상 1년 내에 팔리지만, 부동산매매업에서의 건물이나 토지와 같이 1년을 초과해 보유하는 재고자산도 있다. 부동산매매업은 재고자산 획득에서 현금회수까지의 영업순환주기가 1년을 초과하는 셈이다. 제품제조를 하는 제조(공)기업은 판매목적자산인 완제품 외에 원재료나 가공 중인 재공품도 재고자산으로 보유한다.

재고자산에 관한 회계처리 경우의 수는 가. 재고자산의 발생 · 소멸, 나. 재고자산과 매출원가, 다. 기말재고자산평가(자산가치평가)로 나누어 살펴볼 수 있으며, 기말재고자산평가는 (1) 재고자산 자체의 가액평가(단위가격×수량=재고자산가액), (2) 수량감소, 가치감소, (3) 재고자산 오류의 특성, (4) 소유권 문제(재고자산은 '물권')를 내용으로 한다.

가. 재고자산의 발생 · 소멸

재고자산 계정은 해당 자산을 취득할 때 등장한다. 전기에 팔리지 않은 기초재고자산과 당기 취득(매입, 제조)한 재고자산을 합한 판매가능재고자산은 당기에 판매된 자산과 판매되지 않은 기말재고자산으로 나뉘며, 당기에 판매된 자산의 취득원가를 매출원가(비용)라고 한다. 기말재고자산과 매출원가 사이에는 매출원가가 산출되면 기말재고자산도 정해지고, 기말재고자산이 산정되면 매출원가도 구해지는 시소관계가 성립된다.

기말재고자산과 매출원가의 산출방법은 계속재고법과 기말재고법[1]이 있다. 어느 방법을 택하는가에 따라 재고자산 매입과 매출원가 산정의 회계처리가 달라진다. 계속재고법은 매출할 때마다 매출원가와 그때의 재고자산을 산정하는 데 반해, 기말재고법은 기말에 당기 매출원가와 기말재고자산액을 한꺼번에 산출한다. 계속재고법은 기말재고법에 비해 기록원가가 더 투입되지만, 컴퓨터 등 기

1 계속재고법은 계속기록법, 기말재고법은 실지재고조사법이라고도 한다.

록 · 기억 기술의 발달로 계속재고법의 사용이 이전보다 용이해졌다.

계속재고법과 기말재고법의 회계처리를 비교, 설명하기로 한다.

- ㈜풍악산이 ₩3,000의 재고자산을 신용매입했다.

(계속재고법)	(차) 재고자산(상품)	3,000	(대) 외상매입금	3,000
(기말재고법)	(차) 매 입	3,000	(대) 외상매입금	3,000
	(재고자산 대신 매입 계정을 쓴다)			

재고자산을 판매하면 재고자산의 소유권이 바뀌어 매출기업의 재고자산은 매입자에게 인도된다. 계속재고법과 기말재고법에 의한 회계처리는 다음과 같다.

- ㈜풍악산이 매입한 ₩1,500의 재고자산을 ₩2,800에 신용매출했다.

(계속재고법)	(차) 외상매출금	2,800	(대) 매 출	2,800
	매출원가	1,500	재고자산	1,500
(기말재고법)	(차) 외상매출금	2,800	(대) 매 출	2,800
	(매출원가는 기말에 한꺼번에 계상한다)			

나. 재고자산과 매출원가

원가(Costs)는 재화나 용역을 취득(창출)하기 위해 투입된 경제가치의 화폐평가액이며, 매출원가는 판매한 재고자산의 원가, 매입원가는 재고자산을 취득하면서 지급하는 대가를 뜻한다. 판매기업은 매입원가가 매출원가(비용)로 전환되지만, 제조기업은 제품제조원가가 매출원가로 바뀐다.

(1) 매출원가 산정

법률, 회계 컨설팅의 용역(서비스) 판매업은 제공되는 서비스의 취득원가 산정이 객관적이지 않아 매출원가(Cost of goods sold) 계정을 사용하지 않는다. 재화판매업의 매출원가 산정 시, 계속재고법은 재고자산이 팔릴 때마다 매출원가를 기록하고 매출원가 계정에서 기말잔액을 산출해 당기 매출원가를 구하는 데

그림 8-1 계속재고법과 기말재고법의 계산구조

계속재고법	기말재고법
기초재고자산	기초재고자산
(+) 당기매입	(+) 당기매입
판매가능재고자산	판매가능재고자산
(−) 당기매출원가	(−) 기말재고자산
기말재고자산	당기매출원가

반해, 기말재고법은 기말에 창고에 남은 재고자산을 조사해 그 수치를 판매가능재고자산(판매가능액)에서 차감함으로써 당기 매출원가를 구한다. 계속재고법과 기말재고법의 계산구조를 그림으로 제시하면 [그림 8-1]과 같다.

(2) 매출원가 산정의 예시

㈜풍악산이 회계기간 중 다음의 거래를 했다고 가정하고(회계기간: 20×9.1.1.~20×9.2.28), 각 방법의 당기 매출원가 산정을 예시하도록 한다.

- 20×9.1.1. 기초재고자산은 단위당 ₩1,000의 A제품 50단위이다(₩50,000).
- 20×9.1.5. 단위당 ₩1,000의 A제품을 100단위 신용매입했다.
- 20×9.1.7. A제품을 단위당 ₩2,000에 80단위 신용매출했다.
- 20×9.2.7. 단위당 ₩2,000의 B제품을 200단위 신용매입했다.
- 20×9.2.15. B제품을 단위당 ₩3,500에 150단위 신용매출했다.
- 20×9.2.28. 기말재고자산은 단위당 ₩1,000의 A제품 70단위와 단위당 ₩2,000의 B제품 50단위이다(₩170,000).

〈계속재고법〉

계속재고법은 재고자산, 매출, 매출원가의 계정을 사용한다.

- 20×9.1.5. (차) 재고자산 100,000 (대) 외상매입금 100,000

• 20×9.1.7.	(차) 외상매출금	160,000	(대) 매　출	160,000
	매출원가	80,000	재고자산	80,000
• 20×9.2.7.	(차) 재고자산	400,000	(대) 외상매입금	400,000
• 20×9.2.15.	(차) 외상매출금	525,000	(대) 매　출	525,000
	매출원가	300,000	재고자산	300,000

A, B제품 모두 재고자산 계정으로 처리하며, 이때의 재고자산 계정을 통제계정이라고 한다. 통제계정은 동일 또는 유사한 계정을 하나의 계정으로 처리하는 계정이다.

기중에 발생한 매출원가를 총계정원장의 매출원가 계정에 전기하면 다음과 같다.

매출원가

1.7. 재고자산	80,000	2.28. 집합손익	380,000
2.15. 재고자산	300,000		
	380,000		380,000

기말재고자산 = 기초재고자산 ₩50,000 + 당기매입 ₩500,000(₩100,000 + ₩400,000) − 당기 매출원가 ₩380,000
= ₩170,000

〈기말재고법〉

기말재고법은 매입, 매출원가, 매출, 재고자산의 계정을 사용한다.

• 20×9.1.5.	(차) 매　입	100,000	(대) 외상매입금	100,000
• 20×9.1.7.	(차) 외상매출금	160,000	(대) 매　출	160,000
• 20×9.2.7.	(차) 매　입	400,000	(대) 외상매입금	400,000
• 20×9.2.15.	(차) 외상매출금	525,000	(대) 매　출	525,000

재고자산, 매입, 매출원가 등 관련 계정의 원장 전기와 조정분개는 다음과 같다. 기초재고자산은 ₩50,000, 기말재고자산은 ₩170,000이다.

재고자산

1.1.	전기이월	50,000	①	매출원가(조정분개)	50,000
③	매출원가(조정분개)	170,000	2.28.	차기이월	170,000
		220,000			220,000

매 입

1.5.	외상매입금	100,000	②	매출원가(조정분개)	500,000
2.7.	외상매입금	400,000			
		500,000			500,000

매출원가

①	재고자산(조정분개)	50,000	③	재고자산(조정분개)	170,000
②	매입(조정분개)	500,000	2.28.	집합손익	380,000
		550,000			550,000

매출원가 차변에 기초재고자산과 당기매입을 옮겨 적어 판매가능재고자산을 집계한 후 기말재고자산으로 계상된 가액을 매출원가 대변에 기록하면, 매출원가 계정의 차변액과 대변액의 차이가 집합손익으로 대체되는 매출원가가 된다. 이에 대한 조정분개는 아래와 같다.

• **조정분개**

① (차)	매출원가	50,000	(대) 재고자산(기초)	50,000
② (차)	매출원가	500,000	(대) 매 입(당기)	500,000
③ (차)	재고자산(기말)	170,000	(대) 매출원가	170,000

기초재고자산 + 당기매입 = 판매가능재고자산 = 기말재고자산(남은 재고자산의 원가) + 당기 매출원가(팔린 재고자산의 원가)

당기 매출원가 = ₩50,000 + ₩500,000 − ₩170,000 = ₩380,000

복습문제

A. 계속재고법과 기말재고법을 비교, 설명하라.

다. 기말재고자산평가

판매기업의 매출원가는 매입원가를 전제로 하며, 매입원가는 매입대가에 운송비, 시운전비 등 부수(대)원가를 더한 가액이 된다. 기말재고자산가액은 (단위가액×수량)으로 구한다.

(1) 단위가격의 평가기준

단위가격의 평가기준은 시가, 원가(역사원가, 과거원가), 저가가 있다. 시가(현재원가)는 공정가치(Fair value), 순실현가능가치(Net realizable value : NRV, 판매가격－판매비용), 대체원가(Replacement cost : RC)가 있으며, 원가는 거래에 의해 객관적 가치가 결정되는 과거원가의 의미로 쓰이는 것이 보통이다. 저가는 시가와 원가 중 낮은 가액을 말하며, 재고자산에는 저가주의가 적용된다. 재고자산을 현금흐름이 반영된 경제가치로 평가하려는 취지이다. 이는 가능한 한 자산가치를 적게 평가함으로써 자산정보의 신뢰성을 높이려는 보수주의를 택한 것이라고 볼 수 있다. 저가주의는 예측하지 못한 가격 하락이 있을 때 적용되며, 저가평가 후 재고자산의 장부가치는 취득원가보다 낮아진다. 낮은 장부가치는 그 시점 이후의 원가로 간주된다.

(2) 재고자산(매출원가)의 평가방법

재고자산은 원가로 평가되는 것이 원칙이며, 품질이나 중량이 같은 동종의 상품이라도 경제환경에 따라 매입원가가 다를 수 있다. 같은 상품이 팔렸는데 취득원가가 다르면 어떤 단가(단위가격)의 상품이 매도되었는지 정해야 하며, 회계에서는 각각 원가흐름을 달리 가정하는 몇 가지 평가방법을 선택적으로 인정한다. 개별법, 선입선출법, 후입선출법, 평균법(단순평균, 이동평균, 총평균)이 그것이다(단, 한국채택국제회계기준에서는 실무에서의 후입선출법 사용을 금하고 있다).

〈개별법〉

귀금속같이 상품의 특징이 두드러지고 값도 상당할 때 적용되는 방법으로서,

동종의 상품이라도 각각의 재고자산을 별도의 상품으로 보아 각 상품별로 기록된 매입원가를 그 상품이 판매될 때 매출원가로 산정하고, 판매되지 않고 남은 상품의 매입원가를 합산해 기말재고자산으로 평가하는 방법이다. 재고자산 품목수가 많아지면, 매출원가와 재고자산의 평가에 투입되는 원가가 증가한다는 단점이 있다.

〈선입선출법, 후입선출법〉

선입선출법(First in, first out : FIFO) 또는 매입순법은 매입한 순서대로 각 재고자산의 매입원가를 매출원가에 산입하는 관습으로서 먼저 취득한 자산이 먼저 판매된다는 원가흐름에 따라 매출원가와 재고자산을 평가하지만, 후입선출법(Last in, first out : LIFO) 또는 매입역법은 매입역순으로 각 재고자산의 매입원가를 매출원가에 산입하는 관습으로서 나중 취득한 자산이 먼저 소진된다는 원가흐름에 기초해 매출원가와 재고자산을 측정한다.

〈평균법〉

평균법은 평균원가를 구한 후, 이 평균원가를 수량에 곱해 매출원가와 재고자산액을 산정한다. 단순평균법과 가중평균법이 있으며, 가중평균법은 이동평균법과 총평균법으로 나뉜다. 단순평균법은 수량가중치를 고려치 않고 단위가격의 평균치로 매출원가와 재고자산을 평가하는데, 합리성이 떨어져 잘 사용하지 않는다. 이동평균법과 총평균법은 수량가중치를 고려하는데, 이동평균법은 매입이나 매출 등 재고자산의 수량 변화가 있을 때마다 평균원가를 계산하고 이 평균원가를 각 수량에 곱해 매출원가와 재고자산액을 산정하며, 총평균법은 기말에 총매입원가와 총수량의 비율에 의해 계산된 총평균원가를 각 수량에 곱해 매출원가와 재고자산액을 산정한다.

각 평가방법을 예시하도록 한다.

(3) 평가방법의 예시

다음의 거래자료를 이용해 각 평가방법을 예시하도록 한다(회계기간 : 1.1～1.31.).

- 20×9.1.5. 판매기업 ㈜풍악산이 단위가격 ₩100의 상품(재고자산) 1,000단위를 신용매입했다.
- 20×9.1.9. ㈜풍악산이 단위가격 ₩110의 상품 1,100단위를 신용매입했다.
- 20×9.1.13. ㈜풍악산이 상품 1,500단위를 신용매출했다.
- 20×9.1.17. ㈜풍악산이 단위가격 ₩120의 상품 1,200단위를 신용매입했다.
- 20×9.1.25. ㈜풍악산이 단위가격 ₩130의 상품 1,300단위를 신용매입했다.
- 20×9.1.31. ㈜풍악산이 상품 2,000단위를 신용매출했다.

  (상품 종류는 같다)

1) 선입선출법

선입선출법의 결과는 계속재고법과 기말재고법에서 차이가 없다.

(계속재고법)

1.13. 매출원가 = ₩100 × 1,000단위 + ₩110 × 500단위 = ₩155,000

1.31. 매출원가 = ₩110 × 600단위 + ₩120 × 1,200단위 + ₩130 × 200단위
= ₩236,000

당기 매출원가 = ₩155,000 + ₩236,000 = ₩391,000

1.31. 기말재고자산 = ₩130 × 1,100단위 = ₩143,000

(기말재고법)

1.31. 기말재고자산 = ₩130 × 1,100단위 = ₩143,000

1.31. 당기 매출원가 = 판매가능재고자산(당기매입액) ₩534,000(₩100 × 1,000단위 + ₩110 × 1,100단위 + ₩120 × 1,200단위 + ₩130 × 1,300단위) − 기말재고자산 ₩143,000 = ₩391,000

2) 후입선출법

후입선출법의 결과는 계속재고법과 기말재고법에서 차이가 난다.

(계속재고법)

1.13. 매출원가 = ₩110 × 1,100단위 + ₩100 × 400단위 = ₩161,000

1.31. 매출원가 = ₩130 × 1,300단위 + ₩120 × 700단위 = ₩253,000
당기 매출원가 = ₩161,000 + ₩253,000 = ₩414,000
1.31. 기말재고자산 = ₩120 × 500단위 + ₩100 × 600단위 = ₩120,000

(기말재고법)
1.31. 기말재고자산 = ₩110 × 100단위 + ₩100 × 1,000단위 = ₩111,000
1.31. 당기 매출원가 = ₩130 × 1,300단위 + ₩120 × 1,200단위 + ₩110 × 1,000단위
= ₩423,000 또는 (₩534,000 − ₩111,000)

3) 선입선출법과 후입선출법의 비교

지속적인 인플레이션을 전제로 할 때, 선입선출법에서는 이전의 낮은 매입원가가 산입된 매출원가는 과소계상되고, 최근의 높은 매입원가가 산입된 기말재고자산은 과대계상되는 결과가 나타난다. 이는 매출총이익과 당기순이익의 과대계상으로 이어져 자칫 주주 배당이 커질 수 있고, 보이지 않는 자본유출을 유발해 기업이 허약해질 수 있다. 후입선출법에서는 선입선출법과 달리 매출원가가 최근의 높은 매입원가로, 기말재고자산이 이전의 낮은 매입원가로 산정되어 매출총이익과 당기순이익이 과소계상되는 결과가 나타난다.

물가가 떨어지는 디플레이션 상황에서는 선입선출법과 후입선출법의 결과가 정반대로 나타난다.

4) 단순평균법

단순평균법은 가격만의 평균원가로 매출원가와 기말재고자산을 측정하는 방법이다.

앞 예의 평균원가 = {(₩100 + ₩110 + ₩120 + ₩130) ÷ 4} = ₩115
매출원가 = ₩115 × 3,500단위 = ₩402,500
기말재고자산 = ₩115 × 1,100단위 = ₩126,500

단순평균법에서는 매출원가와 기말재고자산의 합이 판매가능재고자산과 일치하지 않는다. 수량의 가중치를 고려하지 않았기 때문이다. 이 방법을 사용하지

않는 이유이다.

5) 이동평균법

수량의 가중치를 고려하는 이동평균법은 수량의 변화가 있을 때마다 평균원가를 산정한다. 이동평균법은 재고자산의 수량 변화가 있을 때마다 평균원가를 산출하므로 계속재고법에서 사용할 수 있다.

(앞 예의 1.9. 평균원가)

$$\frac{(₩100 \times 1{,}000) + (₩110 \times 1{,}100)}{1{,}000 + 1{,}100} = ₩105.24(\text{평균단위원가})$$

(앞 예의 1.13. 매출원가)

₩105.24 × 1,500단위 = ₩157,860

(앞 예의 1.17. 평균원가)

$$\frac{(₩105.24 \times 600) + (₩120 \times 1{,}200)}{600 + 1{,}200} = ₩115.08(\text{평균단위원가})$$

(앞 예의 1.25. 평균원가)

$$\frac{(₩115.08 \times 1{,}800) + (₩130 \times 1{,}300)}{1{,}800 + 1{,}300} = ₩121.34(\text{평균단위원가})$$

(앞 예의 1.31. 매출원가)

₩121.34 × 2,000 = ₩242,680

당기 매출원가 = ₩157,860 + ₩242,680 = ₩400,540

1.31. 기말재고자산 = ₩121.34 × 1,100 = ₩133,474(또는 ₩133,460)

당기 매출원가와 기말재고자산의 합 ₩534,014(₩400,540 + ₩133,474)이 판매가능액 ₩534,000과 약간 다른데, 평균단가 계산에서 나타나는 단수 차이이다. ₩14의 오차를 기말재고자산에 포함시킬 수도 있다(₩133,460 + ₩14).

6) 총평균법

기말에 재고자산의 총원가를 총수량으로 나누어 산출된 평균단위원가를 적용해 당기 매출원가와 기말재고자산을 산정한다. 총평균법은 기말 시점에서 모든 거래자료를 이용해 평균원가를 산출하므로 기말재고법과 잘 어울린다.

$$\frac{₩100 \times 1{,}000 + ₩110 \times 1{,}100 + ₩120 \times 1{,}200 + ₩130 \times 1{,}300}{1{,}000 + 1{,}100 + 1{,}200 + 1{,}300}$$

= ₩116.09(평균단위원가)

당기 매출원가 = ₩116.09 × 3,500 = ₩406,315

1.31. 기말재고자산 = ₩116.09 × 1,100 = ₩127,699(또는 ₩127,685)

평균단위원가 계산시 발생하는 오차 ₩14(₩534,014 − ₩534,000)은 기말재고자산에 포함시킬 수도 있다(₩127,685 + ₩14).

7) 선입선출법, 후입선출법, 평균법의 비교

인플레이션과 디플레이션 상황에서 각 평가방법의 매출원가와 기말재고자산에 대해 그 가액 크기를 비교하면 <도표 8-1>과 같다.

〈도표 8-1〉 선입선출법, 후입선출법, 평균법의 비교

	인플레이션	디플레이션
매출원가	후입선출 > 총평균 > 이동평균 > 선입선출	인플레이션과 반대순서
기말재고자산	선입선출 > 이동평균 > 총평균 > 후입선출	인플레이션과 반대순서

 복습문제

A. 선입선출법, 후입선출법, 평균원가법(평균법)을 비교, 설명하라.

8) 매가환원법(소매재고법), 매출총이익률법

백화점 입점점포나 대형마트처럼 다양하고 많은 상품을 취급하는 가게는 각 상품에 적힌 매가자료로 매출원가와 기말재고자산원가를 구하는 매가환원법이

효율적일 수 있다. 당기 매출원가는 (당기매출액×원가율)로 산출할 수 있고, 기말재고자산은 판매가능한 재고자산의 원가에서 매출원가를 차감한 수치가 된다. 기말재고자산도 팔리지 않은 기말재고자산의 매가에 원가율을 곱해 산출할 수도 있다. 원가율은 (매입원가총액÷판매가총액)의 식으로 산정한다.

(매출액 = 매출원가 + 매출총이익)이고, (매출원가 = 매출액 − 매출총이익)이다. 매출총이익률은 (매출총이익÷매출액)이므로, 매출원가는 {매출액×(1 − 매출총이익률)}의 식으로도 구할 수 있다. 이렇게 구해진 매출원가를 판매가능액에서 차감해 기말재고자산을 산정하는 방법을 매출총이익률법이라고 한다.

두 방법의 계산 예를 살펴보기로 한다.

매가환원법과 매출총이익률법의 예시

〈매가환원법〉

- ㈜남가일몽의 기초재고자산 판매가액이 ₩4,000(취득원가 ₩2,500), 당기매입 재고자산의 판매가액이 ₩8,000(취득원가 ₩6,500), 당기매출액이 ₩9,000이다. 기말재고자산의 원가는 얼마인가?

(원가율) 판매가능재고자산 원가 ₩9,000(₩2,500 + ₩6,500)÷판매가능재고자산 판매가액 ₩12,000(₩4,000 + ₩8,000) = 0.75

(기말재고자산판매가액) 판매가능재고자산 판매가액(₩4,000 + ₩8,000) − 당기매출액 ₩9,000 = ₩3,000

(기말재고자산원가) 기말재고자산판매가액 ₩3,000 × 원가율 0.75 = ₩2,250

〈매출총이익률법〉

- ㈜남가일몽의 기초재고자산이 ₩3,000, 당기매입액이 ₩9,000, 당기매출액이 ₩10,000, 당기 매출총이익률이 30%이다. 기말재고자산은 얼마인가?

(당기 매출원가) 당기매출액 ₩10,000 × (1 − 0.3) = ₩7,000

(기말재고자산) 판매가능액 ₩12,000(₩3,000 + ₩9,000) − 당기 매출원가 ₩7,000 = ₩5,000

9) 제조기업의 기말재고자산과 매출원가

사다가 파는 판매기업이 아닌 제조해 파는 제조기업의 기말재고자산과 매출원가 회계처리를 살펴보자. 제조기업의 재고자산은 원재료, 재공품(완성품을 향해 가공 중인 자산), 제품으로 구성된다.

〈거래와 회계처리의 예시〉

- 20×9.2.1. 제조기업인 ㈜청계산의 기초원재료는 단위가격 ₩100의 250kg이며, 기초재공품원가(원재료원가+노무원가+제조간접원가)는 300kg, ₩20,000이다. 기초제품은 100kg, ₩11,000이다. 원재료 감손은 없다고 가정한다. 회계기간은 1개월이다.
- 20×9.2.5. ㈜청계산이 단위가격 ₩100의 원재료 1,000kg을 신용매입했다.
- 20×9.2.9. ㈜청계산이 원재료 900kg을 제조공정에 투입했다.
- 20×9.2.24. ㈜청계산이 제품 1,100kg을 완성했다. 당기의 노무원가 등 가공원가 투입액은 ₩26,000이고, 기말재공품원가는 100kg, ₩15,000이다.
- 20×9.2.27. ㈜청계산이 kg당 ₩180으로 870kg을 매출하고 그 대가로 약속어음을 교부받았다.

(분개)

20×9.2.5.	(차)	원재료	100,000	(대)	외상매입금	100,000
20×9.2.9.	(차)	재공품	90,000	(대)	원재료	90,000
20×9.2.24.	(차)	재공품	26,000	(대)	노무원가 등	26,000
20×9.2.24.	(차)	제 품	121,000	(대)	재공품	121,000
20×9.2.27.	(차)	받을어음	156,600	(대)	매 출	156,600
		매출원가	95,700		제 품	95,700

(전기)

원재료

2.1.	25,000	2.9.	90,000
2.5.	100,000	2.28	35,000

재공품

2.1.	20,000	2.24.	121,000
2.9.	90,000	2.28.	15,000
2.24.	26,000		

제 품

2.1.	11,000	2.27.	95,700
2.24.	121,000	2.28.	36,300

매출원가

2.27	95,700		

당기제품제조원가 = 기초재공품 ₩20,000 + 당기투입원가 ₩116,000
− 기말재공품 ₩15,000 = ₩121,000

kg당 제품제조원가 = ₩121,000 ÷ 1,100kg = ₩110

당기제품매출원가 = ₩110 × 870kg = ₩95,700

기말재고자산 : 원재료 = ₩25,000 + ₩100,000 − ₩90,000 = ₩35,000
재공품 = ₩20,000 + ₩116,000 − ₩121,000 = ₩15,000
제품 = ₩11,000 + ₩121,000 − ₩95,700 = ₩36,300

제조기업에서도 원재료, 재공품, 제품제조원가, 제품매출원가, 기말재고자산 산정에 선입선출법, 평균법, 후입선출법을 쓸 수 있다. 후입선출법은 사용빈도가 낮다(한국채택국제회계기준은 후입선출법의 사용을 금지한다). 이 예는 전기(기초)와 당기(기말)의 원재료 및 제품의 단위(kg)당 가격을 동일하게 적용했으므로 원재료, 재공품, 제품제조원가, 제품매출원가, 기말재고자산(제품)의 산출에서 평가방법을 달리해도 결과가 같아진다.

(4) 가치감소, 수량감소

보관 중인 재고자산이 유행에 뒤떨어지거나, 소비자기호에 반하거나, 대체 신상품이 등장하는 등의 이유로 가치가 하락하는 상황이 나타날 수 있다. 이는 저가주의가 적용되는 경우이다. 장부상 원가보다 시가가 낮아지면 장부가치를 감소시킴으로써 회계정보의 신뢰성을 유지할 수 있다. 자산이 망가지거나 도난으로 수량이 감소한 때에도 자산 장부가치를 줄이는 조정을 한다. 시가는 순실현가능가치(판매가액 − 판매비용)나 공정가치를 적용하는 것이 미래 현금흐름을 반영한다는 측면에서 바람직하다.

재고자산에 대한 가치감소와 수량감소의 회계처리를 예시하도록 한다.

1) 가치감소

- ㈜청계산의 회계기말시점인 12.31. 취득원가(제품제조원가) ₩3,800인 재고자산(제품)의 시가(순실현가능가치)가 ₩2,700으로 떨어졌다.

(직접상각법)	(차)	재고자산평가손실	1,100	(대)	재고자산	1,100
(간접상각법)	(차)	재고자산평가손실	1,100	(대)	재고자산평가충당금	1,100

- (가정 1) 다음 연도 1.31. 재고자산의 시가가 ₩3,500으로 올랐다.

(직접상각법)	(차)	재고자산	800	(대)	재고자산평가이익	800
(간접상각법)	(차)	재고자산평가충당금	800	(대)	재고자산평가이익	800

- (가정 2) 다음 연도 1.31. 재고자산 시가가 ₩4,000으로 올랐다.

(직접상각법)	(차)	재고자산	1,100	(대)	재고자산평가이익	1,100
(간접상각법)	(차)	재고자산평가충당금	1,100	(대)	재고자산평가이익	1,100

저가주의는 시가가 회복되어도 취득원가를 초과하는 평가이익은 계상하지 않는다. (가정 2)의 재고자산 시가가 ₩4,000으로 오른 경우, 전년도 12.31.의 시가(₩2,700)보다 다음 연도 1.31.의 시가(₩4,000)가 ₩1,300 상승했지만 원 취득원가(₩3,800)까지인 ₩1,100만큼만 자산가치를 증가시킨다.

2) 수량감소

재고자산의 수량감소는 자산의 소멸, 도난, 마모 등으로 발생한다.

- 감소한 재고자산 수량의 가치가 ₩780이다.

(차)	재고자산감모손실	780	(대)	재고자산	780

기말재고법은 기말재고자산을 조사해 기말재고자산액을 산정한 후 매출원가를 구하기 때문에 재고자산 감모수량을 발견하기 어려울 수 있다. 이때 감모손실은 매출원가에 포함된다. 계속재고법은 장부상 기말자산과 실제 기말자산을 비교해 감모손실을 쉽게 발견할 수 있다. 감모손실은 비용(매출원가 또는 영업외비용)으로 처리되기 때문에 당기순이익에 미치는 영향은 두 방법 사이에 차이가 없다.

(5) 재고자산 평가오류의 특성

당기 기말재고자산의 과소 또는 과대 계상은 차기 기초재고자산의 과소 또는 과대 계상으로 연결되기 때문에, 당기 기말재고자산의 평가오류는 당기의 매출원가, 당기순이익, 이익잉여금에 영향을 미칠 뿐만 아니라, 차기의 매출원가, 당기순이익에도 영향을 미친다. 한편, 당기 기말재고자산이 과대계상되면 당기 매출원가가 과소계상되어 당기순이익이 과대계상되지만, 당기 기말재고자산이 이월되면서 나타나는 차기 기초재고자산의 과대계상, 차기 매출원가의 과대계상, 차기 순이익의 과소계상으로 순이익 증감효과는 상쇄되어 차기 이익잉여금에는 영향을 미치지 못한다. 이를 재고자산 평가오류의 자동조정(상쇄)이라고 한다. 이익잉여금에 반영되는 재고자산 평가오류의 자동조정을 도표로 나타내면 <도표 8-2>와 같다.

〈도표 8-2〉 재고자산 평가오류의 자동조정

잘못된 수치				올바른 수치			
20×7		20×8		20×7		20×8	
기초자산	1,000	기초자산	2,000	기초자산	1,000	기초자산	3,000
당기매입	10,000	당기매입	15,000	당기매입	10,000	당기매입	15,000
매출원가	(9,000)	매출원가	(13,000)	매출원가	(8,000)	매출원가	(14,000)
기말자산	2,000	기말자산	4,000	기말자산	3,000	기말자산	4,000

기말재고자산 과소계상 ₩1,000
매출원가 과대계상, 순이익 과소계상

기초재고자산 과소계상 ₩1,000
매출원가 과소계상, 순이익 과대계상

당기 기말재고자산이 차기 기초재고자산으로 바뀌면서 순이익 오류가 자동으로 조정되어 20×7년 순이익과 20×8년 순이익의 누적액인 20×8년의 이익잉여금 수치는 오류가 없게 된다.

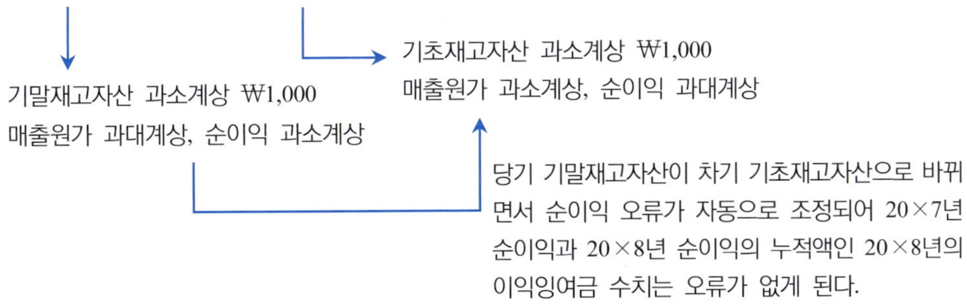

(6) 소유권 문제

재무상태표에 보고되는 재고자산은 소유권(물권)이 보고기업에 있다는 것을 뜻하므로, 회계기말 창고에 없더라도 재고자산에 포함시켜야 하는 항목이 있다.

미착상품, 적송품, 시송품, 할부판매에서 소유권 유무가 문제된다.

• 미착상품

구매자 입장에서 도착지 인도기준의 매입상품은 도착해야 소유권이 인정되고 선적지 인도기준의 매입상품은 선적할 때 소유권이 인정되므로, 선적지 인도기준의 미착상품은 기말재고자산에 포함된다.

• 적송품

다른 지역에 있는 다른 기업의 판매점에 판매를 위탁할 때 등장하는 계정이다. 판매부탁을 받은 수탁자는 판매수수료를 받을 뿐 위탁판매상품(적송품)의 소유권이 없으므로 위탁자는 적송품을 기말재고자산에 포함시킨다.

• 시송품

소비자에게 시험적으로 사용해보고 구매의사 여부를 결정하도록 하는 시용판매상품(시송품)은 소비자의 구매결정이 있기 전까지 소유권이 회사에 있으므로 기말재고자산에 포함된다.

• 할부판매

판매대금을 분할해 지급받는 할부판매의 해당 상품은 구매자에게 소유권이 넘어간다. 구매자는 매매계약 이행으로 상품을 인도받고 대금만 분할지급하는 것이기 때문이다. 할부판매를 통해 구매자에게 인도된 상품은 판매자의 기말재고자산에 포함되지 않는다.

복습문제

A. 재고자산 평가오류의 특성은 무엇인가?

2 요 약

재고자산 회계는 매출원가와 기말재고자산의 적절한 측정이 핵심 내용이라고 할 수 있다. 매출원가와 기말재고자산의 산정방식은 계속재고법과 기말재고법이 있으며, 계속재고법은 많은 기록의 유지를 요구하지만 재고자산감모손실을 쉽게 구별해낼 수 있는 반면, 기말재고법은 기록원가의 측면에서 계속재고법보다 효율적이다. 재고자산평가는 매입원가 또는 제품제조원가의 흐름에 기초하는데, 실제의 원가흐름과 회계의 원가흐름이 별개라고 가정한다. 시점별로 매입원가나 제품제조원가가 다를 때에 적용의 의미가 있는 선입선출법, 후입선출법, 평균원가법은 모두 판매가능재고자산의 원가{기초재고자산+(당기매입원가 또는 당기제품제조원가)}를 기말재고자산과 매출원가에 배분한다.

적용되는 평가방법에 따라 매출원가와 당기순이익 수치가 달라지며, 이는 경제가치와 회계가치가 불일치하는 지점이기도 하다. 재고자산의 가치는 가능한 한 기대현금흐름을 반영하도록 측정되는 것이 바람직하며, 저가주의 적용, 가치감소, 수량감소의 인식 등은 그 예에 해당한다. 기말재고자산의 평가오류는 차기 기초재고자산 오류로 바뀌면서 오류효과가 자동 상쇄되기 때문에 두 회계기간의 누적 이익잉여금에 영향을 미치지 못한다. 기말재고자산평가는 소유권 문제도 수반한다.

재고자산에 대한 비율분석의 대표적인 예는 재고자산회전율을 들 수 있는데, 이 비율은 매출원가를 평균재고자산{(기초재고자산+기말재고자산)÷2}으로 나누어 구한다. 재고자산회전율은 재고자산 관리의 효율성을 나타낸다. 예컨대, 제조기업의 제품 재고가 늘어 재고자산회전율이 낮아지면 영업의 적신호가 될 수 있는 것과 같다.

주요용어

- 계속재고법 : 재고자산이 팔릴 때마다 매출원가와 재고자산을 산정하고, 매출원가와 재고자산 계정의 기말잔액을 집계해 당기 매출원가와 기말재고자산을 측정하는 방법이다.
- 기말재고법 : 회계기말에 창고에 남아 있는 기말재고자산을 조사해 이를 기초로 당기 매출원가를 구하는 방법이다.
- 선입선출법 또는 매입순법 : 매입한 순서대로 각 매입원가를 매출원가에 산입하는 관습으로서, 먼저 취득한 자산이 먼저 판매된다는 원가흐름에 따라 당기 매출원가와 기말재고자산을 산정한다.
- 후입선출법 또는 매입역법 : 매입역순으로 각 매입원가를 매출원가에 산입하는 관습으로서, 나중 취득한 자산이 먼저 팔린다는 원가흐름에 기초해 당기 매출원가와 기말재고자산을 측정한다.
- 이동평균법 : 수량의 가중치를 고려하면서 수량의 변화가 있을 때마다 평균원가를 산정해 당기 매출원가와 기말재고자산을 측정하는 방법이다.
- 총평균법 : 기말에 재고자산의 총원가를 총수량으로 나누어 평균단위원가를 산출해 당기 매출원가와 기말재고자산을 산정하는 방법이다.
- 적송품 : 다른 지역에 있는 다른 기업의 판매점에 판매를 위탁할 때 등장하는 계정이다. 위탁자에게 소유권이 있으므로 위탁자의 기말재고자산에 포함시킨다.
- 소유권 : 물건을 사용, 수익, 처분할 수 있는 권리이다. 가장 기본적인 물권이다.

연습문제

1. ㈜바람틀의 20×8년 매출원가 자료가 다음과 같다. 물음에 답하라.

20×7.12.31. 상품재고	₩29,000
20×8년 매입액	88,000
20×8년 마모된 상품의 가치감소	17,000
20×8.12.31. 상품재고	23,500

문

(1) ㈜바람틀의 마모된 상품(재고자산)에 대한 분개를 하라.

(2) ㈜바람틀의 20×8년 매출원가는 얼마인가? 마모된 상품의 가치감소는 매출원가에 포함시키지 않는다.

2. ㈜타산지석의 20×9년 9월 재고자산(상품)의 매입, 매출 자료가 다음과 같다.

	수 량	단위가격
기초재고(9.1.)	120단위	₩250(구매가)
당기매입(9.1.~9.30.)	330단위	250(구매가)
당기매출(9.1.~9.30.)	380단위	470(판매가)

문

(1) 기말재고법을 사용해 기말(9.30.)의 매출원가를 산출하기 위한 분개를 하라(기말재고자산을 구하고 '매출원가' 계정을 설정해 매출원가를 산정한다).

(2) ㈜타산지석의 9월 매출원가는 얼마인가?

(3) ㈜타산지석의 9월 매출총이익은 얼마인가?

3. 다음은 ㈜만추의 4년간 조정전 영업자료이다. 재고제품 실사과정에서 20×5년 기말제품 ₩1,500 과소계상, 20×6년 기말제품 ₩2,500 과대계상, 20×7년 기말제품 ₩3,500 과소계상의 오류가 발견되었다.

	20×5	20×6	20×7	20×8
기초재고자산	₩23,500	₩19,000	₩21,000	₩22,000
매출원가	62,000	65,000	70,000	60,000
기말재고자산	19,000	21,000	22,000	20,000
당기순이익	31,000	28,000	27,000	32,000
이익잉여금	77,000	80,000	83,000	85,000

문

(1) ㈜만추의 기말재고자산, 매출원가, 당기순이익, 이익잉여금에 대한 조정과정을 연도별로 보여라.

(2) ㈜만추의 조정된 각 연도 매출원가는 얼마인가?

(3) ㈜만추의 조정된 각 연도 이익잉여금은 얼마인가?

4. ㈜백두가 계속재고법을 사용해 20×7년 1월의 재고자산 정보를 다음과 같이 기록하고 있다(회계기간 : 20×7.1.1.～20×7.1.31.).

	수량	단위원가	총원가	보유수량
20×7.1.1. 잔액	1,000	₩100	₩100,000	1,000
20×7.1.5. 매입	600	300	180,000	1,600
20×7.1.18. 매출	800			800
20×7.1.20. 매입	400	400	160,000	1,200
20×7.1.25. 매출	500			700
20×7.1.30. 매입	700	600	420,000	1,400

문

(1) ㈜백두가 이동평균법을 사용할 때 20×7.1.31. 재고자산가액으로 보고할 금액은 얼마인가?

(2) ㈜백두가 선입선출법을 사용할 때 20×7.1.31. 매출원가, 재고자산가액으로 보고할 금액은 각각 얼마인가?

(3) ㈜백두가 계속재고법에서 후입선출법을 사용할 때 20×7.1.31. 매출원가, 재고자

산가액으로 보고할 금액은 각각 얼마인가?

(4) ㈜백두가 기말재고법에서 후입선출법을 사용할 때 20×7.1.31. 매출원가, 재고자산가액으로 보고할 금액은 각각 얼마인가?

5. ㈜겨울햇빛의 20×6년 회계기록이 다음의 정보를 담고 있다.

20×6.1.1. 재고자산	₩ 1,000
20×6년 매입	10,000
20×6년 매출	8,000

20×6.12.31. 기말재고법에 의한 기말재고자산이 ₩2,500으로 파악되었고, ㈜겨울햇빛의 매출총이익률은 20%이다. 회사경영진이 재고자산 도난사고를 발견했으며, 그 원인과 대책을 마련중이다.

문

(1) ㈜겨울햇빛의 20×6년 매출액에 대한 매출원가는 얼마인가?

(2) ㈜겨울햇빛의 도난당한 재고자산 매입원가는 얼마인가?

6. ㈜5월오면의 20×7.5.1. 재고자산이 200단위(단위당 매입원가 ₩130)이고, 20×7년 5월에 매입한 재고자산은 다음과 같다(회계기간 : 20×7.5.1.~20×7.5.31.).

	수 량	단위당 매입원가
5.3.	170	₩140
5.9.	210	170
5.18.	190	180
5.23.	280	190

문

20×7.5.31. ㈜5월오면의 재고자산을 조사한 결과 340단위가 남아 있었다. 선입선출법에 의할 때 20×7.5.31.의 재고자산가액은 얼마인가?(기말재고법에 따른다)

7. 20×8년 ㈜적시타의 재고자산매입액은 ₩340,000이고, 20×8년의 매출원가는 ₩360,000이다. 20×8.12.31.의 재고자산이 ₩40,000일 때 기초재고자산과 재고자산회전율을 구하라.

연습문제 해답

1. (1) (차) 상품(재고자산)감모손실 17,000 (대) 상품(재고자산) 17,000

(2) 판매가능액 ₩117,000(₩29,000 + ₩88,000) − ₩17,000 − ₩23,500 = ₩76,500

상품(재고자산)감모손실의 매출원가 포함 여부는 당기순이익에 영향을 미치지 않는다.

2. (1) ① (차) 매출원가 30,000 (대) 재고자산(기초) 30,000

② (차) 매출원가 82,500 (대) 매입(당기) 82,500

③ (차) 재고자산(기말) 17,500 (대) 매출원가 17,500

(2) ₩30,000 + ₩82,500 − ₩17,500 = ₩95,000

(3) ₩178,600 − ₩95,000 = ₩83,600

3. (1) 기말재고자산과 매출원가, 당기순이익, 이익잉여금의 조정과정

20×5	20×6		20×7		20×8
기말재고자산	기초재고자산	기말재고자산	기초재고자산	기말재고자산	기초재고자산
+1,500	+1,500	−2,500	−2,500	+3,500	+3,500
매출원가	매출원가	매출원가	매출원가	매출원가	매출원가
−1,500	+1,500	+2,500	−2,500	−3,500	+3,500
당기순이익	당기순이익	당기순이익	당기순이익	당기순이익	당기순이익
+1,500	−1,500	−2,500	+2,500	+3,500	−3,500
이익잉여금	이익잉여금	이익잉여금	이익잉여금	이익잉여금	이익잉여금
+1,500	−	−2,500	−	+3,500	−

(2) 조정된 각 연도의 매출원가

20×5 : ₩62,000 − ₩1,500 = ₩60,500

20×6 : ₩65,000 + ₩1,500 + ₩2,500 = ₩69,000

20×7 : ₩70,000 − ₩2,500 − ₩3,500 = ₩64,000

20×8 : ₩60,000 + ₩3,500 = ₩63,500

(3) 조정된 각 연도의 이익잉여금

20×5 : ₩77,000 + ₩1,500 = ₩78,500

20×6 : ₩80,000 − ₩2,500 = ₩77,500

20×7 : ₩83,000 + ₩3,500 = ₩86,500

20×8 : ₩85,000

4. (1) 20×7.1.5. 매입 후 ㈜백두는 1,600단위를 보유하고 총원가가 ₩280,000이므로 이동평균원가는 ₩175(₩280,000÷1,600)이다. 20×7.1.18. 매출 후 800단위 보유에 단위원가 ₩175이므로 총원가는 ₩140,000이다. 20×7.1.20. 매입으로 재고자산이 ₩160,000 증가하므로, 2017.1.20.의 재고자산 총원가는 ₩300,000(₩140,000 + ₩160,000)이고, 새 이동평균원가는 ₩250(₩300,000÷1,200)이다. 20×7.1.25. 매출 후 700단위 보유, 단위원가 ₩250이므로 총원가는 ₩175,000이다. 20×7.1.30. 매입으로 재고자산이 ₩420,000 증가하므로, 20×7.1.31. 재무상태표에 보고될 재고자산액은 ₩595,000이고, 새 단위원가는 ₩425(₩595,000÷1,400)이다.

   (2) 20×7.1.18. 매출원가 = ₩100×800 = ₩80,000
   20×7.1.25. 매출원가 = ₩100×200 + ₩300×300 = ₩110,000
   당기 매출원가 = ₩190,000
   기말재고자산 = ₩300×300 + ₩400×400 + ₩600×700 = ₩670,000

   (3) 20×7.1.18. 매출원가 = ₩300×600 + ₩100×200 = ₩200,000
   20×7.1.25. 매출원가 = ₩400×400 + ₩100×100 = ₩170,000
   당기 매출원가 = ₩370,000
   기말재고자산 = ₩600×700 + ₩100×700 = ₩490,000

   (4) 당기 매출원가 = ₩600×700 + ₩400×400 + ₩300×200 = ₩640,000
   기말재고자산 = ₩300×400 + ₩100×1,000 = ₩220,000

5. (1) ₩8,000×(1 − 0.2) = ₩6,400
   (2) 판매가능액 = ₩1,000 + ₩10,000 = ₩11,000
   도난당한 재고자산 매입원가 = ₩11,000 − ₩6,400 − ₩2,500 = ₩2,100

6. 60×₩180 + 280×₩190 = ₩64,000

7. 기초재고자산 = ₩360,000 + ₩40,000 − ₩340,000 = ₩60,000
   재고자산회전율 = ₩360,000÷{(₩60,000 + ₩40,000)÷2} = 7.2회
   회사는 365일÷7.2 = 평균 50.7일간 재고자산을 보유하는 셈이다.

제 9 장

ACCOUNTING

시장성 있는 유가증권

1. 유가증권의 의의
2. 시장성 있는 유가증권의 회계처리
3. 요 약

불황기나 전쟁과 같은 혼란기는 현금을 가지고 있어야 한다는 사람이 많다. 금고에 보관하거나 별도의 은밀한 곳에 숨겨두기도 하고, 안전한 장소에 은행예금증서를 소지하는 사례도 있을 것이다. 혼란기가 아닌 평온한 일상에서 현금자산은 어떻게 관리하는 것이 합리적 경제인에 부합하는 것일까. 옛날이나 지금이나, 세상이 어지러우나 편안하나, 현금이 중요하고 필요한 자산임은 분명해 보인다.

자본시장의 발전이 눈부신 현대에도 현금을 중시해 직접 특별하게 보관하는 경제주체가 있을 수 있지만, 이는 보관원가를 발생시킬 뿐 아니라 투자수익을 놓치는 일이다. 투자수익은 위험을 수반하는데, 투자수익과 위험 간 함수관계를 어떻게 풀지는 각 경제주체에게 남겨진 과제이다. 대다수 기업은 시장성 있는 유가증권으로 부르는 재무수단에 현금투자를 한다.

시장성 있는 유가증권은 경제주체가 현금 대신 보유하는 주식, 채권, 기타 재무수단을 말한다. 시장성 있는 유가증권은 은행예금보다 높은 수익률을 기대할 수 있고, 증권시장에서 쉽고 저렴하게 현금으로 바꿀 수 있을 뿐만 아니라 보관비용이 낮다는 장점을 지닌다. 투자할 증권의 선택, 위험평가, 포트폴리오 구성은 국내외 경제상황과 투자대상에 대한 다각적 분석을 필요로 하는 재무전략에 속한다.

회계에서 시장성 있는 유가증권은 당기손익인식금융자산, 기타포괄손익인식금융자산, 상각후원가측정금융자산, 관계기업투자주식 등을 예로 들 수 있다. 투자기업은 시장성 있는 증권으로부터 정상수익률의 이익을 기대한다. 회계는 시장성 있는 증권의 경제가치에 초점을 맞추지만, 때로는 특별한 방법으로 증권손익을 처리하기도 한다.

1 유가증권의 의의

유가증권은 '경제가치를 표창하는 문서'를 말하며, 경제가치의 내용이 문서 자체에 기록되어 있다. 유가증권은 유통성이 보장되며, 시장성 있는 유가증권은 좋은 거래시장이 있는 증권을 뜻한다. 당좌수표, 어음, 주식, 회사채, 국공채 등이 유가증권의 예이며, 수표, 어음, 회사채 및 국공채는 금전채권을, 주식은 주주의 권리를 경제가치의 내용으로 한다. 주식은 주주가 투자한 금액을 바탕으로 하며 투자금 상환이 예정되어 있지 않지만, 회사채와 국공채는 금전채권을 증명하는 문서(유가증권)를 발행해 부담하는 부채로, 만기 상환이 예정되어 있다.

시장성 있는 유가증권은 증권형 금융자산에 속하는데, 금융자산은 현금과 현금전환이 예정된 자산을 의미한다. 회계는 시장성 있는 유가증권인 주식과 채권을 당기손익인식금융자산, 기타포괄손익인식금융자산, 상각후원가측정금융자산, 관계기업투자주식으로 분류해 회계처리한다.

시장성 있는 유가증권의 회계상 분류를 도표로 나타내면 <도표 9-1>과 같다.

〈도표 9-1〉 시장성 있는 유가증권의 회계상 분류

	주식형	채권형
당기손익인식금융자산(1년 이하의 단기보유)	○	○
기타포괄손익인식금융자산(1년 초과 보유)	○	○
상각후원가측정금융자산(만기일 존재)	×	○
관계기업투자주식(20%~50%의 주식 보유)	○	×

2 시장성 있는 유가증권의 회계처리

시장성 있는 유가증권을 보유하는 이유는 배당, 이자나 처분이익을 기대하기 때문인데, 유가증권의 시장가치 변동(등락) 폭이 작지 않아 유가증권 보유는 손실을 초래할 수도 있다. 시장성 있는 유가증권의 회계처리 경우의 수는 가. 취득, 나. 보유수익, 다. 기말평가, 라. 처분(매각)으로 나누어 살펴볼 수 있으며, 채권은 이자수익, 주식은 배당금수익을 창출한다.

시장성 있는 유가증권의 회계처리를 예시하면 다음과 같다.

가. 취 득

아래의 ㈜봉래산 예를 통해 시장성 있는 유가증권의 취득에 대한 회계처리를 살펴보도록 한다.

- ㈜봉래산이 20×8.5.9. A주식 ₩3,000, B주식 ₩1,500, C주식 ₩10,000(발행주식총수의 38%), D채권(회사채) ₩2,100만큼 각각 매수하고 거래대금으로 당좌수표를 발행 · 교부했다. A주식은 당기손익인식금융자산, B주식은 기타포괄손익인식금융자산, C주식은 관계기업투자주식, D채권은 상각후원가측정금융자산(회사채발행회사는 사채라는 부채 인식)으로 분류한다.

(분개)

(차)	당기손익인식금융자산	3,000	(대) 당좌예금	3,000
(차)	기타포괄손익인식금융자산	1,500	(대) 당좌예금	1,500
(차)	상각후원가측정금융자산	2,100	(대) 당좌예금	2,100
(차)	관계기업투자주식	10,000	(대) 당좌예금	10,000

나. 보유수익

회계상 분류에 관계없이 채권형 금융자산은 이자수익을 발생시키고, 주식형 금융자산은 배당금수익을 발생시킨다.

- ㈜봉래산의 20×8.12.31. D채권 이자수익이 ₩100(미수), A, B주식의 현금배당금수익 합계가 ₩150, C회사의 보고순이익이 ₩3,000이다.

(분개)

(차)	미수이자	100	(대) 이자수익	100
(차)	현 금	150	(대) 배당금수익	150
(차)	관계기업투자주식	1,140	(대) 관계기업투자(지분법)이익	1,140*

* (₩3,000 × 0.38 = ₩1,140)

관계기업투자주식은 피투자기업이 당기순이익을 보고할 때 주식보유비율만큼 투자주식 증가(차변)와 투자(지분법)이익(대변)을 인식하고, 현금배당을 받을 때 현금 증가(차변)와 관계기업투자주식 감소(대변)의 회계처리를 한다.

- C회사가 당기순이익 보고 후 1개월 시점에 순이익의 30%를 현금배당했다.

(분개)

(차) 현 금	342*	(대) 관계기업투자주식	342

* (₩1,140 × 0.3 = ₩342)

다. 기말평가

기말에 당기손익인식금융자산과 기타포괄손익인식금융자산의 가치는 공정가치로 평가되며, 평가손익이 발생한다. 당기손익인식금융자산평가손익은 배당가능한 당기손익(당기 비용, 수익)에 포함되나, 기타포괄손익인식금융자산평가손익은 기타포괄손익으로 처리되어 당기 배당재원에서 배제된다. 상각후원가측정금융자산은 사채 회계처리와 연결되어 가치가 결정된다. 이는 제11장 사채부분에서 상세히 설명하도록 한다. 관계기업투자주식은 앞에서 본 것처럼 피투자기업의 순이익 보고시점에 가치평가가 이루어진다. 당기손익인식금융자산, 기타포괄손익인식금융자산의 평가이익은 미실현수익(Unearned revenues)에 해당한다. 당기손익인식금융자산과 기타포괄손익인식금융자산의 공정가치 평가, 상각후원가측정금융자산, 관계기업투자주식의 평가를 예시하면 다음과 같다.

(1) 당기손익인식금융자산, 기타포괄손익인식금융자산의 공정가치 평가

다음의 가정 1, 2, 3의 거래 예를 통해 공정가치 평가의 회계처리를 살펴보도록 한다.

- (가정 1)

20×8.12.31. 앞 예의 ㈜봉래산이 보유하는 증권형 유가증권의 공정가치가 A주식 ₩2,800, B주식 ₩1,900, C주식 ₩11,000(지분율 변화 없음), D채권(회사채)

₩2,100이다.

(분개)

(차) 당기손익인식금융자산 200 (대) 당기손익인식금융자산 200(A주식)
평가손실

(차) 기타포괄손익인식금융자산 400 (대) 기타포괄손익인식금융자산 400(B주식)
평가이익

[C주식, D채권(회사채)의 분개는 없다. C주식은 순이익 보고시점에 평가되고, D채권은 사채와 연결되어 평가되기 때문이다.]

당기손익인식금융자산평가손익은 포괄손익계산서에 당기 비용, 수익으로 처리된다. 기타포괄손익인식금융자산평가손익은 포괄손익계산서에 당기 배당재원으로 쓸 수 없는 기타포괄손익으로 처리됨과 동시에 재무상태표에 기타포괄손익누계액으로 보고된다. 당기손익인식금융자산평가손익은 차기 회계처리에 영향을 미치지 않지만, 기타포괄손익인식금융자산평가손익은 차기 회계처리에 영향을 미친다. 앞 20×8.12.31.의 ㈜봉래산 예를 20×9년으로 확장해보자.

• (가정 2)

20×9.12.31. ㈜봉래산이 보유하는 증권형 유가증권의 공정가치가 A주식 ₩3,100, B주식 ₩1,700이다.

(분개)

(차) 당기손익인식금융자산 300 (대) 당기손익인식금융자산 300(A주식)
평가이익

(차) 기타포괄손익인식금융자산 200 (대) 기타포괄손익인식금융자산 200(B주식)
평가이익

[전기의 기타포괄손익인식금융자산평가이익(대변) ₩200을 차변으로 불러들이고 기타포괄손익인식금융자산을 그만큼 줄인다.]

• (가정 3)

㈜봉래산의 B주식 공정가치가 20×8.12.31. ₩1,300, 20×9.12.31. ₩1,800이다.

(분개)

20×8.12.31.	(차) 기타포괄손익인식 금융자산평가손실	200	(대) 기타포괄손익인식 금융자산	200
20×9.12.31.	(차) 기타포괄손익인식 금융자산	500	(대) 기타포괄손익인식 금융자산평가손실	200
			기타포괄손익인식 금융자산평가이익	300

[전기의 평가손실 ₩200(차변)을 불러들이고 남은 ₩300을 당기의 평가이익으로 계상한다.]

(2) 상각후원가측정금융자산의 평가

상각후원가측정금융자산은 공정가치 평가를 하지 않고 취득원가를 기준으로 사채와 연결해 사채할인(할증)발행차금의 상각(환입)액만큼 자산가액을 증감시킨다. 거래를 통해 회계처리를 예시하도록 한다.

- 20×8.12.31. ㈜봉래산이 보유하는 D채권의 액면가액은 ₩2,500이고 매수가액(20×8.5.9.)이 ₩2,100이다(사채할인발행차금 ₩400). 만기는 4년이며, 20×8년 D회사의 사채할인발행차금상각액은 ₩67이다(월할계산). 사채액면이자율이 시장이자율보다 낮을 때 나타나는 사채할인발행차금은 두 이자율의 차이를 보상하기 위해 액면가액보다 낮은 가액으로 발행할 때의 차액이다. 이는 사채이자의 선급분인 셈이다. 회사채발행회사는 회기말에 할인발행차금을 상각하게 되는데, 그 상각액은 사채이자(비용)로 바뀌며, 회사채를 구입해 상각후원가측정금융자산을 보유하는 ㈜봉래산은 상각액만큼 사채이자수익을 인식하고 상각후원가측정금융자산의 가치를 증가시킨다.

〈회사채 발행 시 분개〉

(D사)	(차) 현 금	2,100	(대) 사 채	2,500
	사채할인발행차금	400		
(㈜봉래산)	(차) 상각후원가측정 금융자산	2,100	(대) 현 금	2,100

〈사채할인발행차금 상각 시 분개〉

(D사)	(차) 사채이자	67	(대) 사채할인발행차금	67
(㈜봉래산)	(차) 상각후원가측정 금융자산	67	(대) 사채이자수익	67

(3) 관계기업투자주식의 평가

주식 구입 시 피투자기업 발행주식총수의 20% 이상 50% 이하를 보유하게 될 때, 그 금융자산을 관계기업투자주식이라고 한다. 관계기업투자주식은 투자기업이 피투자기업의 순자산증가(순이익)를 관계기업투자주식의 가치에 반영하면서 평가가 이루어지며, 투자기업은 통상 피투자기업의 당기순이익 보고 시 지분율에 따라 관계기업투자주식의 증감을 인식한다. 이를 지분법이라고 한다. 투자기업은 관계기업투자주식을 보유함으로써 피투자기업의 경영에 영향력을 행사할 수 있게 된다. 지분율이 20% 미만이면 당기손익인식금융자산이나 기타포괄손익인식금융자산으로 처리하고, 지분율이 50%를 초과하면 연결재무제표를 작성한다.

앞 ㈜봉래산 예를 다시 살펴보자.

- ㈜봉래산이 발행주식총수의 38%를 보유하고 있는 C회사의 20×8.12.31. 보고 순이익이 ₩3,000이다.

(차) 관계기업투자주식	1,140	(대) 관계기업투자(지분법)이익	1,140*

* (₩3,000 × 0.38 = ₩1,140)

- C회사가 당기순이익 보고 후 1개월 시점에 순이익의 30%를 현금배당했다.

(차) 현　금	342*	(대) 관계기업투자주식	342

* (₩1,140 × 0.3 = ₩342)

현금배당 시의 관계기업투자주식 장부가치(액)는 ₩10,798(₩11,140 − ₩342)이다.

 복습문제

A. 당기손익인식금융자산, 기타포괄손익인식금융자산의 공정가치 평가에서 나타나는 평가손익의 예를 들어라.

B. 당기손익인식금융자산평가손익과 기타포괄손익인식금융자산평가손익의 차이는 무엇인가?

C. 상각후원가측정금융자산의 평가과정을 설명하라.

D. 관계기업투자주식의 평가가 일어나는 시점은 언제인가?

라. 처분(매각)

시장성 있는 유가증권을 처분할 때 발생하는 처분가액과 처분 시의 장부가액 간 차이는 각 금융자산의 처분손익으로 인식한다. 기타포괄손익인식금융자산은 처분 시 전년도의 누적된 평가손익을 불러들여 처분손익을 계상한다.

(1) 당기손익인식금융자산의 처분

- 앞 ㈜봉래산 예에서, ㈜봉래산이 20×9.3.31. 장부가치(액) ₩2,800(가정 1)의 A주식을 현금 ₩2,900에 팔았다.

(차) 현 금	2,900	(대) 당기손익인식금융자산	2,800
		당기손익인식금융자산처분(양도)이익	100

(2) 기타포괄손익인식금융자산의 처분

- 앞 ㈜봉래산 예에서, ㈜봉래산이 20×9.10.31. 장부가치(액) ₩1,300(가정 3)의 B주식(평가손실 ₩200)을 현금 ₩2,300에 팔았다.

(차) 현 금	2,300	(대) 기타포괄손익인식금융자산	1,300
		기타포괄손익인식금융자산평가손실	200
		기타포괄손익인식금융자산처분(양도)이익	800

(전년도의 누적된 평가손실을 불러들인다.)

(3) 상각후원가측정금융자산의 처분

처분 시의 장부가치와 처분가액 간 차이를 금융자산처분손익으로 계상한다.

• 앞 ㈜봉래산 예에서, ㈜봉래산이 20×9.10.31. 장부가치(액) ₩2,167(₩2,100 + ₩67)의 상각후원가측정금융자산을 ₩2,350에 매각했다.

(차) 현 금	2,350	(대) 상각후원가측정금융자산	2,167
		상각후원가측정금융자산처분(양도)이익	183

(4) 관계기업투자주식의 처분

판매가격과 판매 시의 장부가치(액) 간 차이를 금융자산처분손익으로 계상한다.

• 앞 ㈜봉래산의 예에서, ㈜봉래산이 20×9.10.31. 장부가치(액) ₩10,798의 관계기업투자주식을 ₩13,500에 팔았다.

(차) 현 금	13,500	(대) 관계기업투자주식	10,798
		관계기업투자주식처분(양도)이익	2,702

 복습문제

A. 기타포괄손익인식금융자산의 처분에서 나타나는 처분손익을 예를 들어 설명하라.

3 요 약

유가증권은 경제가치를 표창하는 문서이며, 어음, 수표, 주식, 채권 등을 예로 들 수 있다. 시장성 있는 유가증권은 거래시장에서 경제가치가 결정되는 금융자산으로서 현금으로의 전환가능성이 매우 크며, 회계에서는 이 금융자산을 보유기간, 만기 여부, 보유비율 등에 따라 당기손익인식금융자산, 기타포괄손익인식금융자산, 상각후원가측정금융자산, 관계기업투자주식으로 나누어 회계처리한다. 회계에서 주로 다루는 증권형 금융자산은 주식과 채권이다.

당기손익인식금융자산, 기타포괄손익인식금융자산은 공정가치로 평가된다. 당기손익인식금융자산평가손익은 당기의 비용, 수익으로 처리되어 당기 배당재원으로 쓸 수 있지만, 기타포괄손익인식금융자산평가손익은 기타포괄손익으로 처리되어 당기 배당재원에서 배제된다. 상각후원가측정금융자산의 평가는 회사채발행회사의 사채할인(할증)발행차금 상각(환입)에 맞추어 이루어진다. 관계기업투자주식의 평가는 통상 피투자기업의 순이익 보고 시에 이루어진다.

시장성 있는 금융자산의 처분손익은 처분가액과 처분 시의 장부가치(액) 간 차이로 계상된다. 기타포괄손익인식금융자산처분손익은 전년도의 누적된 평가손익을 불러들이는 과정을 거쳐 산출된다.

주요용어

- 당기손익인식금융자산 : 재무상태표일로부터 1년 이내 매각하는 증권형 금융자산으로서 주식이나 채권이 그 예에 해당한다. 공정가치와 장부가치의 차이인 평가손익은 당기의 비용, 수익으로 처리되어 당기의 배당가능한 재원이 된다.
- 기타포괄손익인식금융자산 : 재무상태표일로부터 1년을 초과해 보유하는 증권형 금융자산을 말한다. 평가손익은 포괄손익계산서에 기타포괄손익으로 계상됨과 동시에 재무상태표에 자본 항목인 기타포괄손익누계액으로 보고된다.
- 기타포괄손익인식금융자산평가손익 : 공정가치와 장부가치 간 차이를 말하며, 기타포괄손익인식금융자산평가손익은 포괄손익계산서에 기타포괄손익으로 처리되어 당기 배당재원에서 배제되고, 재무상태표에는 기타포괄손익누계액으로 보고된다.
- 상각후원가측정금융자산 : 만기가 있는 채권형 금융자산이다. 공정가치 평가를 하지 않고, 취득원가를 기준으로 사채와 연결해 사채할인(할증)발행차금의 상각(환입)액만큼 자산가액을 증감시킨다.
- 관계기업투자주식 : 투자기업이 피투자기업 발행주식총수의 20% 이상 50% 이하를 보유할 때, 그 금융자산을 말한다.
- 관계기업투자주식 평가 : 투자기업이 피투자기업의 순자산증가(순이익)를 관계기업투자주식의 가치에 반영할 때 관계기업투자주식 평가가 이루어지며, 통상 피투자기업의 당기순이익 보고 시 지분율에 따라 관계기업투자주식의 증감을 인식한다. 이를 지분법이라고 한다.
- 기타포괄손익인식금융자산처분손익 : 처분가액과 처분 시의 장부가치(액) 간 차이를 처분손익으로 인식하며, 처분 시 전년도의 누적된 평가손익을 불러들여 처분손익을 계상한다.

연습문제

1. ㈜화두는 20×7.9.1. ㈜먼산의 주식 500주를 주당 ₩200에 매입하고 기타포괄손익인식금융자산으로 계상했다. ㈜화두의 재무상태표 작성일은 매년 12.31.이다. 20×7년과 20×8년 ㈜먼산 주식의 공정가치 자료가 다음과 같을 때 물음에 답하라.

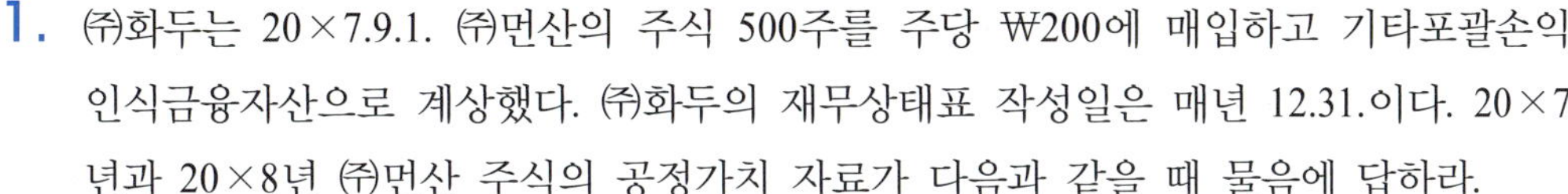

	공정가치(주당)
20×7.12.31.	₩230
20×8.12.31.	170

문

(1) 기타포괄손익인식금융자산에 대해 20×7.12.31., 20×8.12.31. ㈜화두에서 이루어지는 회계처리를 각각 하라.

(2) ㈜화두가 20×9.2.11. ㈜먼산의 주식 300주를 공정가치(주당) ₩210에 현금매각할 때와 공정가치(주당) ₩200에 현금매각할 때, 기타포괄손익인식금융자산의 처분손익을 각각 계산하라.

2. ㈜비개인빛은 20×6.9.17. 상장회사인 ㈜오색구름의 주식 1,000주를 주당 ₩500에 구입해 당기손익인식금융자산으로 분류했으나, 20×7.6.30. 기타포괄손익인식금융자산으로 재분류해 회계처리하고 있다. 20×6.12.31.의 단위당 주가(공정가치)는 ₩520, 20×7.12.31.의 단위당 주가(공정가치)는 ₩480이다. 회계기간은 매년 1.1.~12.31.이다.

문

(1) ㈜비개인빛의 20×6년 당기순이익 계상에 반영되는 당기손익인식금융자산평가이익은 얼마인가?

(2) ㈜비개인빚의 20×7년 당기순이익 계상에 반영되는 금융자산평가손실은 얼마인가?

(3) ㈜비개인빚이 20×8.10.14. 금융자산 1,000주를 모두 현금매도했다. 매도시점의 단위당 주가(공정가치)가 ₩510일 때 20×8년 당기순이익 계상에 반영되는 금융자산처분(양도)손익은 얼마인가?

3. 20×7.1.3. ㈜우주는 ㈜지구가 발행한 의결권 있는 보통주식의 10%(1,000주)를 취득했고, 20×8.5.4. ㈜우주는 ㈜지구의 동일한 주식 30%(3,000주)를 추가로 취득함으로써 ㈜지구의 영업에 영향력을 미칠 수 있게 되었다. ㈜지구의 20×7년, 20×8년, 20×9년의 현금배당과 당기순이익이 다음과 같고, 각 회계기간은 1.1.~12.31.이다. ㈜지구의 주식 1주당 주가는 20×7.1.3. ₩200, 20×7.12.31. ₩300, 20×8.5.4. ₩270, 20×8.12.31. ₩250이다. ㈜지구의 각 연도 현금배당(매년 3.2. 지급)은 전기순이익에 대한 것이다.

	20×7	20×8	20×9
현금배당	₩ 30,000	₩ 40,000	₩ 50,000
당기순이익	100,000	150,000	200,000

문

(1) ㈜우주의 20×8년 현금배당금 수익에 대한 분개를 하라.

(2) ㈜지구의 20×8년 당기순이익 보고 및 20×9년 현금배당에 대해 ㈜우주에서 필요한 분개를 하라.

(3) 20×7년 ㈜우주가 ㈜지구의 주식을 기타포괄손익인식금융자산으로 분류했을 때, 20×7.12.31. 필요한 분개를 하라.

4. ㈜대륙철도의 당기손익인식금융자산, 기타포괄손익인식금융자산 투자자료(자산가액)가 다음과 같다. 물음에 답하라.

	취득원가 (20×7.2.7.)	공정가치 (20×7.12.31.)	공정가치 (20×8.12.31.)
당기손익인식금융자산	₩1,100	₩ 900	₩1,200
기타포괄손익인식금융자산	1,500	1,400	1,600

문

(1) ㈜대륙철도의 20×8년 손익계산서에 계상되는 배당가능한 평가이익은 얼마인가?

(2) ㈜대륙철도의 20×8년 재무상태표에 계상되는 기타포괄손익누계액은 얼마인가?

5. ㈜한려의 20×8년 법인세비용차감전순이익이 ₩15,000이고, 이 가액에 다음 항목이 포함되어 있다. ㈜한려는 ㈜수도의 발행주식 38%를 보유하고 있다. 물음에 답하라.

기타포괄손익인식금융자산평가이익	₩1,300
관계기업투자(지분법)이익	800
현금배당금 수익(㈜수도 주식에서 발생)	250
전년도 매출원가 조정	(540)

문

㈜한려의 20×8년 손익계산서에 계상되어야 할 법인세비용차감전순이익은 얼마인가?

6. 20×7.1.5. ㈜천재가 ㈜일우의 주식 35%를 ₩35,000에 취득했는데, ㈜일우가 20×7.12.31. ₩20,000의 순이익을 보고하고 20×8.2.9. ₩6,000의 현금을 배당했다. 20×8.3.5. ㈜천재는 ㈜일우의 주식 35% 중 20%를 ₩25,000에 매각했고, 20×8.12.31. ㈜일우가 ₩25,000의 순이익을 보고했다.

문

(1) 20×7.12.31. ㈜천재가 손익계산서에 보고할 금융자산이익은 얼마인가?

(2) 20×8.2.9. ㈜천재의 금융자산 장부가치는 얼마인가?

(3) 20×8.3.5. ㈜천재의 금융자산처분이익은 얼마인가?

(4) 20×8.12.31. ㈜천재의 금융자산 장부가치는 얼마인가?

연습문제 해답

1. (1) 20×7.12.31.

(차) 기타포괄손익인식금융자산	15,000	(대) 기타포괄손익인식금융자산평가이익	15,000

20×8.12.31.

(차) 기타포괄손익인식금융자산평가이익	15,000	(대) 기타포괄손익인식금융자산	30,000
기타포괄손익인식금융자산평가손실	15,000		

(2) **(₩210일 때)** 공정가치 ₩210×300=₩63,000, 장부가치 ₩170×300=₩51,000

(차) 현 금	63,000	(대) 기타포괄손익인식금융자산	51,000
		기타포괄손익인식금융자산평가손실	9,000*
		* (₩15,000×300÷500)	
		기타포괄손익인식금융자산처분이익	3,000

기타포괄손익인식금융자산의 처분이익은 ₩3,000이다.

(₩200일 때) 공정가치 ₩200×300=₩60,000, 장부가치 ₩170×300=₩51,000

(차) 현 금	60,000	(대) 기타포괄손익인식금융자산	51,000
		기타포괄손익인식금융자산평가손실	9,000*
		* (₩15,000×300÷500)	

기타포괄손익인식금융자산의 처분손익은 ₩0이다.

2. (1) (₩520－₩500)×1,000=₩20,000

(2) 기타포괄손익인식금융자산 평가손실 (₩480－₩520)×1,000=₩40,000

당기순이익 계상에 반영되는 금융자산평가손실 ₩0

(3) (차) 현　금 510,000 (대) 기타포괄손익인식금융자산 480,000
기타포괄손익인식금융자산처분손실 10,000 기타포괄손익인식금융자산평가손실 40,000

기타포괄손익인식금융자산처분손실 ₩10,000이다.

3. (1) (차) 현　금 4,000 (대) 배당금수익 4,000
(2) (차) 관계기업투자주식 60,000 (대) 관계기업투자(지분법)이익 60,000
현　금 20,000 관계기업투자주식 20,000
(3) (차) 기타포괄손익인식금융자산 100,000 (대) 기타포괄손익인식금융자산평가이익 100,000

4. (1) ₩1,200 − ₩900 = ₩300
(2) 20×7.12.31. 기타포괄손익인식금융자산평가손실 ₩100
20×8.12.31. 기타포괄손익인식금융자산평가이익 ₩100(평가이익 ₩200 − 평가손실 ₩100)
재무상태표에 계상되는 기타포괄손익누계액(기타포괄손익인식금융자산평가이익)은 ₩100이다.

5. ₩15,000 − ₩1,300 − ₩250 + ₩540 = ₩13,990{현금배당금 수익 ₩250은 관계기업투자(지분법)이익 ₩800에 포함되어 있다.}
㈜수도로부터 현금배당을 받았을 때의 분개
(차) 현　금 250 (대) 관계기업투자주식 250

6. (1) 관계기업투자(지분법)이익 : ₩20,000 × 0.35 = ₩7,000
(2) 관계기업투자주식 : ₩35,000 + ₩7,000 − ₩6,000 × 0.35 = ₩39,900
(3) 관계기업투자주식 처분이익 : ₩25,000 − (₩39,900 × 20 ÷ 35) = ₩25,000 − ₩22,800 = ₩2,200
(4) 금융자산 : ₩39,900 − ₩22,800 = ₩17,100

제 10 장

비유동자산(유형자산, 무형자산)

1. 유형자산의 회계처리
2. 무형자산의 회계처리
3. 요 약

세계경제는 제4차 산업혁명에 직면해 있으며, 인공지능, 로봇산업, 빅데이터, 자율주행차, 대용량 축전지, 바이오 사업 등이 이를 이끌 것으로 예측된다. 기업들은 새로운 환경변화에 적응해 살아남기 위한 생존전략으로 관련 산업의 대규모 투자를 신중히 검토하고, 과감하게 실행하고 있다. 이는 지속적으로 경제가치를 창출할 수 있는 기술, 신제품, 설비자산, 경영혁신 등을 도외시하고는 기업의 유지 · 발전을 기대하기 어렵다는 의미로 이해할 수 있다.

장기에 걸쳐 경제효익을 창출할 수 있는 자산으로는 기계설비, 토지, 건물, 특허권, 지적재산권, 상호권, 상표권 등이 있으며, 이러한 유형의 자산을 비유동자산이라고 한다. 비유동자산은 크게 물리적 형태가 있는 유형자산과 물리적 형태가 없는 무형자산으로 나눌 수 있는데, 기계설비, 토지, 건물 등은 유형자산에 해당하고 특허권, 지적재산권, 상호권, 상표권 등은 무형자산에 속한다. 1년을 초과해 보유하는 투자자산도 비유동자산에 해당한다.

비유동자산은 대부분의 조직에서 매우 중요한 기능을 수행한다. 건물, 토지는 장기간 영업활동에 필요한 공간을 제공하고, 기계설비는 재고자산인 제품 생산에 필수적이다. 독점사용기간(존속기간)이 인정되는 특허기술, 지적재산권 등의 무형자산은 기업의 부가가치를 증가시킴으로써 가치창출에 중요한 역할을 한다.

이처럼 경제가치가 풍부하게 내재되어 있는 비유동자산도 기간경과에 따라 가치가 감소하거나 진부화되는 특성을 지닌다. 기간경과 또는 사용에 따라 감소된 경제가치의 측정문제는 비유동자산의 회계처리에서 중요한 비중을 차지하며, 시장상황에 따른 비유동자산의 가치평가도 비유동자산의 회계처리에서 자주 마주치는 과제이다. 예컨대, 토지는 가치감소가 없는 자산인가, 오염된 토지의 경제가치는 얼마이고, 기업이 개발한 특허권의 경제가치와 가치감소분은 어떻게 산정하는 것이 최적인가 등은 기업에서 실제 발생하는 문제에 해당한다.

이 장에서는 비유동자산인 유형자산과 무형자산, 투자자산에 대해 살펴보기로 한다.

1 유형자산의 회계처리

유형자산은 1년 넘게 영업활동에 이바지하는 자산으로서 형체가 있는 것을 말하며, 미래의 경제가치를 창출한다. 회계처리 경우의 수는 가. 획득(발생), 나. 보유 중 지출, 다. 기말평가, 라. 매각 · 폐기, 마. 회계추정변경 등으로 나누어 살펴볼 수 있다. 유형자산의 획득방법은 구입, 자가제조(건설) 등이 있고, 기말평가는 유형자산의 기간경과 또는 사용에 따른 가치감소(감가상각비)와 유형자산 자체의 가치평가(원가모형, 재평가모형)로 이루어진다.

가. 유형자산의 획득

유형자산의 획득방법은 구입, 자가제조(건설), 현물출자, 수증, 교환 등이 있으며, 매입이나 제조가 획득수단인 판매용 재고자산보다 다양하다.

(1) 구 입

유형자산의 취득은 현금구입, 신용구입 외에 장기할부구입, 여러 유형자산의 일괄구입 등이 있을 수 있다. 장기할부구입의 대가로 장기어음을 발행 · 교부한 때는 장기어음 액면가를 현재가치로 할인해 유형자산의 취득원가를 구하며, 일괄구입 시는 전체 구입대금을 유형자산별로 배분해 각 자산의 취득원가를 산정한다. 기계취득에 따른 시운전원가, 운반원가, 토지 취득 시 발생하는 철거원가, 등기세, 취득세 등의 부수(대)원가는 유형자산의 취득원가에 포함된다.

1) 단순구입

(거래 예)

• ㈜선운(仙雲)이 ₩100,000의 기계를 신용매수했다. 분개는 다음과 같다.

(차) 기 계	100,000	(대) 미지급금	100,000

2) 할부구입

(거래 예)

- ㈜선운이 20×8.1.1. 기계를 할부매수하고 4년간 매년말 ₩26,000씩 분할지급할 것을 내용으로 하는 무이자부어음을 발행·교부했다. 기계의 시운전비 ₩1,000, 취득·등록세 ₩300의 부수(대)원가(현금지급)가 발생했다. 현재가치 할인율은 연 5%이다. 이때의 분개는 다음과 같다.

(차)	기 계	92,196	(대)	현 금	1,300
	기 계	1,300		장기할부지급어음(미지급금)	104,000
	현재가치할인차금	11,804			

(장기할부지급어음(미지급금)의 현가 계산)

₩26,000×3.5460(5%, 4년 연금의 현가계수)=₩92,196

현재가치할인차금=₩104,000−₩92,196=₩11,804

장기할부지급어음(미지급금)의 현재가치가 ₩92,196이므로 기계의 매수가격은 ₩92,196이다. 또한, 장기지급어음의 4년간 액면가치가 ₩104,000, 현재가치가 ₩92,196이므로 액면가치를 현재가치로 평가하기 위한 차금은 ₩11,804이다. 현재가치할인차금은 장기할부지급어음(부채)의 평가계정으로 부채의 장부가치를 감소시킨다. 기간이 지나면서 현재가치할인차금이 감소하고 이자비용이 발생한다. 기계의 내용연수가 10년, 잔존가치 ₩0, 연간 감가상각비가 ₩9,350일 때 1년 후 분개는 다음과 같다. 기계와 현재가치할인차금의 상각은 정액법에 따른다.

(1년 후)

(차)	장기할부지급어음	26,000	(대)	현 금	26,000
	이자비용	2,951		현재가치할인차금	2,951
	기계감가상각비	9,350		기계감가상각누계액	9,350

(2) 자가건설(제조)

건물이나 기계는 스스로 건설하거나 제조할 수 있다. 건물을 자가건설할 때의 회계처리를 예시하도록 한다. 건설자금을 차입하면서 부담하는 건설자금이자는 건물 건설에 수반되는 원가로 건물원가에 반영된다(이자비용의 자본화). ₩1,000의 건설자금이자를 현금지급했다고 가정하자.

(거래 예)

- ㈜선운이 최고의 기능, 설계, 외관을 지닌 건물을 스스로 건설하면서, 원재료원가 ₩10,000, 노무원가 ₩9,000, 기타원가 ₩5,500을 투입했다. 분개는 다음과 같다.

(차)	이자비용	1,000	(대)	현　금	1,000
	건설중인자산	25,500		원재료원가	10,000
				노무원가	9,000
				기타원가	5,500
				이자비용	1,000

- 건물이 완공되었다. 분개는 다음과 같다.

(차)	건　물	25,500	(대)	건설중인자산	25,500

(3) 현물출자

통상 투자자가 주식공모에 응해 주금을 납입하거나 금융시장에서 주식을 매수하면 주주가 된다. 주식공모과정을 그림으로 나타내면 [그림 10-1]과 같다. 주식공모는 주식의 공개매각(발행)을 뜻한다. 청약 후 인수한 시점의 지위를 권리주라고 하며, 주금은 금전납입이 원칙이지만 현물출자도 가능하다.

그림 10-1 주식공모과정

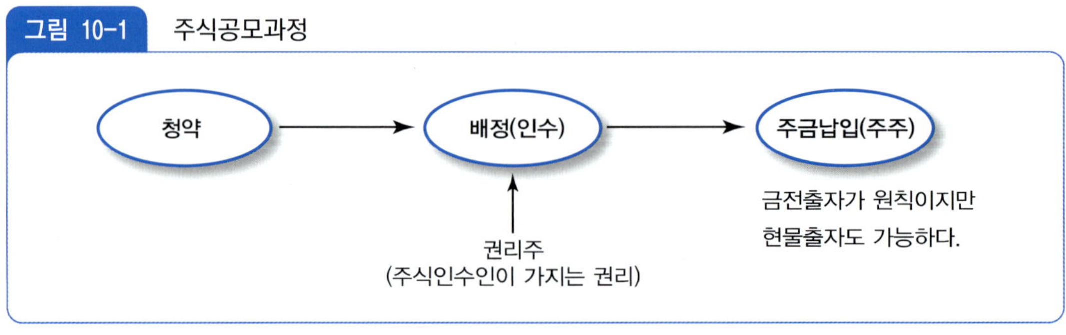

(거래 예)

• ㈜선운이 주주로부터 ₩350,000의 현금, ₩150,000의 토지 출자를 받았다. 분개는 다음과 같다.

(금전출자)	(차) 현　금	350,000	(대) 자본금	350,000
(현물출자)	(차) 토　지	150,000	(대) 자본금	150,000

(4) 수 증

수증은 유형자산의 소유권을 무상으로 넘겨받는 것을 말한다. 소유권을 넘겨주는 사람을 증여자, 넘겨받는 사람을 수증자라고 한다.

(거래 예)

• ㈜선운이 주주로부터 ₩100,000의 건물을 증여받았다. 분개는 다음과 같다.

(차) 건　물	100,000	(대) 자산수증이익	100,000

(5) 교 환

같은 종류의 유형자산을 상대방과 서로 바꿀 수 있다. 구자산과 신자산의 가치 차이에 따라 처분손익이 발생할 수 있다.

(거래 예)

• ㈜선운이 장부가치 ₩18,000(취득원가 ₩25,000, 감가상각누계액 ₩7,000)의 기계를 ₩21,000의 새기계와 맞바꾸었다. 분개는 다음과 같다.

(차) (새)기계	21,000	(대) (옛)기계	25,000
기계감가상각누계액	7,000	기계처분이익	3,000

나. 보유 중 지출

유형자산은 1년 넘게 영업활동에 쓰이기 때문에 보유 중 지출의 회계처리가 추가로 이루어진다. 지출원가의 성격에 따라 자본적지출과 수익적지출로 나뉜다.

자본적지출은 유형자산의 가치, 내용연수, 잔존가치, 성능을 배가하는 지출이며, 수익적지출은 유형자산의 가치를 유지하기 위한 지출이다. 자본적지출은 유형자산의 가치증가로 회계처리되며, 수익적지출은 포괄손익계산서의 기간비용으로 처리된다.

(거래 예)

- ㈜선운이 덧붙인 증축, 면적확장이 포함된 건물의 리모델링을 하면서 그 대가인 ₩300,000을 당좌수표로 결제했다. 분개는 다음과 같다(자본적지출).

(차) 건 물	300,000	(대) 당좌예금	300,000

- ㈜선운이 갈라진 건물 틈을 보수하면서 그 대가인 ₩5,000을 당좌수표로 결제했다. 분개는 다음과 같다(수익적지출).

(차) 수선비	5,000	(대) 당좌예금	5,000

다. 기말평가

유형자산의 기말평가는 유형자산의 경제가치 변화를 회계가치에 반영함으로써 회계정보의 신뢰성을 높이기 위한 절차로 해석할 수 있다. 기말평가는 (1) 기간경과 또는 사용에 따른 유형자산의 가치감소분(감가상각비) 인식, (2) 감가상각방법, (3) 유형자산 자체의 가액평가로 나누어 살펴보기로 한다.

(1) 감가상각비 계상

유형자산은 기간경과에 따라 사용, 진부화, 마모 등으로 가치가 감소하는데, 이 가치감소분의 인식을 감가상각비(Depreciation) 계상이라고 한다. 감가상각비는 추정치이며, 취득원가, 내용연수, 잔존가치, 상각률을 기초로 산정된다. 취득원가는 유형자산의 취득에 희생된 경제가치의 화폐평가액이고, 내용연수는 유형자산의 최대 사용기간을 뜻하며, 잔존가치는 유형자산을 내용연수 동안 사용한 후 남는 가치를 의미한다. 상각률은 감가상각비를 산출할 때 상각대상가액에 곱해지는 비율이다.

감가상각은 유형자산의 효익제공기간인 내용연수에 걸쳐 유형자산의 취득원가를 배분하는 시스템이다. 감가상각비는 회계 5개념 중 비용(차변)에 해당하며, 상대편 계정은 감가상각누계액(대변)이다. 감가상각누계액은 유형자산의 평가계정으로서 자산감소항목이다.

(거래 예)

- ㈜선운의 20×8년 건물감가상각비가 ₩40,000이다. 분개는 다음과 같다.

(차) 건물감가상각비 40,000 (대) 건물감가상각누계액 40,000

(2) 감가상각방법

감가상각방법은 정액법, 정률법, 연수합계법, 생산량비례법, 대체법, 종합상각법 등 수많은 갈래가 있으나, 이 책에서는 자주 쓰이는 세 가지 방법을 소개하기로 한다. 정액법은 매 회계기간마다 동일한 감가상각비를 계상하는 방법이고, 정률법은 매 회계기간의 상각률이 동일한 방법이다. 생산량비례법은 광산・유전처럼 채굴량(생산량)에 따라 가치가 감소하는 기업에서 사용하는 방법이다.

1) 정액법

매 회계기간마다 동일한 감가상각비를 인식하며, 다음 식으로 감가상각비를 산정한다.

$$(\text{취득원가} - \text{잔존가치}) \times \frac{1}{\text{내용연수}}$$

(예시) 20×8년 초 ㈜선운이 구입한 건물의 취득원가가 ₩400,000이고, 내용연수 10년, 잔존가치 ₩0 또는 ₩10,000이다. 매년 감가상각비는 다음과 같다.

잔존가치 ₩0일 경우: $₩400,000 \times \frac{1}{10} = ₩40,000$

잔존가치 ₩10,000일 경우: $(₩400,000 - ₩10,000) \times \frac{1}{10} = ₩39,000$

(분개) (차) 건물감가상각비 40,000(39,000)　　(대) 건물감가상각누계액 40,000(39,000)

2) 정률법

매 회계기간의 상각률이 일정하며, 미상각잔액(장부가치: 취득원가 − 감가상각누계액)에 상각률을 곱해 감가상각비를 산정한다. 감가상각이 이루어짐에 따라 미상각잔액이 줄게 되므로 시간이 흐를수록 감가상각비는 감소한다. 정률법을 체감상각법이라고 부르는 이유이다. 상각률을 도출해보자. 문제에서 상각률은 그 값이 주어지는 것이 일반적이다.

(상각률 도출)

취득원가 C, 잔존가치(미상각잔액) S, 내용연수 n, 상각률 d일 때, $(C \times d)$는 상각액, $(1 - d)$는 잔존가치율, $(C - C \times d) = C(1 - d)$는 미상각잔액(잔존가치)이다.

1차 연도 감가상각과 미상각잔액: $C - C \times d = C(1 - d) = S_1$

2차 연도 감가상각과 미상각잔액: $S_1 - S_1 \times d = S_1(1 - d) = C(1 - d)^2 = S_2$

:　　　　　　　　　　　　　　　:

n차 연도 감가상각과 미상각잔액: $S_{n-1} - S_{n-1} \times d = S_{n-1}(1 - d) = C(1 - d)^n = S_n$

$$(1 - d)^n = \frac{S_n}{C} \qquad \therefore\ d = 1 - \sqrt[n]{\frac{S_n}{C}}$$

취득원가(C)와 잔존가치(S_n)가 상수이므로 상각률 d는 상수이다.

(예시) 20×8년 초 ㈜선운이 매수한 기계장치의 취득원가가 ₩100,000, 잔존가치가 ₩20,000이고, 내용연수는 5년이다. 상각률과 1, 2차 연도의 감가상각비는 다음과 같다.

$$\text{상각률 } d = 1 - \sqrt[5]{\frac{20,000}{100,000}} = 0.275$$

1차 연도(20×8) 감가상각비 : ₩100,000×0.275=₩27,500

2차 연도(20×9) 감가상각비 : ₩72,500(미상각잔액)×0.275=₩19,937.5

(분개)

1차 연도	(차) 감가상각비	27,500	(대) 감가상각누계액	27,500
2차 연도	(차) 감가상각비	19,937.5	(대) 감가상각누계액	19,937.5

3) 생산량비례법

생산량에 비례해 감가상각비를 계상하는 방법이다. 추정 총생산량이 정해져 있는 경우, 실제 생산량이 증가할수록 자산가치는 감소하게 된다. 다음 식으로 매 회계기간의 감가상각비(Depletion)를 산정한다.

$$(\text{취득원가} - \text{잔존가치}) \times \frac{\text{당기 실제생산량}}{\text{추정 총생산량}}$$

(예시) 만개가 소유하는 희토류광산(취득원가 ₩900,000, 잔존가치 ₩0)의 총매장량이 30만톤으로 추정되며, ㈜만개의 20×8년 채굴량은 2만톤이다. 20×8년 감가상각비는 다음과 같다.

$$₩900,000 \times \frac{2\text{만톤}}{30\text{만톤}} = ₩60,000$$

(분개) (차) 감가상각비 60,000 (대) 감가상각누계액 60,000

복습문제

A. 정액법, 정률법, 생산량비례법을 비교, 설명하라.

B. 유형자산을 감가상각하는 이유는 무엇인가?

(3) 유형자산 자체의 가치평가

기간경과 또는 사용에 따른 감가상각 외의 유형자산 가치변화를 반영하기 위한 평가모형(방법)은 1) 저가주의가 적용되는 원가모형과 2) 공정가치가 적용되는 재평가모형이 있다.

1) 원가모형

저가주의가 적용되며, 장부가액과 시가(회수가능액)를 비교해 시가가 낮은 경우 손상차손(평가손실)을 인식한다. 시가(회수가능액)는 유출 개념으로서의 순실현가능가치(순공정가치 : 판매가액 – 판매비용)와 유입 개념으로서의 사용가능가치(대체원가) 중 큰 가액을 취한다.

(거래 예)

- ㈜선운이 보유하는 취득원가 ₩100,000의 토지가치가 토양오염으로 ₩90,000이 되었다. 분개는 다음과 같다.

(차) 토지손상차손 (토지평가손실)	10,000	(대) 토지손상차손누계액	10,000

- ㈜선운이 토양오염을 제거해 토지가치가 ₩117,000으로 상승했다. 분개는 다음과 같다.

(차) 토지손상차손누계액	10,000	(대) 토지손상차손환입 (토지평가이익)	10,000

토지손상차손누계액은 토지의 평가계정으로 토지자산의 감소항목이다. 저가주의를 택하기 때문에 토지가격이 회복되더라도 처음의 취득원가까지만 장부가치를 상향 조정한다.

2) 재평가모형

재평가모형은 매 회계기간 말에 유형자산을 공정가치로 다시 평가하는 방법

〈도표 10-1〉 포괄손익계산서의 예시

포괄손익계산서

㈜선운	20×8.1.1.~20×8.12.31.	(단위 : 원)
매출액	₩315,000	
매출원가	209,000	
매출총이익	₩106,000	
:		
유형자산재평가손실	(3,000)	
:		
법인세비용차감전순이익	₩103,000	
법인세비용	(10,300)	
당기순이익	₩ 92,700	
법인세효과후기타포괄손익		
유형자산재평가이익	2,500	
당기총포괄이익	₩ 95,200	

이다. 원가모형과 달리 재평가모형에서는 기말 공정가치가 취득원가를 초과하더라도 공정가치가 새로운 장부가치로 기록된다. 공정가치가 장부가치보다 적을 때 인식하는 재평가손실은 당기비용으로 기록되며 포괄손익계산서의 당기순이익에 반영되지만, 공정가치가 장부가치보다 클 때 인식하는 재평가이익은 포괄손익계산서의 기타포괄이익으로 처리되며 당기순이익에 포함되지 않는다(보수주의). 당기에 발생한 재평가이익은 당기의 배당재원으로 쓸 수 없다. 재평가이익은 재무상태표에 재평가잉여금으로 대체(마감분개)할 수 있다. 기타포괄손익항목은 예외, 임시, 장기누적 항목 등으로 구성되며, 기타포괄인식금융자산평가손익, 유형자산재평가이익 등을 예로 들 수 있다. 유형자산의 재평가손실(₩3,000)과 재평가이익(₩2,500)이 계상된 포괄손익계산서를 간략히 예시하면 <도표 10-1>과 같다.

3) 재평가모형의 세부내용과 예제

재평가모형은 회계기말 유형자산의 공정가치와 장부가치 간 차이를 재평가손익으로 인식하는 방법이다. 기초가액 상태의 자산이 사용되고 난 시점인 기말에 공정가치를 산정하기 때문에 상각자산의 감가상각비는 기초가액(취득원가 또는 전기말 공정가치)을 토대로 계상한다. 기말의 감가상각비가 포함된 감가상각누계액을 해당 유형자산과 상쇄하는 분개를 통해 장부가치를 구하고, 이 장부가치와 기말 공정가치를 비교함으로써 유형자산재평가손익을 산정한다. 재평가손실은 포괄손익계산서의 당기비용으로 계상하지만, 재평가이익은 포괄손익계산서의 기타포괄이익에 포함시킨 후(보수주의 적용), 마감분개에서 재무상태표의 재평가잉여금(기타포괄손익누계액)으로 대체한다. 재평가잉여금이 있는 유형자산을 처분 · 폐기한 후 남는 재평가잉여금은 재무상태표에 그대로 두거나 이익잉여금으로 대체한다. 이익잉여금으로 대체된 가액은 배당재원으로 쓰일 수 있다. 예제를 제시해 재평가모형의 세부내용과 회계처리를 설명하기로 한다.

예제

- ㈜선운이 20×7.1.1. 기계를 ₩12,000에 현금매입했으며, 내용연수는 5년이고, 정액법으로 감가상각한다고 하자. 잔존가치는 ₩2,000이다. 내용연수, 잔존가치는 5년간 변하지 않는다.

(20×7.12.31. 감가상각비, 장부가치)

(차) 기계감가상각비 2,000* (대) 기계감가상각누계액 2,000

* (₩12,000 − ₩2,000) × 1/5 = ₩2,000

20×7.12.31. 기계장부가치는 ₩10,000(₩12,000 − ₩2,000)이다.

- 20×7.12.31. ㈜선운의 기계공정가치가 (i) ₩10,000, (ii) ₩13,000, (iii) ₩8,000인 경우의 회계처리는 다음과 같다. 20×7.12.31.의 장부가치 ₩10,000과 20×7.12.31.의 공정가치를 각각 비교해 재평가손익을 계상한다.

(i)	(차) 감가상각누계액	2,000	(대)	기 계	2,000
(ii)	(차) 감가상각누계액	2,000	(대)	기 계	2,000
	기 계	3,000		기계재평가이익	3,000
(iii)	(차) 감가상각누계액	2,000	(대)	기 계	2,000
	기계재평가손실	2,000		기 계	2,000

- 20×7.12.31.의 (i), (ii), (iii)과 같은 조건에서 20×8.12.31. ㈜선운의 기계공정가치가 ₩11,000인 경우와 ₩4,000인 경우의 회계처리는 각각 다음과 같다.

〈20×8.12.31. ㈜선운의 기계공정가치가 ₩11,000인 경우〉

(i) 20×7.12.31. 공정가치 ₩10,000일 때

(감가상각비 계상)(내용연수 4년, 공정가치 ₩10,000)

(차) 감가상각비 2,000* (대) 감가상각누계액 2,000

* (₩10,000 − ₩2,000) × 1/4 = ₩2,000

20×8.12.31.의 기계장부가치는 ₩8,000(₩10,000 − ₩2,000)이다.

(재평가이익 계상)(₩11,000 − ₩8,000)

(차) 감가상각누계액 2,000 (대) 기 계 2,000(장부가치 : ₩8,000)
기 계 3,000 기계재평가이익 3,000

(ii) 20×7.12.31. 공정가치 ₩13,000일 때

(감가상각비 계상)(내용연수 4년, 공정가치 ₩13,000)

(차) 감가상각비 2,750* (대) 감가상각누계액 2,750

* (₩13,000 − ₩2,000) × 1/4 = ₩2,750

20×8.12.31.의 기계장부가치는 ₩10,250(₩13,000 − ₩2,750)이다.

(재평가이익 계상)(₩11,000 − ₩10,250)

(차) 감가상각누계액 2,750 (대) 기 계 2,750(장부가치 : ₩10,250)
기 계 750 기계재평가이익 750

(iii) 20×7.12.31. 공정가치 ₩8,000일 때

(감가상각비 계상)(내용연수 4년, 공정가치 ₩8,000)

(차) 감가상각비 1,500* (대) 감가상각누계액 1,500

* (₩8,000 − ₩2,000) × 1/4 = ₩1,500

20×8.12.31.의 기계장부가치는 ₩6,500(₩8,000 − ₩1,500)이다.

(재평가이익 계상)(₩11,000 − ₩6,500)

(차) 감가상각누계액 1,500 (대) 기 계 1,500(장부가치 : ₩6,500)
기 계 4,500 기계재평가이익 4,500

〈20×8.12.31. ㈜선운의 기계공정가치가 ₩4,000인 경우〉

(i) 20×7.12.31. 공정가치 ₩10,000일 때

(감가상각비 계상)(내용연수 4년, 공정가치 ₩10,000)

(차) 감가상각비	2,000*	(대) 감가상각누계액	2,000

* (₩10,000 − ₩2,000) × 1/4 = ₩2,000

20×8.12.31.의 기계장부가치는 ₩8,000(₩10,000 − ₩2,000)이다.

(재평가손실 계상)(₩4,000 − ₩8,000)

(차) 감가상각누계액	2,000	(대) 기 계	2,000(장부가치 : ₩8,000)
기계재평가손실	4,000	기 계	4,000

(ii) 20×7.12.31. 공정가치 ₩13,000일 때

(감가상각비 계상)(내용연수 4년, 공정가치 ₩13,000)

(차) 감가상각비	2,750*	(대) 감가상각누계액	2,750

* (₩13,000 − ₩2,000) × 1/4 = ₩2,750

20×8.12.31.의 기계장부가치는 ₩10,250(₩13,000 − ₩2,750)이다.

(재평가손실 계상(₩4,000 − ₩10,250)

(차) 감가상각누계액	2,750	(대) 기 계	2,750(장부가치 : ₩10,250)
기계재평가이익	3,000	기 계	6,250
기계재평가손실	3,250		

(iii) 20×7.12.31. 공정가치 ₩8,000일 때

(감가상각비 계상)(내용연수 4년, 공정가치 ₩8,000)

(차) 감가상각비	1,500*	(대) 감가상각누계액	1,500

* (₩8,000 − ₩2,000) × 1/4 = ₩1,500

20×8.12.31.의 기계장부가치는 ₩6,500(₩8,000 − ₩1,500)이다.

(재평가손실 계상)(₩4,000 − ₩6,500)

(차) 감가상각누계액	1,500	(대) 기 계	1,500(장부가치 : ₩6,500)
기계재평가손실	2,500	기 계	2,500

〈유형자산재평가이익과 유형자산재평가잉여금의 대체〉

(유형자산재평가이익(₩3,000)의 대체)

(차)	유형자산재평가이익	3,000	(대)	유형자산재평가잉여금 (기타포괄손익누계액)	3,000

(재평가잉여금의 대체 : 해당 유형자산이 매각되었을 경우)

(차)	유형자산재평가잉여금	3,000	(대)	이익잉여금	3,000

라. 매각(처분)

원가모형을 적용하는 유형자산과 재평가모형을 적용하는 유형자산의 매각에 대한 회계처리가 서로 다를 수 있다. 원가모형에서는 유형자산의 감가상각누계액이 남아 있는 반면, 재평가모형에서는 유형자산의 감가상각누계액이 매년 유형자산의 장부가치와 상쇄되어 남아 있지 않기 때문이다. 회계처리를 예시하기로 한다.

(거래 예)

- 공정가치로 재평가된 ₩8,000의 기계를 ₩9,000에 현금매각했다. 분개는 다음과 같다.

(차)	현 금	9,000	(대)	기 계	8,000
				기계처분(매각)이익	1,000

- 원가모형이 적용되는 장부가치 ₩8,000(취득원가 ₩12,000, 감가상각누계액 ₩4,000)의 기계를 ₩9,000에 현금매각했다. 분개는 다음과 같다.

(차)	현 금	9,000	(대)	기 계	12,000
	기계감가상각누계액	4,000		기계처분(매각)이익	1,000

마. 회계추정변경, 투자자산

회계변경에는 회계(보고)실체, 회계정책, 회계추정의 변경이 있다. 실체변경은 회사합병이나 지분율이 50%를 초과하는(연결재무제표) 경우에 나타나며, 재무제표 작성주체가 바뀌는 것을 말한다. 정책변경은 매출원가(재고자산)의 측정방법이나 감가상각방법이 각각 평균법에서 선입선출법, 정액법에서 정률법으로 바뀌는 것을 예로 들 수 있으며, 추정변경은 외상매출금의 대손율, 유형자산의 잔존가치나 내용연수 등 추정치가 변하는 것을 뜻한다. 정책이나 추정치가 변경되면, 그 이후로는 변경사항에 맞추어 회계처리가 이루어진다.

투자자산은 투자수익을 얻기 위해 1년 넘게 보유하는 자산이며, 투자부동산을 예로 들 수 있다. 기업이 부동산 등 비영업용 자산을 소유할 경우 세제상 불이익을 입을 수 있다.

 복습문제

A. 유형자산 재평가모형의 재평가손실과 재평가이익은 어떠한 차이가 있는가?

B. 원가모형을 적용할 때와 재평가모형을 적용할 때의 유형자산 매각에 대한 회계처리는 어떻게 다른가?

2 무형자산의 회계처리

무형자산은 1년 넘게 영업에 쓰이는 자산으로서 형체가 없는 자산이다. 취득방법은 유형자산과 유사하며, 자체개발의 경우 자산인식시점과 가액평가에 객관성이 떨어져 분식회계 문제가 대두될 수 있다. 무형자산의 존속기간(내용연수)은 무한하지 않으므로 기간경과에 따른 무형자산의 가치상각(Amortization)이 필요하다. 무형자산은 특허권, 개발비, 영업권, 상호권, 상표권, 지적재산권 등이 있고, 회계처리 경우의 수는 가. 취득(발생), 나. 기말평가, 다. 매각・폐기로 나누어 살펴볼 수 있다.

가. 취득(발생)

(1) 특허권

특허는 자연법칙을 이용한 발명으로서 고도의 것을 말한다. 외부구입은 구입가액, 자체개발은 투입된 원가가 취득가액이 된다.

(거래 예)

• ㈜선운이 미세먼지 5중 차단기술특허를 ₩80,000에 현금구입했다. 분개는 다음과 같다.

(차) 특허권	80,000	(대) 현 금	80,000

(2) 개발비

신제품이나 신기술 연구가 완성되어 빛을 본 경우, 투입된 원가는 미래 경제효익을 창출하는 자산가치를 보유하게 되는데, 이를 개발비라고 한다. 개발비는 무형자산으로 처리된다.

(거래 예)

• ㈜선운이 미세먼지의 5중 차단기술 개발에 성공했고, 이 연구에 투입된 원가가 ₩80,000(원재료 원가 ₩50,000, 노무원가 ₩20,000, 기타원가 ₩10,000)이다. 분개는 다음과 같다.

(차) 개발비	80,000	(대) 원재료원가	50,000
		노무원가	20,000
		기타원가	10,000

신제품이나 신기술 개발에 성공하기 전에 투입된 원가는 기간비용인 연구비로 회계처리된다. 개발비자산의 인식시점이나 자산가치 결정은 자칫 분식회계 문제를 불러일으킬 수 있다. 예컨대, 바이오산업의 경우 2차 임상실험 성공시점을 자산인식시점으로 보는 회계지침을 만들어 분식회계 논란을 해결하고 있다.

(3) 영업권

영업권은 영업상의 노하우, 기술, 기밀 등으로 구성되는 기업가치로서 초과이익력을 뜻한다. 합병에서 등장하는 영업권을 예로 들 수 있으며, 자기기업 자체의 영업권은 존부나 객관적 가치의 검증이 어려우므로 자산성을 인정하지 않는다. 통상 영업권의 기말 감가상각은 하지 않지만, 손상차손은 인식할 수 있다.

나. 기말평가(무형자산 상각)

무형자산은 물리적으로 마모되지는 않지만, 경제효익 제공의 잠재력은 기간경과에 따라 감소한다. 특허권이나 개발비는 유효기간이 지나면 가치가 소멸되고, 상표권도 결국 가치를 상실할 것이다. 기말에 존속기간(내용연수) 경과에 따른 가치감소를 인식하는 이유가 여기에 있다. 존속기간(내용연수)은 경제적 존속기간(내용연수)과 법적 존속기간(내용연수)이 있는데, 이 중 짧은 기간이 실제 존속기간(내용연수)이 된다. 무형자산의 가치감소는 직접상각에 의해 매년 일정액씩 비용으로 계상된다.

(거래 예)

- ㈜선운이 보유한 특허권(또는 개발비)의 존속기간(내용연수)이 10년이고, 취득원가는 ₩80,000이다. 특허권(또는 개발비) 취득 후 1년이 경과한 시점의 회계처리는 다음과 같다.

(1년 후)

(차) 특허권(개발비)상각비 8,000 (대) 특허권(개발비) 8,000

다. 매각(처분)

무형자산은 조직의 특성과 직결되어 있기 때문에 무형자산만을 따로 떼내어 매각하기 어려운 점이 있다. 예컨대, '삼양식품' 같은 상호권은 라면 등 식자재를 판매하는 업종을 제외하고는 용도가 제한되어 있고, 특허권이나 지적재산권도 관련 업종이나 산업이 서로 다른 조직 간에는 가치이전이 어려울 수 있다. 거래가 형성되어 무형자산이 매각되면 매각대가와 장부가치의 차이로 처분손익을 산정한다.

A. 개발비와 연구비의 차이는 무엇인가?

B. 유형자산과 무형자산의 상각은 어떻게 다른가?

3 요 약

비유동자산의 회계처리는 자산가치의 결정과 자산가치 감소의 인식이 핵심 내용이라고 할 수 있다. 유형자산의 취득원가는 유형자산의 획득방법에 따라 달리 결정되며, 상각대상자산의 기간경과 또는 사용에 따른 가치감소분은 유형자산의 내용연수에 걸쳐 체계적으로 비용으로 계상된다. 가치감소의 측정방법으로는 정액법, 정률법, 생산량비례법 등이 있으며, 유형자산의 감가상각은 경제가치를 회계가치에 반영한다는 점에서 회계정보의 신뢰성을 높인다.

유형자산의 기말평가는 감가상각비 인식 외에 유형자산 자체의 가치평가도 포함한다. 유형자산의 평가방법에는 원가모형과 재평가모형이 있으며, 원가모형은 저가주의를 취한다. 재평가모형은 공정가치 평가를 하며, 재평가손실은 손익계산서에 당기비용으로 처리되는 반면, 재평가이익은 포괄손익계산서에 기타포괄이익으로 처리되면서 재무상태표에 기타포괄손익누계액으로 기록된다.

무형자산은 취득원가 결정이 쉽지 않은 경우가 있으며, 자체개발하는 경우는 취득가치 평가가 더욱 어렵다. 무형자산의 경제가치는 지속되기 어렵고 특허권이나 개발비도 결국 소멸되기 때문에, 무형자산의 가치감소분에 대한 감가상각이 필요하다. 무형자산의 취득원가는 직접상각에 의해 내용연수에 걸쳐 매년 일정액씩 비용에 산입된다.

주요용어

- 장기할부지급어음의 현재가치할인차금 : 장기할부지급어음(부채)의 평가계정으로 부채의 장부가치를 감소시킨다. 기간경과에 따라 현재가치할인차금이 감소하고 이자비용이 발생한다.
- 정액법 : 매 회계기간마다 동일한 감가상각비를 인식하는 방법이다.
- 정률법 : 매 회계기간의 상각률이 일정하며, 미상각잔액(장부가치 : 취득원가 - 감가상각누계액)에 상각률을 곱해 감가상각비를 산정하는 방법이다.
- 생산량비례법 : 추정 총생산량이 정해져 있을 때, 매 회계기간의 실제 생산량에 따라 감소되는 가치를 감가상각비로 인식하는 방법이다.
- 원가모형 : 저가주의가 적용되며, 유형자산의 장부가치와 시가(회수가능액)를 비교해 시가가 낮은 경우 손상차손(평가손실)을 인식하는 평가방법이다.
- 재평가모형 : 재평가모형은 매 회계기간 말에 유형자산을 공정가치로 다시 평가하는 방법이다. 재평가모형에서는 기말 공정가치가 취득원가를 초과할 수 있다.
- 특허권 : 특허는 자연법칙을 이용한 발명으로서 고도의 것을 말한다. 외부구입은 구입가액이, 자체개발은 투입된 원가가 취득가액이 된다.
- 개발비 : 신제품이나 신기술 연구가 완성되어 빛을 본 경우, 투입된 원가는 미래 경제효익을 창출하는 자산가치를 보유하게 되는데, 이를 개발비라고 한다.
- 영업권 : 영업상의 노하우, 기술, 기밀 등으로 구성되는 기업가치로서 초과이익력을 뜻한다. 자기 기업 자체의 영업권은 인정되지 않는다.
- 무형자산 상각 : 무형자산은 물리적으로 마모되지는 않지만 경제효익 제공의 잠재력은 기간경과에 따라 감소하는데, 이 가치감소의 인식을 무형자산 상각이라 한다.

연습문제

1. 20×7.1.5. ㈜무등(無等)이 구입한 기계설비의 취득원가가 ₩10,000, 잔존가치가 ₩2,000이고, 내용연수는 5년이다. 물음에 답하라.

문

(1) 정액법에 의할 때, 20×7.12.31. ㈜무등이 인식할 감가상각비를 구하고, 이에 대해 분개하라.

(2) 정률법에 의할 때, 20×8.12.31. ㈜무등이 인식할 감가상각비는 얼마인가? 상각률은 0.275이다.

(3) 생산량비례법에 의할 때 20×9.12.31. ㈜무등이 인식할 감가상각비는 얼마인가? 20×9년의 실제 생산량은 내용연수 기간에 대한 총추정생산량의 30%이다.

2. ㈜오롯이 20×6.1.1. 기계를 ₩14,000에 현금매입했으며, 내용연수는 5년이며, 정액법으로 감가상각한다. 잔존가치는 ₩2,000이고, 내용연수, 잔존가치는 내용연수 동안 불변이다.

문

(1) 재평가모형을 적용해, 20×6.12.31. 기계공정가치가 ₩12,000인 경우의 회계처리를 하라.

(2) (1)과 같은 조건에서 20×7.12.31. 기계공정가치가 ₩5,000인 경우의 회계처리를 하라.

(3) (2)에서 20×7년 포괄손익계산서의 당기비용으로 계상되어 이익잉여금을 감소시키는 가액은 얼마인가?

3. ㈜종이배가 20×6.1.1. 운송차량을 ₩10,000에 취득(내용연수 5년, 잔존가치 ₩0)했고, 정액법으로 감가상각한다. ㈜종이배는 기말 자산평가에 원가모형을 쓰며, 20×6.12.31. 순실현가능가치 추정치가 ₩7,500, 사용가능가치 추정치가 ₩7,800이다. 20×8.12.31. 순실현가능가치 추정치는 ₩4,200, 사용가능가치 추정치는 ₩4,100이다.

문

(1) ㈜종이배의 20×6.12.31. 운송차량 손상차손(평가손실)에 대한 분개를 하라.

(2) ㈜종이배의 20×7.12.31. 운송차량 감가상각비에 대한 분개를 하라.

(3) ㈜종이배의 20×8.12.31. 운송차량 감가상각비, 손상차손환입에 대한 분개를 하라.

4. ㈜토왕성은 20×8.11.3. 3D프린터를 구입하면서 구입원가 ₩99,000 외에 다음의 추가 원가를 지출했다.

인쇄, 재료 분석기 구입	₩35,400
분석기 부착	7,900
정밀검사부품 교환	17,800
정밀검사부품 교환에 투입된 노무원가	9,000
시운전원가	3,000

문

분석기와 정밀검사부품은 3D프린터의 생산성을 상당부분 증진시키나 내용연수는 늘리지 못한다. ㈜토왕성의 3D프린터 취득원가에 추가 산입되어야 할 부수원가는 얼마인가?

5. 20×6.1.2. ₩26,400의 기계를 구입한 ㈜한라는 정액법(내용연수 8년, 잔존가치 ₩0)을 적용해 감가상각한다. 20×9.1.2. ㈜한라는 내용연수를 취득연도부터 6년, 잔존가치는 ₩2,400으로 회계추정을 변경했다.

문

㈜한라의 기계에 대한 20×9.12.31. 감가상각누계액은 얼마인가?

6. 20×7.1.1. ㈜백년초는 가게건물과 그 부속토지를 ₩100,000에 매수했다(가치비율은 가게 30%, 토지 70%이다). 20×7.12.31. 가게건물과 토지에 대한 순공정가치, 순실현가능가치(판매가액 – 판매비용), 사용가능가치가 다음과 같다. 가게건물은 순공정가치로 재평가하고, 내용연수가 10년, 잔존가치는 ₩0이며, 정액법으로 감가상각한다. 토지평가는 원가모형에 의하며, 사용에 따른 감가상각은 하지 않는다.

	순공정가치	판매가격	판매비용	사용가능가치
가게건물	₩25,000	₩26,000	₩1,000	₩27,000
부속토지	60,000	65,000	5,000	65,000

문

(1) 20×7.12.31. ㈜백년초의 가게건물에 대한 감가상각비와 재평가손익은 얼마인가?

(2) 20×7.12.31. ㈜백년초의 토지에 대한 손상차손은 얼마인가?

(3) 20×8.12.31. 토지의 순공정가치(시가)가 ₩80,000일 경우, ㈜백년초의 회복되는 토지가치는 얼마인가?

7. 20×8.1.5. ㈜먼곳이 기계를 구입하면서 ₩5,000을 지급하고 이후 매월말 ₩2,000씩 24개월간 지급하는 조건의 할부구입을 했다. 구입 시의 현금지급액과 24개월 할부지급할 현금지급액의 합계는 ₩53,000이고, 할부미지급금 ₩48,000의 현재가치는 ₩46,000이다. 기계내용연수가 5년이며, 잔존가치는 ₩4,000이다. 정액법으로 감가상각한다.

문

(1) ㈜먼곳의 기계구입에 대한 분개를 하라.

(2) ㈜먼곳의 20×8.12.31. 손익계산서에 감가상각비로 계상할 금액을 산정하라.

8. ㈜백록담은 정액법을 사용해 유형자산의 감가상각을 한다. 유형자산의 회계자료는 다음과 같다.

	20×7.12.31.	20×8.12.31.
토 지	₩31,500	₩31,500
기계설비	16,000	22,000
	₩47,500	₩53,500
(기계설비감가상각누계액)	(6,000)	(6,500)
	₩41,500	₩47,000

문

(1) ㈜백록담에서 인식한 20×7년, 20×8년의 기계설비감가상각비가 각각 ₩800, ₩1,100일 때, 기계설비의 매각으로 인한 감가상각누계액 감소분은 얼마인가?

(2) 매각된 기계설비의 취득원가가 ₩12,000일 때, ㈜백록담이 20×8년에 구입한 기계설비액은 얼마인가?

9. 20×5.1.8. ㈜주먹밥이 건강음료에 대한 특허권을 ₩15,000에 구입했으며, 구입 당시 특허권 존속기간(독점사용기간)은 12년이었으나, 2년 후(20×7.1.8.) 경쟁제품의 등장으로 나머지 존속기간(독점사용기간)이 8년으로 축소 추정되었다. 20×9.12.31. 인체 유해성 논란으로 건강음료 생산이 정부조치에 의해 전면 중단되었다. 특허권은 매년 말 정액상각된다.

문

(1) 20×6.12.31. ㈜주먹밥이 보유한 특허권의 장부가치는 얼마인가?

(2) 20×7.12.31. ㈜주먹밥의 특허권상각 분개를 하라.

(3) ㈜주먹밥의 20×9.12.31. 손익계산서에 반영될 특허권상각비는 얼마인가?

연습문제 해답

1. (1) (₩10,000 − ₩2,000) ÷ 5 = ₩1,600

(차) 감가상각비 1,600 (대) 감가상각누계액 1,600

(2) 취득원가 ₩10,000, 잔존가치 ₩2,000, 내용연수 5년의 상각률은 0.275이다.

20×7.12.31. 감가상각비 = ₩10,000 × 0.275 = ₩2,750

(차) 감가상각비 2,750 (대) 감가상각누계액 2,750

20×8.12.31. 감가상각비 = 미상각잔액 ₩7,250(₩10,000 − ₩2,750) × 0.275
= ₩1,993.75

(차) 감가상각비 1,993.75 (대) 감가상각누계액 1,993.75

(3) (₩10,000 − ₩2,000) × 0.3 = ₩2,400

(차) 감가상각비 2,400 (대) 감가상각누계액 2,400

2. (1) 20×6.12.31.

- 감가상각비 계상 (내용연수 5년, 취득원가 ₩14,000)

(차) 감가상각비 2,400* (대) 감가상각누계액 2,400

* (₩14,000 − ₩2,000) × 1/5 = ₩2,400

- 재평가이익 계상 (₩12,000 − ₩11,600)

(차) 감가상각누계액 2,400 (대) 기 계 2,400(장부가치 ₩11,600)
기 계 400 기계재평가이익 400

(2) 20×7.12.31.

- 감가상각비 계상

(차) 감가상각비 2,500* (대) 감가상각누계액 2,500

* (₩12,000 − ₩2,000) × 1/4 = ₩2,500

- 재평가손실 계상 (₩5,000 − ₩9,500)

(차) 감가상각누계액 2,500 (대) 기 계 2,500(장부가치 ₩9,500)
기계재평가이익 400 기 계 4,500
기계재평가손실 4,100

(3) ₩4,100

3. (1) 20×6년의 감가상각비는 ₩2,000이므로 ₩20×6.12.31. 장부가치는 ₩8,000이다. 손상차손액은 ₩8,000－₩7,800＝₩200.

(차) 운송차량손상차손 200 (대) 운송차량손상차손누계액 200

(2) ₩7,800÷4＝₩1,950

(차) 운송차량감가상각비 1,950 (대) 운송차량감가상각누계액 1,950

(3) (차) 운송차량감가상각비 1,950 (대) 운송차량감가상각누계액 1,950

손상차손이 없었을 경우의 20×8.12.31. 장부가치는 ₩4,000(₩10,000－₩6,000)이고, 손상차손 인식 후 20×8.12.31. 장부가치는 ₩3,900(₩7,800－₩3,900)이므로, 손상차손환입액은 ₩100이다. 즉, 회복가능금액은 최대 ₩100이다(저가주의).

(차) 운송차량손상차손누계액 100 (대) 운송차량손상차손환입(수익) 100

4. ₩(35,400＋7,900＋17,800＋9,000＋3,000)＝₩73,100

5. 20×6.1.2.부터 20×8.12.31.까지의 감가상각누계액은 ₩9,900이다(₩26,400÷8×3). 20×9.1.2. 내용연수는 총 6년, 잔존가치는 ₩2,400으로 변경되었고 20×8.12.31. 장부가치가 ₩16,500(₩26,400－₩9,900)이므로, 20×9년 감가상각비는 ₩4,700{(₩16,500－₩2,400)÷3}이다. 이에 따른 감가상각누계액은 ₩14,600(₩9,900＋₩4,700)이 된다.

6. (1)

	차변	금액		대변	금액
(차)	가게건물감가상각비	3,000	(대)	가게건물감가상각누계액	3,000
	가게건물감가상각누계액	3,000		가게건물	3,000
	가게건물재평가손실	2,000		가게건물	2,000

(2) 취득원가(장부가치) ₩70,000, 회수가능액(사용가능가치) ₩65,000

(차) 토지손상차손 5,000 (대) 토지손상차손누계액 5,000

(3) (차) 토지손상차손누계액 5,000 (대) 토지손상차손환입(수익) 5,000

회복되는 토지가치는 ₩70,000의 취득원가(장부가치)까지인 ₩5,000이다.

7. (1)

	차변	금액		대변	금액
(차)	기 계	51,000	(대)	현 금	5,000
	현재가치할인차금	2,000		할부미지급금	48,000

(2) (₩51,000－₩4,000)÷5＝₩9,400

8. (1) 감가상각누계액 T-계정을 설정해 문제를 풀 수 있다.

감가상각누계액

		증가 500	
20×8년 매각	?	1,100	20×8년 감가상각비

또는

감가상각누계액

		6,000	20×7.12.31.
20×8년 매각	?	1,100	20×8년 감가상각비
		6,500	20×8.12.31.

20×8년 감가상각비 ₩1,100은 감가상각누계액을 증가시키므로, 연간 증가액 ₩500이 되려면 ₩600의 감가상각누계액이 감소되어야 한다(₩1,100 − ₩500).

또는, (₩6,000 + ₩1,100 − X = ₩6,500)에서 X = ₩600

(2)

기계설비

증가	6,000	
매수	18,000	12,000 (매각설비 취득원가)

취득원가 ₩12,000의 기계설비가 매각되었음에도 당기의 기계설비액이 ₩6,000 증가했으므로, 20×8년의 기계설비매수액은 ₩18,000(₩6,000 + ₩12,000)이다.

9. (1) 20×5.1.8.~20×6.12.31. 특허권상각비 : ₩15,000÷12×2 = ₩2,500
20×6.12.31. 특허권 장부가치 : ₩15,000 − ₩2,500 = ₩12,500

(2) 20×7.12.31. 특허권상각비 : ₩12,500÷8 = ₩1,562.5

(차) 특허권상각비 1,562.5 (대) 특허권 1,562.5

(3) 20×9.12.31. 특허권 장부가치 : ₩12,500 − ₩1,562.5×2 = ₩9,375
손익계산서에 계상할 특허권상각비는 ₩9,375이다.

(분개) (차) 특허권상각비 9,375 (대) 특허권 9,375

제 11 장

ACCOUNTING

비유동부채

1. (회)사채의 회계처리
2. 퇴직급여채무의 회계처리
3. 기타 비유동부채
4. 요 약

여러분은 사업 아이템을 확보했으나 가진 자금이 부족하면 어떻게 하겠는가. 사업을 그만둘 의사가 없는 한 은행 문을 두드릴 수밖에 없고, 사업 지속까지 염두에 둔다면 장기 자금원천에 눈을 돌릴 것이다. 부채는 자금조달 원천이라는 점에서 자본과 유사하지만, 이자율위험(이자율의 변화)과 부도위험(원리금 상환불능성)이 뒤따른다는 면에서 자본과 차이가 난다. 원리금 상환의무가 있다는 점에서도 투자금 상환의무를 부담하지 않는 자본과 다르다.

이자율위험과 부도위험을 감수하면서도 기업이 부채, 특히 장기(비유동)부채를 통해 자금을 조달하는 이유는 재무레버리지(Financial leverage) 효과에 있다. 예컨대, 장기부채자금을 조달해 영업한 결과 세효과를 고려한 이자비용이 4.2%, 총자산이익률{(이자비용 세효과가 고려된 당기순이익)÷평균총자산}이 8%일 경우, 이자비용을 웃도는 3.8%만큼의 법인세비용차감후순이익(당기순이익)을 취득하게 되는데, 이를 재무레버리지 효과라고 한다. 타인조달자금으로 획득한 당기순이익이 부채부담원가인 타인자본비용(이자비용)을 초과하면, 부채 부담의 정당성이 인정되는 것이다. 자금사용기간이 길수록 재무레버리지 효과가 안정적으로 나타날 수 있으므로 기업이 비유동부채를 선호하게 되며, 비유동부채는 원금상환일인 만기가 부채부담일로부터 1년을 초과하는 시점에 도래하는 부채를 말한다.

부채는 미래의 자원 희생가능성이다. 부채도 자산과 마찬가지로 할인된 현금흐름으로 경제가치를 평가한다. 부채가 예상보다 높거나 낮은 금액으로 청산되는 경우에 나타나는 부채의 불확실성은 이자율위험과 부도위험에 따른 것일 때가 많다. 부채의 가치변화가 재무제표에 기록되지 않을 경우, 부채의 장부가치는 부채의 경제가치에 상당 부분 빗나갈 수 있다.

비유동부채의 대표적인 예는 기업법(상법)상 주식회사에 인정되는 사채와 대부분의 회사에서 볼 수 있는 퇴직급여채무를 들 수 있다. 사채는 금융(유가)증권을 발행해 조달하는 비유동부채이고, 퇴직급여채무는 임직원의 퇴직에 대비한 비유동부채이다. 사채는 지급시기, 금액이 확정되어 있지만, 퇴직급여채무는 지급시기, 금액이 확정되지 않은 부채이다. 지급시기, 금액이 확정된 부채를 금융부채, 미확정 부채를 비금융부채라고 하기도 한다. 비금융부채는 미래지급이 명확하고 지급액의 합리적 추산이 가능할 때 부채로 인식된다. 기타 비유동부채인 우발채무, 제품보증채무 등도 지급시기, 금액을 추산하는 비금융부채에 속한다.

1 (회)사채의 회계처리

회사채(Bonds)는 유가증권을 발행해 조달하는 비유동(장기)부채이다. 사채는 주식전환권이 인정되는 전환사채도 있는데, 전환권이 행사되면 사채는 소멸하고 자본금이 증가한다. 일반 사채의 회계처리는 사채발행을 통해 장기부채를 부담하는 측과 사채 원리금에 대한 금융증권을 매수(구입)하는 측을 함께 살펴야 이해가 깊어진다. 회계처리 경우의 수는 가. 발행, 나. 보유, 다. 기말평가, 라. 조기상환으로 나누어 살펴볼 수 있다. 사채 발행 측과 금융증권 매수(구입) 측의 회계처리는 다음과 같다. 매수 측은 통상 상각후원가측정금융자산 계정을 사용한다.

• ㈜주유(周遊)가 발행한 액면(원금) ₩100,000의 사채증권을 ㈜천하(天下)가 ₩100,000에 현금매수했다.

발행 측 : ㈜주유(채무자)

(차) 현 금	100,000	(대) 사 채	100,000

매수 측 : ㈜천하(채권자)

(차) 상각후원가측정 금융자산	100,000	(대) 현 금	100,000

가. 사채 발행

사채발행은 사채액면이자율과 시장이자율 간 크기의 차이에 따라 액면발행, 할인발행, 할증발행의 3가지 방법이 있다. 액면발행은 발행가액과 사채액면가액이 일치하고, 할인발행은 발행가액이 사채액면가액에 못 미치며, 할증발행은 발행가액이 사채액면가액을 웃도는 것을 말한다.

(1) 액면발행

사채액면이자율과 시장이자율이 같을 때 액면발행을 한다. 거래와 회계처리를 예시하면 다음과 같다.

- ㈜주유가 발행한 액면(원금) ₩100,000의 사채증권을 ㈜천하가 ₩100,000에 현금매수했다.

㈜주유(채무자)	(차) 현 금	100,000	(대) 사 채	100,000
㈜천하(채권자)	(차) 상각후원가측정 금융자산	100,000	(대) 현 금	100,000

(2) 할인발행

사채액면이자율이 시장이자율보다 낮을 때 할인발행한다. 사채액면이자율이 시장이자율에 미치지 못해 발생하는 채권자의 이자수익 부족을 할인발행을 통해 보전해주는 것이다. 사채할인발행차금은 이자비용의 선급분인 셈이다. 사채증권 발행가와 사채할인발행차금은 현금흐름의 현가계산을 통해 산정한다.

- 20×6.1.7. ㈜주유가 발행한 액면(원금) ₩100,000, 연간 액면이자율 5%, 만기 3년의 사채증권에 대해 발행가를 산정해보자. 시장이자율(할인율)은 연 6%이다.

  - 사채원금의 현가:
    ₩100,000×0.8396(6%, 3년 단일현금흐름 현가계수)=₩83,960
  - 사채액면이자의 현가:
    ₩5,000(매년이자)×2.6730(6%, 3년 연금흐름 현가계수)=₩13,365
  - 사채발행가: ₩97,325(₩83,960+₩13,365)

㈜천하의 상각후원가측정금융자산의 현금구입가는 ₩97,325이다. 회계처리는 다음과 같다.

(㈜주유)	(차) 현 금	97,325	(대) 사 채	100,000
	사채할인발행차금	2,675		
(㈜천하)	(차) 상각후원가측정 금융자산	97,325	(대) 현 금	97,325

사채할인발행차금은 이자를 미리 지급한 것과 같으므로 회계기말 정리분개를 통해 사채 발행 측 사채할인발행차금은 사채이자비용으로 전환되고(사채할인발행차금 상각), 금융자산 보유 측은 사채 발행 측의 사채할인발행차금 상각만큼

상각후원가측정금융자산과 사채이자수익이 증가한다.

(3) 할증발행

사채액면이자율이 시장이자율보다 높을 때 할증발행한다. 사채액면이자율이 시장이자율을 웃돌아 생기는 채권자의 이자수익 초과분을 할증발행을 통해 돌려받는 것이다. 사채할증발행차금은 채권자가 얻는 초과이자수익의 환수분인 셈이다. 사채액면이자율이 시장이자율을 초과해 생긴 사채증권 수요 증가는 이자율 차이가 없어질 때까지 지속될 것이다. 사채증권 발행가와 사채할증발행차금은 현금흐름의 현가계산을 통해 산정한다.

- 20×6.1.7. ㈜주유가 발행한 액면(원금) ₩100,000, 연간 액면이자율 5%, 만기 3년의 사채증권 발행가를 산정해보자. 시장이자율(할인율)은 연 4%이다.

  - 사채원금의 현가 :
    ₩100,000×0.8890(4%, 3년 단일현금흐름 현가계수)=₩88,900
  - 사채액면이자의 현가 :
    ₩5,000(매년이자)×2.7751(4%, 3년 연금흐름 현가계수)=₩13,876
  - 사채발행가 : ₩102,776(₩88,900+₩13,876)

㈜천하의 상각후원가측정금융자산의 현금구입가는 ₩102,776이다. 회계처리는 다음과 같다.

(㈜주유)	(차) 현 금	102,776	(대) 사 채	100,000
			사채할증발행차금	2,776
(㈜천하)	(차) 상각후원가측정금융자산	102,776	(대) 현 금	102,776

사채할증발행차금은 이자를 미리 돌려받은 것과 같으므로 회계기말 정리분개를 통해 사채 발행 측 사채할증발행차금은 사채이자비용 감소로 전환되고(사채할증발행차금 환입), 금융자산 보유 측은 사채 발행 측의 사채할증발행차금 환입만큼 상각후원가측정금융자산과 사채이자수익이 줄어든다.

나. 사채 보유

사채가 상환되지 않고 부채로 남아 있는 동안 사채발행회사는 사채이자비용을 인식하고, 상각후원가측정금융자산 보유회사는 사채이자수익을 인식한다. 사채이자비용과 사채이자수익은 현금에 의한 것과 사채할인(할증)발행차금 상각(환입)에 의한 것이 있다. 현금이자, 현금수익은 지급일(수취일)에 인식되며, 사채할인(할증)발행차금에 대한 상각(환입)의 회계처리는 기말시점에 이루어진다. 거래와 회계처리를 예시하면 다음과 같다.

- 앞 예의 ㈜주유가 20×6.12.31. 사채할인발행차금 ₩840을 상각하고, 사채이자 ₩5,000을 ㈜천하에 지급했다.

(㈜주유)	(차) 사채이자비용	5,840*	(대) 현 금	5,000
			사채할인발행차금	840
(㈜천하)	(차) 현 금	5,000	(대) 사채이자수익	5,840
	상각후원가측정금융자산	840		

* ₩97,325 × 0.06 = ₩5,840(유효이자율법에 따름)

상각후원가측정금융자산을 보유하면서 인식하는 사채이자수익은 당기손익인식금융자산, 기타포괄손익인식금융자산을 보유할 때 보유자산이 채권이면 이자수익, 주식이면 배당금수익을 인식하는 것과 비교할 수 있다. 관계기업투자주식은 투자대상 기업이 순이익을 보고할 때 관계기업투자(지분법)이익을 인식하고 관계기업투자주식 가치를 증가시킨다.

다. 사채 기말평가

사채발행회사는 회계기말 사채할인(할증)발행차금의 상각(환입)을 하며, 이에 맞추어 사채증권 매수회사는 상각후원가측정금융자산 가치를 조정한다. 매수회사는 시장에서 상각후원가측정금융자산의 가격이 하락하면 손상차손을 인식한다. 통상 시장금리의 인상이 예상되면 채권가격은 하락하는데, 금리인상은 채권

수익률을 실질적으로 떨어뜨리는 효과를 가져오기 때문이다.

사채할인(할증)발행차금의 상각(환입) 방식은 매년 일정액씩 상각(환입)하는 정액법과 유효이자율을 적용해 상각(환입)하는 유효이자율법이 있다. 정액법은 간단하므로 유효이자율법을 설명하기로 한다. 유효이자율법을 적용하는 것이 사채이자비용 계상에 경제가치를 적절하게 반영한다는 점에서 바람직하다. 앞 ㈜주유, ㈜천하 예를 인용해 할인발행과 할증발행에 따른 사채와 상각후원가측정금융자산의 기말평가를 각각 예시하도록 한다.

(1) 할인발행

- ㈜주유가 발행한 액면(원금) ₩100,000, 연간 액면이자율 5%, 만기 3년의 사채증권 발행가를 산정해보자. 시장이자율(할인율)은 연 6%이다.

  - 사채원금의 현가:

    $$\frac{100,000}{(1+0.06)^3} = ₩100,000 \times 0.8396(6\%,\ 3\text{년 단일현금흐름 현가계수})$$
    $$= ₩83,960$$

  - 사채액면이자의 현가:

    $$\frac{5,000}{(1+0.06)} + \frac{5,000}{(1+0.06)^2} + \frac{5,000}{(1+0.06)^3} = ₩5,000(\text{매년이자}) \times 2.6730(6\%,$$
    3년 연금흐름 현가계수) = ₩13,365

  - 사채발행가: ₩97,325(₩83,960 + ₩13,365)

㈜천하의 상각후원가측정금융자산의 현금구입가는 ₩97,325이다. 회계처리는 다음과 같다.

(㈜주유)	(차) 현 금	97,325	(대) 사 채	100,000
	사채할인발행차금	2,675		
(㈜천하)	(차) 상각후원가측정 금융자산	97,325	(대) 현 금	97,325

20×6.12.31. ㈜주유의 사채할인발행차금 상각표를 작성하면 <도표 11-1>과 같다.

〈도표 11-1〉 ㈜주유의 사채할인발행차금 상각표

연도	사채이자비용		할인발행차금		장부가액
	현금이자	유효이자	상각액	미상각잔액	
20×6년 초				2,675	97,325
20×6년 말	② 5,000	① 5,840	840	1,835	98,165
20×7년 말	④ 5,000	③ 5,890	890	945	99,055
20×8년 말	5,000	5,945	945	0	100,000

① 20×6년 말 사채유효이자 : ₩97,325×0.06＝₩5,840(유효이자율 6%)

② 20×6년 말 현금지급 사채이자 : ₩100,000×0.05＝₩5,000(사채액면이자율 5%)

③ 20×7년 말 사채유효이자 : ₩98,165×0.06＝₩5,890

④ 20×7년 말 현금지급 사채이자 : ₩100,000×0.05＝₩5,000

사채장부가치는 사채액면가액에서 사채할인발행차금 미상각잔액을 차감한 수치이며, 만기가 가까워지면서 점점 늘어나 만기시점에는 액면가액인 ₩100,000이 된다. 20×6년 초 사채의 화폐가치가 ₩97,325이지만, 만기인 20×8년 말 사채의 화폐가치는 ₩100,000이기 때문이다. 시장가치를 반영한 시장이자율을 적용하기 때문에 유효이자율법이라고 한다. 20×6년 사채유효이자는 ₩5,840인데 사채현금이자는 ₩5,000이므로, 차액인 ₩840만큼 사채할인발행차금이 사채이자비용으로 바뀐다.

㈜천하의 상각후원가측정금융자산 가치는 ㈜주유의 할인발행차금 상각에 맞추어 평가된다. '상각후원가측정'금융자산 명칭의 근거이다. 20×6년 말의 회계처리는 다음과 같다.

㈜주유)	(차) 사채이자비용	5,840	(대) 현　금	5,000
			사채할인발행차금	840
㈜천하)	(차) 현　금	5,000	(대) 사채이자수익	5,840
	상각후원가측정 금융자산	840		

상각후원가측정금융자산의 현금구입가치인 ₩97,325에 상각된 할인발행차금과 같은 가액의 사채이자수익이 더해지면서, 상각후원가측정금융자산은 만기 지급금액인 ₩100,000에 가까워진다. 매수 후 1년 시점의 상각후원가측정금융자산 가치는 ₩97,325에 ₩840을 가산한 ₩98,165이 된다. 상각후원가측정금융자산의 가치평가과정은 사채 회계처리와 연결되어 있다.

사채이자비용은 유효이자율로 계산하며, (현금지급이자 + 사채할인발행차금 상각)의 수치와 같은 가액이다. 사채 회계처리는 사채유효이자와 장부가치의 산정이 핵심이며, 이후 연도의 회계처리도 동일한 방식으로 이루어진다. 20×7년 말의 회계처리는 다음과 같다.

㈜주유	(차) 사채이자비용	5,890	(대) 현 금	5,000
			사채할인발행차금	890
㈜천하	(차) 현 금	5,000	(대) 사채이자수익	5,890
	상각후원가측정금융자산	890		

(2) 할증발행

- 20×6.1.7. ㈜주유가 발행한 액면(원금) ₩100,000, 연간 액면이자율 5%, 만기 3년의 사채증권 발행가를 산정해보자. 시장이자율(할인율)은 연 4%이다.

  - 사채원금의 현가:

$$\frac{100{,}000}{(1+0.04)^3} = ₩100{,}000 \times 0.8890(4\%,\ 3\text{년 단일현금흐름 현가계수}) = ₩88{,}900$$

  - 사채액면이자의 현가:

$$\frac{5{,}000}{(1+0.04)} + \frac{5{,}000}{(1+0.04)^2} + \frac{5{,}000}{(1+0.04)^3} = ₩5{,}000(\text{매년이자}) \times 2.7751(4\%,\ 3\text{년 연금흐름 현가계수}) = ₩13{,}876$$

  - 사채발행가: ₩102,776(₩88,900 + ₩13,876)

㈜천하의 상각후원가측정금융자산의 현금구입가는 ₩102,776이다. 회계처리는 다음과 같다.

㈜주유)	(차) 현 금	102,776	(대) 사 채	100,000
			사채할증발행차금	2,776
㈜천하)	(차) 상각후원가측정 금융자산	102,776	(대) 현 금	102,776

20×6.12.31. ㈜주유의 사채할증발행차금 환입(상각)표를 작성하면 <도표 11-2>와 같다.

〈도표 11-2〉 ㈜주유의 사채할증발행차금 환입(상각)표

연도	사채이자비용		할증발행차금		장부가액
	현금이자	유효이자	환입액	미환입잔액	
20×6년 초				2,776	102,776
20×6년 말	② 5,000	① 4,111	889	1,887	101,887
20×7년 말	④ 5,000	③ 4,075	925	962	100,962
20×8년 말	5,000	4,038	962	0	100,000

① 20×6년 말 사채유효이자: ₩102,776×0.04=₩4,111(유효이자율 4%)

② 20×6년 말 현금지급 사채이자: ₩100,000×0.05=₩5,000(사채액면이자율 5%)

③ 20×7년 말 사채유효이자: ₩101,887×0.04=₩4,075

④ 20×7년 말 현금지급 사채이자: ₩100,000×0.05=₩5,000

사채장부가치는 사채액면가액에 사채할증발행차금 미환입잔액을 가산한 수치이며, 만기가 가까워지면서 줄어들어 만기시점에는 액면가액인 ₩100,000이 된다. 20×6년 초 사채의 화폐가치가 ₩102,776이지만, 만기인 20×8년 말 사채의 화폐가치는 ₩100,000이기 때문이다. 시장가치가 반영된 시장이자율을 적용하기 때문에 유효이자율법이라고 한다. 20×6년 사채유효이자는 ₩4,111인데 사채현금이자는 ₩5,000이므로, 차액인 ₩889만큼의 사채할증발행차금 환입(상각)이 필

요하고 같은 가액의 사채이자비용이 줄어든다.

㈜천하의 상각후원가측정금융자산 가치는 ㈜주유의 할증발행차금 환입에 맞추어 평가된다. '상각후원가측정'금융자산 명칭의 근거이다. 20×6년 말의 회계처리는 다음과 같다.

(㈜주유)	(차) 사채이자비용	4,111	(대) 현 금	5,000
	사채할증발행차금	889		
(㈜천하)	(차) 현 금	5,000	(대) 사채이자수익	4,111
			상각후원가측정 금융자산	889

상각후원가측정금융자산의 현금구입가치인 ₩102,776에서 환입된 할증발행차금과 같은 가액의 사채이자수익과 상각후원가측정금융자산이 줄어들어 상각후원가측정금융자산은 만기금액인 ₩100,000에 가까워진다. 매수 후 1년 시점의 상각후원가측정금융자산 가치는 ₩102,776에서 ₩889을 차감한 ₩101,887이 된다. 상각후원가측정금융자산의 가치평가과정은 사채 회계처리와 연결되어 있다.

사채이자비용은 유효이자율로 계산하며, (현금지급이자 − 사채할증발행차금 환입)의 수치와 같은 가액이다. 사채 회계처리는 사채유효이자와 장부가치의 산정이 핵심이며, 이후 연도의 회계처리도 동일한 방식으로 이루어진다. 20×7년 말의 회계처리는 다음과 같다.

(㈜주유)	(차) 사채이자비용	4,075	(대) 현 금	5,000
	사채할증발행차금	925		
(㈜천하)	(차) 현 금	5,000	(대) 사채이자수익	4,075
			상각후원가측정 금융자산	925

라. 사채 조기상환

사채 만기상환의 회계처리는 사채할인(할증)발행차금 상각(환입)표에 따른 사채와 상각후원가측정금융자산의 소멸을 내용으로 한다. 사채 조기상환은 발행 측의 사채상환손익, 구입 측의 상각후원가측정금융자산처분손익에 대한 회계처리를 수반한다. 앞 ㈜주유, ㈜천하의 예를 사채 조기상환의 회계처리에 인용하기로 한다. 거래와 회계처리를 예시하면 다음과 같다.

• 20×7.1.3. ㈜주유가 ㈜천하에 ₩51,000을 지급하고, 할인발행한 액면 ₩50,000의 사채를 조기상환했다(<도표 11-1> 참조).

(㈜주유)	(차)	사 채	50,000	(대)	현 금	51,000
		사채상환손실	1,918		사채할인발행차금	918*
		* (₩1,835÷2)				
(㈜천하)	(차)	현 금	51,000	(대)	상각후원가측정 금융자산	49,082**
					상각후원가측정 금융자산처분이익	1,918
		** (₩98,165÷2)				

• 20×7.1.3. ㈜주유가 ㈜천하에 ₩49,000을 지급하고, 할증발행한 액면 ₩50,000의 사채를 조기상환했다(<도표 11-2> 참조).

(㈜주유)	(차)	사 채	50,000	(대)	현 금	49,000
		사채할증발행차금	944*		사채상환이익	1,944
		* (₩1,887÷2)				
(㈜천하)	(차)	현 금	49,000	(대)	상각후원가측정 금융자산	50,944**
		상각후원가측정 금융자산처분손실	1,944			
		** (₩101,887÷2)				

복습문제

A. 유효이자율법에 의한 사채할인발행차금 상각을 예를 들어 설명하라.

B. 사채 기말평가와 상각후원가측정금융자산 평가는 어떻게 연결되는가?

C. 사채 조기상환에서 상각후원가측정금융자산의 처분손익이 발생하는 이유는 무엇인가?

D. 사채할인발행과 사채할증발행을 하는 이유를 설명하라.

2 퇴직급여채무의 회계처리

가. 의 의

일정 규모 이상의 모든 기업은 임직원의 퇴직 시 지급하는 퇴직금을 미리 마련하는 정책을 시행하고 있다. 퇴직금은 시기, 금액이 불확정이긴 하지만 지급이 확실하고 금액을 합리적으로 추산할 수 있기 때문에 부채(충당부채)로 인식할 수 있다. 퇴직급여채무는 장기에 걸쳐 발생하는 부채이고 액수가 크기 때문에 매년 일정액씩 쌓아가면서 비용(비용명 : 퇴직급여) 처리를 하게 된다.

퇴직금 마련방법은 확정기여형과 확정급여형이 있다. 확정기여형은 매년(월) 일정액씩 퇴직급여를 금융기관에 납입하고 금융기관의 자산운용 결과에 따라 퇴직금 지급액수가 정해지는 방법이며, 그 예는 금융기관이나 보험사에 납입하는 퇴직기금을 들 수 있다. 이 경우, 자칫 납입원금에 못 미치는 퇴직금을 수령할 수 있다. 확정급여형은 퇴직 시 지급할 액수를 일정 수치로 정해놓고, 매년(월) 불입할 금액(퇴직급여)을 정하는 방법이다. 지급액수 산정에 평균임금상승률이나 물가상승률이 고려되기도 한다. 확정급여형은 현금흐름의 현재가치를 고려한다.

나. 퇴직급여의 회계처리

퇴직급여는 기업의 영업활동에 필수적인 노무원가(인건비용)에 해당하므로 손익계산서의 기간비용으로 처리된다.

(1) 확정기여형

확정기여형은 매년(월) 금융기관에 납입할 금액이 확정되어 있는 방식을 뜻하며, 퇴직 시 지급받을 액수가 확정되어 있지 않기 때문에 금융기관의 기금운용 결과에 따라서는 납입한 원금에 밑도는 퇴직금을 받을 수도 있다. 계정은 퇴직급여, 미지급퇴직급여, 선급퇴직급여를 사용한다. 거래와 회계처리를 예시하면 다음과 같다.

• ㈜주유가 매년 금융기관에 납입할 퇴직급여비용이 ₩18,000인데, 20×5년에 ₩14,000을 납입했고, 20×6년에 ₩24,000을 납입했다.

(20×5년)	(차) 퇴직급여	18,000	(대) 현 금	14,000
			미지급퇴직급여	4,000
(20×6년)	(차) 퇴직급여	18,000	(대) 현 금	24,000
	미지급퇴직급여	4,000		
	선급퇴직급여	2,000		

(2) 확정급여형

퇴직 시 지급할 액수가 정해진 상태에서 매년(월) 적립할 퇴직급여를 계산해 퇴직급여비용을 산정하는 방식이다. 임직원 퇴직시점인 미래에 필요한 가액이 정해진 상태에서 현재 적립해야 할 퇴직급여를 계상하는 회계처리이기 때문에, 확정급여형은 현금흐름의 현재가치 개념을 사용한다. 계정은 퇴직급여(비용)와 퇴직급여채무(부채), 사외적립자산을 사용한다. 거래와 회계처리를 예시하면 다음과 같다.

• ㈜주유의 20×5년 퇴직급여 계상액이 ₩16,000이고, 20×6년 계상액이 ₩18,000이다.

(20×5년)	(차) 퇴직급여	16,000	(대) 퇴직급여채무	16,000
(20×6년)	(차) 퇴직급여	18,000	(대) 퇴직급여채무	18,000

• 20×7년 ㈜주유가 ₩34,000의 현금을 예입해 임직원퇴직에 대비한 자산을 마련했다.

(20×7년)	(차) 사외적립자산	34,000	(대) 현 금	34,000

• 20×8년 ㈜주유가 퇴직종업원에게 ₩22,000의 퇴직금을 지급했다.

(20×8년)	(차) 퇴직급여채무	22,000	(대) 사외적립자산	22,000

확정급여형은 '미래 퇴직시점에 필요한 퇴직자금 마련을 위한 현재 적립액은

얼마인가'에 대한 현금흐름의 현재가치 개념을 전제로 한다. 예제를 제시해 상세한 설명을 하기로 한다.

예제

㈜금오산은 확정급여형 퇴직금제도를 시행하며, 기준연도(20×4년)의 연간급여를 토대로 연간 평균임금상승률과 물가상승률을 고려해 산출한 기준연도말로부터 n년차 급여액의 20%에 근속년수(n)를 곱한 가액을 퇴직금으로 지급한다{기준급여액×(1+연평균임금상승률+연물가상승률)^n×0.2×근속년수 n}. ㈜금오산의 직원인 채미정 씨가 기준급여 ₩200,000, 연간 평균임금상승률 6%, 물가상승률 3%인 조건에서 기준연도말로부터 5년 후(20×9.12.31.) 퇴직하고, 20×5.12.31.부터 퇴직급여를 적립한다고 하자. 근속년수 동안 매년 적립할 퇴직급여는 퇴직금을 근속년수로 나눈 할인 전 퇴직급여를 적립연도의 현재가치로 할인해 계상한다. 시장이자율은 10%이다.

문

(1) 채미정 씨의 최종 퇴직금 액수는 얼마인가? 이자율 9%에서의 단일현금흐름 ₩1의 미래가치계수는 3년 1.2950, 4년 1.4116, 5년 1.5386이다.

(2) 20×5.12.31., 20×6.12.31., 20×7.12.31. ㈜금오산의 퇴직급여에 대한 회계처리를 하라. 이자율 10%에서의 단일현금흐름 ₩1의 현가계수는 1년 0.9091, 2년 0.8264, 3년 0.7513, 4년 0.6830, 5년 0.6209이다(원미만 반올림).

〈해답〉

(1) 최종 퇴직금 액수 : ₩200,000×1.5386×0.2×5=₩307,720

(2) ₩307,720÷5=₩61,544(20×5년부터 20×9년까지 매년 적립할 할인 전 퇴직급여)
20×5.12.31.은 20×9.12.31.의 4년 전이므로 현가계수는 0.6830이 적용된다. 이후 연도도 동일한 근거로 각 연도에 맞는 현가계수가 적용된다.

20×5.12.31. 적립액 : ₩61,544×0.6830=₩42,035

20×6.12.31. 적립액 : ₩61,544×0.7513=₩46,238

₩42,035 × 0.1 = ₩4,204(20 × 5년 적립액의 20 × 6년 이자비용)

₩46,238 + ₩4,204 = ₩50,442

20 × 7.12.31. 적립액 : ₩61,544 × 0.8264 = ₩50,860

₩46,238 × 0.1 = ₩4,624(20 × 5년 적립액의 20 × 7년 이자비용)

₩46,238 × 0.1 = ₩4,624(20 × 6년 적립액의 20 × 7년 이자비용)

₩50,860 + ₩4,624 + ₩4,624 = ₩60,108

(분개)

(20 × 5년)	(차) 퇴직급여	42,035	(대) 퇴직급여채무	42,035
(20 × 6년)	(차) 퇴직급여	50,442	(대) 퇴직급여채무	50,442
(20 × 7년)	(차) 퇴직급여	60,108	(대) 퇴직급여채무	60,108

A. 확정급여형 퇴직급여의 매년 적립액을 현금흐름의 현재가치를 통해 산정하는 과정을 설명하라.

3 기타 비유동부채

퇴직급여채무는 지급은 확실하지만 시기, 금액이 불확실하다는 의미에서 충당부채라고 한다. 우발채무는 소송사건, 채무보증과 같이 채무발생 여부, 시기, 금액, 지급 여부 등이 불확실한 채무를 뜻하며, 채무발생가능성과 지급액이 확실해지면 부채로 계상할 수 있다. 판매한 상(제)품(재고자산)에 대한 교환, 품질, 수선을 보증하는 상(제)품하자보증채무도 지급이 확실한 범위에서 비유동부채로 인식한다. 사채 외에 기타 장기차입금을 자금조달원천으로 삼는 기업도 있다.

4 요 약

비유동부채는 원금상환일인 만기가 부채부담일로부터 1년을 초과하는 시점에 도래하는 부채로 사채와 퇴직급여채무가 대표적인 예에 해당한다. 사채는 주식회사가 유가증권을 발행해 조달하는 장기부채이고, 자금의 장기 사용을 원하는 주식회사가 자주 사용하는 재무수단이다.

사채발행방법은 액면발행, 할인발행, 할증발행이 있으며, 이는 시장이자율과 사채액면이자율의 차이에서 비롯된다. 사채액면이자율이 시장이자율에 밑돌면 채권자의 이자수익 결손을 보전하기 위해 할인발행을 하며, 사채액면이자율이 시장이자율을 능가하면 과도하게 지급된 이자비용을 회수하기 위해 할증발행을 한다.

사채증권 매수회사는 사채증권을 상각후원가측정금융자산으로 처리하며, 사채증권 발행 측 할인(할증)발행차금의 상각(환입)은 사채증권 매수 측 상각후원가측정금융자산의 평가와 연결된다.

일정 규모 이상의 모든 기업은 임직원의 퇴직 시 지급하는 퇴직금을 미리 마련하기 위해 매년(월) 일정액의 퇴직급여를 비용으로 처리하고 해당 금액을 금융기관 또는 사내에 적립한다. 퇴직금 마련방법은 확정기여형과 확정급여형이 있다. 확정기여형은 매년(월) 금융기관에 납입할 금액이 확정되어 있는 방식이며, 확정급여형은 퇴직 후 지급할 액수가 정해진 상태에서 매년(월) 적립할 퇴직급여를 계산해 퇴직급여비용을 산정하는 방식이다.

부채와 부채에 따른 이자비용이 과도하면 회사경영이 어려워질 수 있다. 이자보상비율은 영업이익이 이자비용을 감당하고 있는지를 알려주는 지표이며, 영업이익을 이자비용으로 나누어(영업이익÷이자비용) 구한다. 부채를 자기자본으로 나눈 부채비율(부채÷자기자본)은 채권자 위험도(영향력)와 기업 재무구조의 건전성 파악에 도움을 준다.

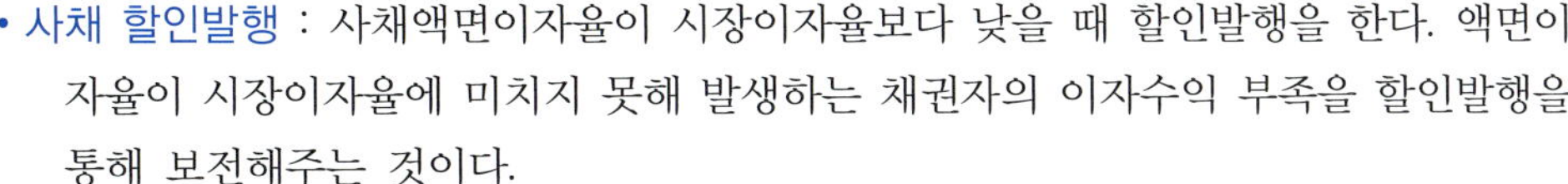

- 사채 할인발행 : 사채액면이자율이 시장이자율보다 낮을 때 할인발행을 한다. 액면이자율이 시장이자율에 미치지 못해 발생하는 채권자의 이자수익 부족을 할인발행을 통해 보전해주는 것이다.
- 사채 할증발행 : 사채액면이자율이 시장이자율보다 높을 때 할증발행을 한다. 액면이자율이 시장이자율에 웃돌아 생기는 채권자의 이자수익 초과분을 할증발행을 통해 돌려받는 것이다.
- 사채발행차금상각(환입)의 정액법 : 사채할인(할증)발행차금을 매년 일정액씩 상각(환입)하는 방식이다.
- 사채발행차금상각(환입)의 유효이자율법 : 시장이자율을 적용해 사채할인(할증)발행차금을 상각(환입)하는 방식이다. 유효이자율법은 경제가치를 적절하게 반영한다.
- 확정기여형 퇴직급여 : 매년(월) 일정액씩 퇴직급여를 금융기관에 납입하고 금융기관의 자산운용 결과에 따라 퇴직금 지급액수가 정해지는 방법이다.
- 확정급여형 퇴직급여 : 퇴직 후 지급할 액수가 정해진 상태에서 매년(월) 계상할 퇴직급여비용을 산정하는 방식이다. 확정급여형은 현금흐름의 현재가치 개념을 사용한다.
- 충당부채 : 퇴직급여채무 같이 지급은 확실하지만 시기, 금액이 확정되지 않은 부채를 말한다.

연습문제

1. ㈜계룡산이 20×7.1.5. 액면 ₩100,000의 사채를 액면이자율 연 4%, 만기 5년 조건으로 발행해, 연 5% 시장이자율 상황에서 ₩95,668으로 매각했다. 이자는 매년 12.31. 지급된다. ㈜계룡산은 사채할인발행차금을 유효이자율법으로 월할상각한다.

문

20×7.6.30. ㈜계룡산의 재무상태표일에 보고될 사채가액(장부가치)은 얼마인가?

2. 20×4.5.1. ㈜천황봉은 ㈜낙산이 발행한 사채증권(액면가 ₩10,000) 20좌를 발생이자 ₩2,500을 포함해 ₩212,500에 구입했다. 사채의 만기는 20×8.7.1.이고, 이자는 1.1., 7.1. 연 2회 지급된다. ㈜천황봉은 이 금융자산을 상각후원가측정금융자산으로 분류하며, ㈜낙산은 사채할증발행차금을 정액법으로 월할환입(상각)한다. 월할환입(상각) 기간은 20×4.5.1.~20×8.7.1.이다.

문

20×5.12.31. ㈜천황봉의 재무상태표에 보고될 상각후원가측정금융자산은 얼마인가?

3. 20×4.1.1. ㈜모악산은 좌당 ₩10,000인 사채 10좌를 ₩96,000에 발행했다. 만기는 20×9.1.1.이지만 20×6.12.31. 이후 상환가능하다. 이자는 매년 1.1., 7.1.에 지급한다. 20×7.1.1.에 이 사채를 액면가액의 99%에 상환했으며, 사채할인발행차금은 정액법으로 월할상각한다.

문

㈜모악산이 사채 조기상환으로 20×7년에 인식할 사채상환손익은 얼마인가?

4. 20×4.1.1. ㈜외침은 액면이자율 5%, 액면금액 ₩25,000인 5년 만기 사채를 할인발행하였고, ㈜들림이 이 사채증권을 구입했다. 이자지급일은 매년 12.31.이다. 발행금액은 시장이자율 연 6%를 기준으로 결정하였다. ㈜외침은 사채할인발행차금을 유효이자율법으로 상각한다. 회계기간은 1.1.~12.31.이다.

	단일흐름 현가계수	연금흐름 현가계수
(5%, 5년)	0.7835	4.3295
(6%, 5년)	0.7473	4.2124

문

(1) ㈜외침의 20×4.1.1. 사채발행금액을 유효이자율법으로 구하라.

(2) 20×4.1.1. ㈜외침과 ㈜들림(상각후원가측정금융자산)의 분개를 하라.

(3) 다음 회계기말에 필요한 분개를 하라.

- 20×4.12.31.(㈜외침의 이자발생과 사채할인발행차금의 상각에 관한 분개)
- 20×5.12.31.(㈜외침의 이자발생과 사채할인발행차금의 상각에 관한 분개)

(4) ㈜외침의 20×5.12.31. 재무제표에 나타날 사채의 장부가치를 계산하라.

(5) 20×6.1.1. ㈜외침이 ₩25,000에 사채 전부를 조기상환했을 때의 사채상환손익을 구하라.

5. ㈜두발로가 발행일 20×4.1.1., 만기일 20×9.1.1인 사채(액면 ₩30,000, 액면이자율 연 5%)를 사채증권상 발행일인 20×4.1.1.보다 늦은 20×4.5.1.에 (발생이자+액면가의 95%)의 가격으로 발행(매각)했다. 이자지급일은 매년 7.1., 12.31.이다.

문

(1) 실제 발행일인 20×4.5.1. ㈜두발로가 수취하는 현금액은 얼마인가?

(2) 실제 발행일인 20×4.5.1. ㈜두발로의 사채매각(발행)에 대한 회계처리를 하라.

6. ㈜두길로가 20×8.7.1. 액면이자율 연 5%, 만기 3년, 액면가 ₩70,000의 사채를 ₩71,943에 발행했다. 시장이자율은 연 4%이고, 사채할증발행차금은 유효이자율법에 의해 환입한다.

문

㈜두길로가 20×9.6.30. 재무상태표에 보고할 미환입 사채할증발행차금은 얼마인가?

7. ㈜장백(長白)의 20×8년 확정기여형 퇴직급여에 대한 회계처리가 다음과 같다. 물음에 답하라.

(차) 퇴직급여	?	(대) 현 금	24,000
미지급퇴직급여	4,000		
선급퇴직급여	2,000		

문

(1) ㈜장백의 20×8년 퇴직급여비용은 얼마인가?

(2) ㈜장백의 20×9년 확정기여형 퇴직급여에 대한 현금불입액이 ₩15,000일 때의 분개를 하라.

8. ㈜방패연은 확정급여형 퇴직금제도를 시행하며, 기준연도(20×4년)의 연간급여를 토대로 연간 평균임금상승률과 물가상승률을 고려해 산출한 기준연도말로부터 n년차 급여액의 10%에 근속년수(n)를 곱한 가액을 퇴직금으로 지급한다{기준급여액×(1+연평균임금상승률+연물가상승률)^n×0.1×근속년수 n}. ㈜방패연의 직원인 주산 씨가 기준급여 ₩300,000, 연간 평균임금상승률 3%, 물가상승률 2%인 조건에서 기준연도말로부터 5년 후(20×9.12.31.) 퇴직하고, 20×5.12.31.부터 퇴직급여를 적립한다고 하자. 근속년수 동안 매년 적립할 퇴직급여는 퇴직금을 근속년수로 나눈 할인 전 퇴직급여를 적립연도의 현재가치로 할인해 계상한다. 시장이자율은 연 6%이다.

문

(1) 주산 씨의 최종 퇴직금 액수는 얼마인가? 이자율 연 5%에서의 단일현금흐름 ₩1의 미래가치계수는 4년 1.2155, 5년 1.2763이다.

(2) 20×5.12.31., 20×6.12.31., 20×7.12.31. ㈜방패연의 퇴직급여에 대한 회계처리를 하라. 이자율 연 6%에서의 단일현금흐름 ₩1의 현가계수는 1년 0.9434, 2년 0.8900, 3년 0.8396, 4년 0.7921, 5년 0.7473이다(원미만 반올림).

9. ㈜금모래빛이 자사 제품의 하자로 인한 손해배상소송을 하고 있다. 변호사의 자문을 거쳐 ㈜금모래빛은 20×7.12.31. ₩33,000의 우발채무를 재무상태표에 보고했다. 20×8. 5.7. ㈜금모래빛은 1심 판결에서 일부승소함으로써 손해배상액을 ₩22,000으로 낮추는 판결을 얻었다. 이에 상대방인 원고가 항소하자, 변호사는 결과를 예측할 수 없다고 판단한다.

문

20×8.12.31. ㈜금모래빛의 재무상태표에 보고될 자산과 부채는 얼마인가?

10. ㈜익선(益善)이 20×8년 신제품을 출시하면서 각 연도의 매출에 대해 2년간 하자보증을 하기로 했다. ㈜익선은 매출연도에 발생한 하자보증원가는 당기 비용으로 처리하고, 매출 이후 2년간 발생 예측되는 하자보증원가는 하자보증채무로 처리한다. 하자보증원가는 매출 후 1년 이내 매출액의 3%, 매출 후 2년 이내 매출액의 4%가 발생할 것으로 예측된다. 20×8년, 20×9년의 매출액과 실제 하자보증원가가 다음과 같다.

	매출액	하자보증원가
20×8년	₩480,000	₩13,800
20×9년	570,000	21,200(20×8년 매출분 ₩12,000)

문

20×9.12.31. ㈜익선(益善)의 재무상태표에 표시될 제품(하자)보증채무는 얼마인가?

연습문제 해답

1. 사채유효이자 : 사채장부가치 ₩95,668×5%×6/12=₩2,392
사채현금이자 : 사채액면가 ₩100,000×4%×6/12=₩2,000
사채할인발행차금상각액은 두 수치의 차이(₩2,392－₩2,000=₩392)이다. 할인발행차금상각은 사채장부가치를 증가시키므로 보고될 사채가액은 ₩96,060(₩95,668+₩392)이다.

2. 이 증권의 취득원가는 ₩210,000(₩212,500－₩2,500)이다. ₩10,000의 사채할증발행차금은 (20×4.5.1.~20×8.7.1.)의 50개월간 정액(월할) 환입(상각)되므로, 20개월(20×4.5.1.~20×5.12.31.)의 환입(상각)액이 계상된다. 총 환입(상각)액은 ₩4,000이다(₩10,000×20÷50). 20×5.12.31. 재무상태표에 보고될 상각후원가측정금융자산 장부가치는 ₩206,000이다(₩210,000－₩4,000).

3. 사채상환손익은 사채장부가치와 상환지급한 현금액(₩100,000×99%=₩99,000)의 차이로 결정된다. 처음 사채할인발행차금은 ₩4,000이다. 사채할인발행차금은 20×4.1.1.에서 20×7.1.1.까지 3년(36개월)간 상각된다. 만기 5년이므로 상각액은 ₩2,400(₩4,000×3÷5)이다. 미상각잔액은 ₩1,600이고, 사채장부가치는 ₩98,400이다. 사채상환손실은 ₩600(₩99,000－₩98,400)이다. 매수자의 상각후원가측정금융자산처분이익과 같은 가액이다.

4. (1) 사채액면금액의 현가 ₩25,000×0.7473=₩18,683
사채액면이자의 현가 ₩25,000×0.05(연간 사채이자 지급액)×4.2124=₩5,266
사채발행가액 : ₩18,683+₩5,266=₩23,949

(2)

		차변	금액		대변	금액
㈜외침	(차)	현 금	23,949	(대)	사 채	25,000
		사채할인발행차금	1,051			
㈜들림	(차)	상각후원가측정 금융자산	23,949	(대)	현 금	23,949

(3)

		차변	금액		대변	금액
20×4.12.31.	(차)	사채이자비용	1,250	(대)	현 금	1,250
		사채이자비용	187		사채할인발행차금	187

사채유효이자 ₩23,949×0.06=₩1,437

20×5.12.31. (차) 사채이자비용 1,250 (대) 현 금 1,250
사채이자비용 198 사채할인발행차금 198
사채유효이자 ₩24,136(₩23,949 + ₩187) × 0.06 = ₩1,448

(4) 사채장부가치 : ₩23,949 + ₩187 + ₩198 = ₩24,334
(5) 사채상환손실 : ₩25,000 − ₩24,334 = ₩666

5. (1) 이자발생액 : ₩30,000 × 0.05 × 4 ÷ 12 = ₩500
사채할인발행액 : ₩30,000 × 0.95 = ₩28,500
현금수취액 : ₩29,000(₩500 + ₩28,500)
(2) (차) 현 금 29,000 (대) 사 채 30,000
사채할인발행차금 1,500 사채이자비용 500
사채할인발행차금 : ₩30,000 − (₩30,000 × 0.95) = ₩1,500

6. 사채유효이자 : ₩71,943 × 0.04 = ₩2,878
사채액면이자 : ₩70,000 × 0.05 = ₩3,500
사채할증발행차금 환입액 : ₩3,500 − ₩2,878 = ₩622
사채할증발행차금 미환입잔액 : ₩1,943 − ₩622 = ₩1,321

7. (1) ₩18,000(₩24,000 − ₩4,000 − ₩2,000)
(2) (차) 퇴직급여 18,000 (대) 현 금 15,000
선급퇴직급여 2,000
미지급퇴직급여 1,000

8. (1) 최종 퇴직금 액수 : ₩300,000 × 1.2763 × 0.1 × 5 = ₩191,445
(2) ₩191,445 ÷ 5 = ₩38,289(20×5년부터 20×9년까지 매년 적립할 할인 전 퇴직급여)
20×5.12.31.은 20×9.12.31.의 4년 전이므로 현가계수는 0.7921이 적용된다. 이후 연도도 동일한 근거로 각 연도에 맞는 현가계수가 적용된다.

20×5.12.31. 적립액 : ₩38,289 × 0.7921 = ₩30,329
20×6.12.31. 적립액 : ₩38,289 × 0.8396 = ₩32,147
₩30,329 × 0.06 = ₩1,820(20×5년 적립액의 20×6년 이자비용)
₩32,147 + ₩1,820 = ₩33,967

20×7.12.31. 적립액 : ₩38,289×0.8900 = ₩34,077
₩32,147×0.06 = ₩1,929(20×5년 적립액의 20×7년 이자비용)
₩32,147×0.06 = ₩1,929(20×6년 적립액의 20×7년 이자비용)
₩34,077 + ₩1,929 + ₩1,929 = ₩37,935

(분개)

20×5년 :	(차) 퇴직급여	30,329	(대) 퇴직급여채무	30,329
20×6년 :	(차) 퇴직급여	33,967	(대) 퇴직급여채무	33,967
20×7년 :	(차) 퇴직급여	37,935	(대) 퇴직급여채무	37,935

9. 소송 결과를 예측할 수 없어 자산, 부채의 추정이 어렵다. 자산, 부채 모두 ₩0이다. 소송 중인 사건을 주석으로 보고할 수는 있다.

10. 20×8년, 20×9년의 하자보증원가는 각각 매출액의 7%이다. 각 매출연도에 발생한 하자보증원가는 하자보증채무에 포함되지 않고 당기 비용으로 처리한다.

20×8년 매출액의 하자보증원가 발생예측치 : ₩480,000×0.07 = ₩33,600
20×9년 매출액의 하자보증원가 발생예측치 : ₩570,000×0.07 = ₩39,900
20×9.12.31.의 제품(하자)보증채무 : (₩33,600 + ₩39,900) − ₩12,000 = ₩61,500

제 12 장

ACCOUNTING

자 본

1. 자본의 의의
2. 주식회사 자본의 회계처리
3. 자본변동표의 예시
4. 주당순이익
5. 요 약

1990년대 말 우리나라는 외환부족, 회계부정으로 압축되는 경제위기인 IMF 구제금융 사태를 겪었다. 정부는 빈사상태의 국가경제를 살리기 위해 도산 직전의 기업에 공적자금을 투입했고, 국민들은 '금모으기 운동'에 자발적으로 참여하는 희생을 마다하지 않으면서 위기를 극복했다. 공적자금은 주로 산업은행 등 국책은행을 통해 각 기업에 투입되었으며, 국책은행은 해당 기업의 채권자로서 해당 기업을 관리하기도 했다. 한편, 자본시장을 통해 대거 유입된 외국자금이 우리 기업을 인수하거나 매수함으로써 기업 경영진이 바뀌는 사건이 심심치 않게 일어났으며, 현재에도 투기자본이 기업 주식을 매수해 회사 경영에 깊숙이 개입하고 주주 전체의 이익에 반하는 정책을 관철시키는 등 회사를 곤경에 빠뜨리는 일이 자주 일어난다.

회사 입장에서 공적자금은 어떤 의미이고, 위험성이 큰 외국자본은 무엇을 뜻하는가. 공적자금은 국가에 되갚아야 할 부채이지만, 주식매수를 통해 들어 온 외국자금은 주식소유주가 출연한 것이므로 자본에 해당한다. 자금 소유자가 보통주 주로서 투자한 것이 되며, 이런 의미에서 자본은 자금조달원천임과 동시에 기업소유권을 의미하기도 한다. 외국인이 자금을 회수해 국내시장을 이탈하면 주가하락, 외환부족 등의 부작용이 일어나고, 금융시장이 혼란에 빠질 위험이 존재한다.

자본은 회사 경영에 영향을 미치고, 주요 자금조달원천이라는 점에서 부채와 유사하나, 원리금 상환의무를 수반하는 부채와 달리 원금상환이나 배당지급이 강제되지 않는다. 회계에서 자본은 자산에서 부채를 차감한 나머지(순자산)를 뜻하며, 지분(회사소유권)이라고도 한다. 회계처리에서도 자본은 부채와 다르다.

자본의 회계처리는 개인기업, 조합기업, 주식회사기업에 따라 다르다. 이 장에서는 주식회사의 자본을 중심으로, 그 구성항목인 자본금, 자본잉여금, 자본조정, 기타포괄손익누계액, 이익잉여금 등에 대해 살펴보기로 한다.

1 자본의 의의

권리의무주체인 '인'은 사람을 뜻하는 자연인과 법에 근거한 법인으로 나뉜다. 조합은 2인 이상이 상호출자해 공동사업을 경영할 것을 약정함으로써 성립하며, 조합 자체는 법인격이 없고 조합원들이 공동으로 사업주체가 된다. 영리사단 법인인 회사는 출자자와 독립된 권리의무주체가 된다. 개인기업과 회사기업의 회계처리가 다를 수밖에 없는 이유이다. 상법은 합명회사, 합자회사, 유한회사, 유한책임회사, 주식회사를 규정하고 있는데, 주식회사의 비중이 압도적이다. 주식회사를 제외한 나머지 회사는 출자자들 간 특수관계를 전제로 하는 경우가 많아 자본의 회계처리도 주식회사와 달리 조합기업에 준해 이루어진다.

가. 개인기업, 조합기업의 자본

개인기업이나 조합기업도 영업활동에 자금이 필요하고, 조달된 자금은 부채 혹은 자본으로 회계처리된다. 개인과 조합의 차이는 2인 이상이 상호출자한 공동사업경영의 존부이다. 개인사업인 자영업은 특별한 자본회계처리가 필요치 않으며, 스스로 경영관리를 위해 회계기록을 하는 것은 별개의 문제이다. 조합기업에서 조합원 간 손익분배비율은 약정에 따르고, 약정이 없으면 출자비율에 의한다.

조합기업과 이에 준해 처리되는 합명회사, 합자회사, 유한회사, 유한책임회사의 자본 회계처리를 예시하도록 한다.

〈조합기업의 자본 회계처리 예시〉

- 나, 너, 저 3인이 20×8.2.9. 각각 ₩15,000, ₩20,000, ₩25,000의 현금을 출자해 법률·회계컨설팅 사무소를 개설했다.

(차) 현　금	60,000	(대) 나자본금	15,000
		너자본금	20,000
		저자본금	25,000

- 20×8.6.30. 당기순이익 ₩12,000을 조합원(회사원)끼리 나누고, ₩6,000은 현금 지급했다. 당기순이익 분배는 출자비율에 따른다.

(분 배)	(차) 집합손익	12,000	(대) 나자본금	3,000
			너자본금	4,000
			저자본금	5,000

(현금지급)	(차) 나자본금	1,500	(대) 현 금	6,000
	너자본금	2,000		
	저자본금	2,500		

- 출자자 '저'가 20×8.7.7. 탈퇴했다. 출자자가 탈퇴하면, 탈퇴지분을 정리하는 절차로서 탈퇴한 투자자의 자본금을 청산해야 한다.

(차) 저자본금	27,500	(대) 현 금	27,500

나. 주식회사의 자본항목

주식회사 자본항목은 자본금, 자본잉여금, 자본조정, 기타포괄손익누계액, 이익잉여금으로 나눌 수 있다.

(1) 자본금

자본금은 주식회사의 사원인 주주가 기여한 자금원천을 뜻하며, (발행주식총수×주당 액면가액)의 식으로 계산한다. 자본금에는 보통주자본금과 우선주자본금이 있다. 보통주는 종류주식을 발행할 때 기준이 되는 주식이며, 우선주는 보통주보다 배당순서에서 앞서는 주식으로서 주주총회 의결권이 제한된다. 배당 측면에서 참가적 우선주, 누적적 우선주가 있으나, 배당률이 보통주보다 높은 것은 아니며 주가도 대부분 보통주보다 낮다. 참가적 우선주는 우선주배당률로 배당받은 후 잔여이익이 있을 경우 보통주주와 함께 추가배당을 받는 우선주이고, 누적적 우선주는 우선주배당률(최저배당률)에 못 미치는 배당을 받은 경우 다음 영업연도 이후의 이익에서 전 연도 부족분을 배당받는 우선주를 말한다.

주식은 주주의 권리를 나타내며, 주식을 표창하는 유가증권이 주권이다. 주권은 증권시장(한국거래소)에서 거래된다.

(2) 자본잉여금

자본잉여금은 자본금을 초과해 주주가 출연한 가액을 뜻하는 주식발행초과금, 자본금의 축소과정에서 발생하는 감자차익, 자기주식처분이익 등이 있다. 주식발행초과금은 주식의 할증발행 시 나타나며, 예컨대 액면 ₩1,000의 주식을 ₩1,500에 발행하면 주당 ₩500의 주식발행초과금이 생긴다. 주식할인발행 시의 주식할인발행차금은 자본조정항목이다.

감자는 자본감소의 줄임말이며, 자본감소는 실질적 감자와 형식적 감자가 있다. 실질적 감자는 자본감소의 대가를 지급하는 감자이고, 형식적 감자는 자본감소의 대가를 지급하지 않는 감자이다. 감자는 자기주식을 소각하는 방식으로 이루어지는데, 시장에서 자기주식을 사들여 감자하면 실질적 감자가 되고, 주주로부터 주식을 무상으로 건네받아 소각하면 형식적 감자가 된다. 자기주식은 회사자체의 주식을 의미하며, 일시 보유했다 매각하면서 생기는 차익은 결국 주주가 기여한 자금에 해당하므로 자기주식처분이익은 자본잉여금에 속한다.

(3) 자본조정

실질적으로 자본감소에 해당하는 항목을 나타내며, 자기주식 보유가 대표적인 예에 해당한다. 자본조정은 임시로 존재한다. 자기주식은 회사 자체의 주식을 보유할 때의 주식을 말하며, 자본충실을 위해 자기주식 보유는 상법(기업법)상 제한된다. 자기주식을 보유하면 자기주식에 상당하는 자산이 회사 내에 존재하지 않기 때문에 그만큼 회사 자산액을 줄여 재무구조를 악화시키는 결과를 초래한다. 자기주식 외에 자기주식처분손실, 감자차손, 주식할인발행차금, 배당건설이자 등도 자본조정 항목에 해당한다. 자기주식처분손실은 자본조정, 자기주식처분이익은 자본잉여금 항목임을 유의해야 한다.

(4) 기타포괄손익누계액

포괄손익계산서에 보고되는 기타포괄손익은 재무상태표에 기타포괄손익누계액으로 기재된다. 기타포괄손익은 손익계산서의 당기순손익에 반영되지 않고 별도로 표시되며, 재무상태표에도 이익잉여금과 구분해 기재된다. 기타포괄손익누계액은 기타포괄손익인식금융자산평가손익, 유형자산재평가이익(잉여금), 외화재무제표환산손익 등 예외적, 일시적, 누적효과의 특성을 지닌 항목을 포함한다.

(5) 이익잉여금

영업활동이나 손익거래를 통해 실현된 당기순이익은 현금배당, 이익준비금(상법 제458조) 등 법정준비금 적립, 자본전환 등에 쓰이는데, 이렇듯 다 쓰이지 않고 회사 내에 쌓여 있는 금액이 이익잉여금이다. 유보이익(Retained earnings)이라고도 한다. 매 회계기간의 당기순이익은 먼저 미처분이익잉여금에 합산되었다가 현금배당 등 정해진 용도에 쓰이며, 남은 이익잉여금 잔액은 차기로 넘어간다. 이익잉여금은 배당의 원천으로, 이익잉여금이 없으면 배당(현금, 주식)을 할 수 없다.

복습문제

A. 주식회사의 자본금은 어떻게 계산하는가?

B. 주식회사의 자본항목을 설명하라.

2 주식회사 자본의 회계처리

주식회사 자본에 대한 회계처리 경우의 수는 가. 자본항목의 발생, 나. 자기주식의 취득과 처분, 다. 배당, 라. 자본전환으로 나누어 살펴볼 수 있다. 자본변동표 작성과 주당순이익 계산도 예시하기로 한다.

가. 자본항목의 발생

먼저, 자본금, 자본잉여금(주식발행초과금, 실질적 감자차익, 형식적 감자차익), 기타포괄손익누계액, 이익잉여금에 대해 발생 시의 회계처리를 살펴보고, 자본조정(자기주식)은 나.에서 따로 검토하기로 한다. 기타포괄손익누계액은 포괄손익계산서에서 기타포괄손익으로 보고되는 기타포괄손익인식금융자산의 평가손익, 유형자산 재평가모형에서 생긴 유형자산재평가이익 등으로 구성된다.

(1) 자본금, 주식발행초과금(자본잉여금)

거래와 회계처리를 예시하면 다음과 같다.

• ㈜석양빛이 보통주 100주(주당 액면가 ₩1,000), 우선주 50주(주당 액면가 ₩1,000)를 공모해, 보통주는 주당 ₩1,500, 우선주는 주당 ₩1,200에 발행했다. 주금(주주가 되기 위해 납입하는 금액)은 현금으로 납입받았다. 주금납입은 금전(현금)출자가 원칙이나 필요에 따라 현물출자(예 : 토지)가 이루어지기도 한다.

(차) 현금(토지)	210,000	(대) 보통주자본금	100,000
		보통주주식발행초과금	50,000
		우선주자본금	50,000
		우선주주식발행초과금	10,000

(2) 감자차익(자본잉여금)

거래와 회계처리를 예시하면 다음과 같다.

• 앞 예의 ㈜석양빛이 주주총회 의결을 거쳐 ₩1,500에 할증발행된 액면가액 ₩1,000의 자기보통주식 50주를 ₩900에 매수해 소각했다(실질적 감자).

(차) 보통주자본금	50,000	(대) 현 금	45,000
보통주주식발행초과금	25,000	감자차익	30,000

• 앞 예의 ㈜석양빛이 종류(우선)주주총회 의결을 거쳐 우선주주로부터 자기우선주식 20주를 증여받아 이월결손금 ₩19,000을 보전했다(형식적 감자).

(차) 우선주자본금	20,000	(대) 이월결손금	19,000
우선주주식발행초과금	4,000	감자차익	5,000

(3) 기타포괄손익누계액

거래와 회계처리를 예시하면 다음과 같다.

- 앞 예의 ㈜석양빛이 보유하는 증권형 유가증권(기타포괄손익인식금융자산)의 공정가치가 20×7.12.31. ₩15,000에서 20×8.12.31. ₩19,000으로 상승했다.

(20×8.12.31.)	(차) 기타포괄손익인식 금융자산	4,000	(대) 기타포괄손익인식 금융자산평가이익 (기타포괄손익누계액)	4,000

(4) 이익잉여금

거래와 회계처리를 예시하면 다음과 같다.

- 앞 예의 ㈜석양빛이 당기순이익 ₩88,000을 장부마감을 통해 이익잉여금 계정에 대체했다.

(차) 집합손익	88,000	(대) 이익잉여금	88,000

나. 자기주식의 취득과 처분

자기주식(Treasury stock)은 자본조정항목이며, 자본감소로 처리된다. 자기주식 회계처리방법은 원가법과 액면가액법이 있는데, 자주 쓰이는 원가법을 사용해 회계처리를 예시하도록 한다.

- ㈜석양빛이 액면가 ₩1,000인 자기주식(보통주) 50주를 주당 ₩1,600에 현금매수했다가, 2개월 후 20주를 주당 ₩1,700에 현금매각했다.

(매수시점)	(차) 자기주식	80,000	(대) 현 금	80,000
(매각시점)	(차) 현 금	34,000	(대) 자기주식	32,000
			자기주식처분이익 (자본잉여금)	2,000

- ㈜석양빛이 주당 ₩1,600에 매수한 나머지 자기주식 30주를 매수 후 3개월 시

점에서 주당 ₩1,300에 매각했다.

(차) 현 금	39,000	(대) 자기주식	48,000
자기주식처분이익	2,000		
자기주식처분손실	7,000		

(자기주식처분손실은 비용항목이 아닌 자본조정항목이며, 자기주식처분이익과 상쇄되고 남은 잔액은 미처분이익잉여금에 의해 보전된다)

다. 배 당

회사가 창출한 이익을 사원인 주주에게 분배하는 것이 배당이며, 회사는 성립하면서부터 이익배당을 전제한다(이익배당이 강제되는 것은 아니다). 이익잉여금을 재원으로 하는 배당은 현금배당(Dividends)과 주식배당(Stock dividends)이 있으며, 이익잉여금이 없는 배당은 있을 수 없다. 주식배당은 주식발행수를 늘리기 때문에 주식분할이라는 견해도 있으나, 이익잉여금을 원천으로 하고 자본금을 증가시키기 때문에 배당에 속한다. 보통주 거래에 대한 회계처리를 예시하면 다음과 같다.

• ㈜석양빛이 20×8.12.31. 주주총회에서 발행주식(자기주식 제외) 보통주 100주에 대해 주당 ₩100의 현금배당과 주당 ₩200의 주식배당을 의결하고, 20×9.3.5. 배당을 지급했다. 주당 액면가는 ₩1,000이고, 배당에 쓰이는 이익잉여금은 확보된 상태이다.

(20×8.12.31.)	(차) (미처분)이익잉여금	10,000	(대) 미지급배당금	10,000*
	(미처분)이익잉여금	20,000	(대) 미교부주식배당금	20,000**
	* (100주×₩100)			
	** (100주×₩200)			
(20×9.3.5.)	(차) 미지급배당금	10,000	(대) 현 금	10,000
	미교부주식배당금	20,000	자본금	20,000

라. 자본전환

이익잉여금이 아닌 주식발행초과금이나 감자차익(자본잉여금)을 자본금으로 대체할 수 있고, 우선주나 전환사채를 보통주 자본금으로 전환할 수도 있다. 이때는 차변에 주식발행초과금, 감자차익, 우선주자본금, 전환사채 등의 감소를 기록하고, 대변에 같은 액수로 자본금의 증가를 인식한다.

3 자본변동표의 예시

자본변동표(Statement of changes in stockholders' equity)는 회계기간 중의 자본항목 변화내역을 나타내는 회계보고서로서 기본재무제표에 해당한다. 임의의 수치를 기입해 자본변동표를 예시하면 <도표 12-1>과 같다.

<도표 12-1>에서 보면, ㈜석양빛의 자본금과 자본잉여금이 20×7년 중 각각 ₩45,000, ₩1,700 증가했음을 알 수 있다. 자본금 증가는 유상증자(예: 주식공모)로 인한 것이고, 자본잉여금 증가는 유상증자에 따른 주식발행초과금 ₩1,200과

〈도표 12-1〉 자본변동표

자본변동표

㈜석양빛 20×7.1.1.~20×7.12.31. (단위: 원)

구분	자본금	자본잉여금	자본조정	기타포괄손익 누계액	이익잉여금	합계
20×7.1.1.	₩150,000	₩6,000	₩(3,000)	₩7,000	₩37,000	₩197,000
배당금					(9,000)	(9,000)
처분후이익잉여금					₩28,000	₩188,000
유상증자	45,000	1,200				46,200
당기순이익					15,000	15,000
자기주식처분			2,000			2,000
자기주식처분이익		500				500
기타포괄손익인식 금융자산평가이익				900		900
20×7.12.31.	₩195,000	₩7,700	₩(1,000)	₩7,900	₩43,000	₩252,600

자기주식처분이익 ₩500으로 인한 것이다. 자본조정 항목인 매수원가 ₩2,000의 자기주식을 ₩2,500에 처분함으로써 자본조정이 ₩3,000에서 ₩1,000으로 감소하고 자본잉여금(자기주식처분이익)이 ₩500 증가한 부분도 보고되어 있다. 기타포괄손익누계액의 증가(₩900)는 기타포괄손익인식금융자산평가이익을 반영하고 있으며, 20×7년의 배당금과 당기순이익이 각각 ₩9,000, ₩15,000인 점도 파악할 수 있다.

4 주당순이익

자본(지분)의 경제가치는 증권시장에서 결정된다. 주식가치를 평가할 때 투자자는 회사 보통주 1주당 당기순이익(주당순이익)을 따져보는 것이 유익하다. 보통주 1주당 당기순이익(Earnings per share : EPS)은 당기순이익을 발행・유통되는 보통주식수로 나눈 수치이다. 유통되는 발행주식수는 주식발행 후 유통된 개월수를 가중치로 고려해 산출한다(가중평균발행주식수). 유통기간이 1년 미만인 주식에 1년간 실현된 당기순이익을 적용해 산출된 보통주 1주당 당기순이익은 과대평가된 수치이기 때문이다.

예컨대, ㈜석양빛의 보통주식 100주가 20×8년 중 6개월간 유통되었고(20×8. 7.2. 발행), 보통주식 50주는 12개월간 유통되었다면(20×8.1.2. 발행), 20×8년의 가중평균 유통주식수는 100주{(100주×6÷12)+(50주×12÷12)}이다. 이 경우 20×8년의 당기순이익이 ₩15,000일 때 보통주 1주당 당기순이익은 ₩150이 된다.

보통주 1주당 당기순이익의 계산에는 우선주식수가 제외된 발행주식수와 우선주배당금이 차감된 당기순이익 수치가 쓰인다. 보통주주에게 이용가능한 순이익은 당기순이익에서 우선주배당금을 뺀 가액이기 때문이다. 회계기간 동안 전환주식이 있으면, 이 주식도 유통주식에 포함시켜 보통주 1주당 당기순이익을 계산한다.

복습문제

A. 주당 액면가 ₩1,000의 보통주 10주를 ₩15,000에 발행한 회사의 분개를 하라.

B. 자본조정의 의미를 설명하라.

C. 현금배당과 주식배당의 차이는 무엇인가?

D. 자기주식의 뜻과 자본으로서의 성격을 설명하라. 자기주식은 재무상태표 계정인가?

E. 자기주식처분손익은 자본에서 어떤 의미를 가지는가?

F. 전환사채의 액면가액 ₩2,000이 전액 자본전환될 때 재무상태표에 나타나는 변화를 설명하라.

G. 보통주 1주당 당기순이익을 구하는 산식을 설명하라. 그 이유는 무엇인가?

5 요 약

부채와 자본은 기업의 자금조달원천이라는 공통점을 지니지만, 회계는 부채와 자본을 구별한다. 부채자금조달원가인 이자는 비용항목이고, 주주에 지급하는 배당금은 이익잉여금 감소항목이다. 부채는 원리금상환의무를 수반하는 반면, 자본은 원금상환의무가 없을 뿐만 아니라 배당도 기업이 상황에 따라 지급 여부를 임의로 결정할 수 있다. 한편, 전환사채는 자본 전환가능성을 띠므로 부채와 자본의 특성을 같이 지닌다.

자본회계는 주식회사를 중심으로 이루어지며, 자본금, 자본잉여금, 자본조정, 기타포괄손익누계액, 이익잉여금에 대한 회계처리가 주된 내용을 형성한다. 자본금은 보통주자본금, 우선주자본금으로 구성되고, 자본금을 초과해 주주가 기여한 가액을 자본잉여금이라고 한다. 자본조정은 일시 발생한 자본감소항목을 나타내는 부분이며, 기타포괄손익누계액은 포괄손익계산서의 기타포괄손익항목과 연결되는 재무상태표 계정이다. 이익잉여금은 손익계산서와 재무상태표를 연결하는 계정으로, 아직 쓰이지 않고 회사 내에 쌓여 있는 누적순이익을 뜻한다.

보통주 1주당 당기순이익은 투자자가 특정 회사의 주식가치를 판단하는 데 유용한 역할을 한다.

주요용어

- 자본금 : 주식회사의 사원인 주주가 기여한 자금원천을 뜻하며, (발행주식총수×주당 액면가액)의 식으로 계산한다. 보통주자본금과 우선주자본금이 있다.
- 자본잉여금 : 자본금을 초과해 주주가 출연한 가액을 뜻한다. 자본잉여금에는 주식발행초과금, 자본금의 축소과정에서 발생하는 감자차익, 자기주식처분이익 등이 있다.
- 자본조정 : 실질적으로 자본감소에 해당하는 항목을 나타내며, 자기주식이 대표적인 예에 해당한다. 자본조정은 임시로 존재한다.
- 자기주식 : 회사가 자기회사 자체의 주식을 보유할 때의 주식을 말하며, 자본충실을 위해 자기주식 보유는 상법(기업법)상 제한된다. 보유한 자기주식에 상당하는 자산이 존재하지 않기 때문이다.
- 기타포괄손익누계액 : 포괄손익계산서에 보고되는 기타포괄손익 항목은 재무상태표에 기타포괄손익누계액 항목으로 기재된다.
- 이익잉여금 : 당기순이익 중 다 쓰이지 않고 회사 내에 쌓여 있는 금액이 이익잉여금이다. 유보이익이라고도 한다.
- 배당 : 회사가 창출한 이익을 사원인 주주에게 분배하는 것이 배당이며, 회사는 성립하면서부터 이익배당을 전제한다. 현금배당과 주식배당이 있으며, 이익잉여금이 없는 배당은 있을 수 없다.
- 자본변동표 : 회계기간 중의 자본항목 변화내역을 나타내는 회계보고서로서 기본재무제표에 해당한다.
- 보통주 1주당 당기순이익(EPS) : 당기순이익을 유통되는 보통발행주식수로 나눈 수치이다. 유통되는 발행주식수는 주식발행 후 유통 개월수를 가중치로 고려해 구한다. 유통기간이 1년 미만인 주식에 1년간 실현된 당기순이익을 적용해 산출된 보통주 1주당 당기순이익은 과대평가된 수치이기 때문이다.

연습문제

1. ㈜인왕(仁旺)이 20×7.5.4. 주당 액면 ₩1,000의 보통주식 100주를 주당 ₩1,200, 주당 액면 ₩500의 우선주식 50주를 주당 ₩550으로 발행했다.

문

(1) ㈜인왕의 보통주자본금, 우선주자본금, 보통주주식발행초과금, 우선주주식발행초과금을 산정하라.

(2) ㈜인왕의 20×7.5.4. 자본거래를 분개하라.

2. ㈜백련이 20×8.10.24. 주당 액면 ₩1,000의 자기주식 33주를 주당 ₩1,800에 매수하고, 20×9.3.19. 23주를 주당 ₩1,950에 현금매각했다. 자기주식의 취득과 처분은 원가법에 의해 회계처리한다.

문

(1) ㈜백련의 20×9.3.19. 거래에 대해 분개하라.

(2) 20×9.3.19. 거래로 나타나는 ㈜백련의 자본증(감)액은 얼마인가?

3. 20×8년 ㈜구곡(九谷)이 매수가액 ₩5,500(액면가 ₩2,000)인 자기주식을 유동자산으로 처리한 상태에서 자본금 ₩77,000, 이익잉여금 ₩13,000을 보고했다. 자기주식은 원가법을 적용한다.

문

오류수정 후 ㈜구곡이 20×8년 재무상태표에 보고할 자본합계는 얼마인가?

4. ㈜토왕(土旺)이 20×9.3.15. 주주총회에서 발행보통주식수 1,000주의 7%(배당기준일의 시가 기준)에 대해 주식배당을 의결했다. 주식배당은 배당결의일로부터 40일 후(20×9.4.24.)에 이루어진다. 주식의 액면가는 주당 ₩1,000이고, 배당기준일의 시장가는 주당 ₩2,300이다. 주식배당에 필요한 이익잉여금은 확보되었다.

문

(1) 20×9.4.24. ㈜토왕의 회계처리를 보여라.

(2) ㈜토왕의 20×9.3.15. 거래에서 미지급배당금이라는 계정이 등장하는가?

5. ㈜상이(上耳)의 20×8, 20×9년 보통주자본금, 우선주자본금 자료가 다음과 같다.

보통주 : 주당 액면가 ₩1,000, 2,000주 발행, 유통 ₩2,000,000

우선주 : 주당 액면가 ₩500, 1,000주 발행, 유통 ₩500,000

㈜상이의 20×9년 당기순이익은 ₩900,000이다. ㈜상이의 20×8년 우선주배당금은 ₩0이고, 20×9년 우선주배당금은 ₩100,000이다.

문

20×9년 ㈜상이의 포괄손익계산서에 보고할 보통주 1주당 당기순이익(EPS)은 얼마인가?

6. ㈜향적(響積)이 20×7.1.1.~20×8.12.31. 보통주 500주를 발행·유통했고, 20×8.10.2. 보통주 100주와 우선주 150주를 발행·유통시켰다. 20×8년 ㈜향적의 당기순이익이 ₩110,000이고, 20×8년 우선주배당금은 ₩5,000이다.

문

(1) 20×8년 ㈜향적의 발행·유통된 가중평균 보통주식수는 얼마인가?

(2) 20×8년 ㈜향적의 보통주 1주당 당기순이익(EPS)은 얼마인가?

7. 20×8.12.31. 발행 · 유통되는 ㈜첫포부의 보통주식수는 2,700주이며, 20×9년 주식발행 · 유통에 대한 ㈜첫포부의 자료는 다음과 같다. 물음에 답하라.

20×9.1.18.	보통주 발행주식수의 12% 주식배당을 의결했다.
20×9.1.21.	보통주 발행주식수의 12% 주식배당을 실행했다.
20×9.6.15.	보통주 자기주식 530주를 매수했다.
20×9.7.7.	우선주식 330주를 발행 · 유통했다.
20×9.8.25.	보통주 자기주식 330주를 매각했다.
20×9.12.7.	보통주에 대해 3 대 1의 주식분할을 했다.

문

20×9.12.31. 발행 · 유통되는 ㈜첫포부의 단순 보통주식수는 얼마인가?

8. 전년도 사채이자 현금지급과 사채할인발행차금상각이 끝난 시점인 20×8.1.1. ㈜배시시는 액면 ₩20,000의 전환사채를 자본전환했다(주당 액면가 ₩1,000, 15주). 사채 장부가치는 ₩19,000, 사채 시장거래가액은 ₩20,500, 주당 시장거래가액은 ₩3,000이다.

문

장부가치법에 의할 때 사채의 자본전환에 따른 ㈜배시시의 자본잉여금은 얼마인가? 장부가치법은 장부가치대로 계상하기 때문에 전환손익이 발생하지 않는다.

연습문제 해답

1. (1) 보통주자본금 : ₩1,000 × 100주 = ₩100,000
   우선주자본금 : ₩500 × 50주 = ₩25,000
   보통주주식발행초과금 : (₩1,200 − ₩1,000) × 100 = ₩20,000
   우선주주식발행초과금 : (₩550 − ₩500) × 50 = ₩2,500

   (2)

(차) 현 금	147,500	(대) 보통주자본금	100,000
		보통주주식발행초과금	20,000
		우선주자본금	25,000
		우선주주식발행초과금	2,500

2. (1)

(차) 현 금	44,850	(대) 자기주식	41,400*
		자기주식처분이익 (자본잉여금)	3,450

   * (23주 × ₩1,800 = ₩41,400)

   (2) 자본증가액 ₩44,850(자본잉여금 증가 ₩3,450 + 자본조정(자기주식) 감소 ₩41,400)

3. 자본금 ₩77,000 − 자본조정(자기주식) ₩5,500 + 이익잉여금 ₩13,000 = ₩84,500

4. (1)

(차) 미교부주식배당금	161,000*	(대) 보통주자본금	70,000
		보통주주식발행초과금	91,000

   * (1,000주 × 0.07 × ₩2,300 = ₩161,000)

   (2) 외부로 현금이 지출되는 현금배당이 아니므로 미지급배당금은 없다.

5. (₩900,000 − ₩100,000) ÷ 2,000주 = ₩400(보통주 1주당 당기순이익)

6. (1) 500주 + (100주 × 3 ÷ 12) = 525주
   발행주식의 유통 개월수를 가중치로 고려한 보통주식수를 구해야 한다.
   (2) EPS : (₩110,000 − ₩5,000) ÷ (500주 + 100주 × 3 ÷ 12) = ₩200

7. (2,700주 + 2,700주 × 0.12 − 530주 + 330주) × 3 = 8,472주

8. (차) 사 채 20,000 (대) 사채할인발행차금 1,000
자본금 15,000
자본잉여금 4,000

참고문헌

심재영, "정부회계의 개념체계 정립에 관한 연구", 한국방송통신대학교 KNOU 논총 제60집(2015. 8.), pp. 35 – 58.

오용규 · 김갑룡, 비교회계이론, 신론사(2016).

이정호, 현대회계이론, 경문사(1990).

이정호, 회계원리, 경문사(1996).

정찬형, 상법강의요론, 박영사(2018).

최기원, 기업법개설, 박영사(2010).

홍승범 · 이정호 공역, 관리회계, 경문사(1997).

Antle & Garstka, *Financial Accounting*(2nd Edition), Thomson(2004).

찾아보기(Index)

[ㄱ]
가수금 224
가중평균발행주식수 348
가중평균법 244
가지급금 224
가치감소 252
간접법(Indirect method) 143, 148
간접법 현금흐름표 152
감가상각 289
감가상각비 6, 78
감가상각비(Depreciation) 계상 288
감자차익 342
강제통용력 136
개발비 299
개별법 243
개인기업 340
거래(Transaction) 18, 30
거래의 이중성 19
건설자금이자 285
경영성과 5
경제가치 5, 28
경제순환구조 10
경제주체 10
계속기록법 238
계속재고법(Perpetual inventory systems) 105, 238
계정 45
계정마감 116
계정식 84
공정가치(Fair value) 14, 29, 243
과세표준 11
관계기업투자주식 265, 271
관계기업투자(지분법)이익 271
관계기업투자주식 장부가치 271
관계기업투자주식처분(양도)이익 273
관리회계 6, 95
국제회계기준 27
권리의무주체 339
권리주 286
금융감독원 7
금융부채 313
금융위원회 7
금전납입 286
금전채권 207, 215
금전(현금)출자 344
기간 95
기간보고 96
기간비용 79
기계감가상각누계액 115
기말재고법(Periodic inventory systems) 105, 238
기말재공품원가 250
기업 11
기업어음 224
기초재공품원가 250
기타포괄손익 342
기타포괄손익누계액 343
기타포괄손익인식금융자산 265
기타포괄손익인식금융자산처분(양도)이익 272
기타포괄손익인식금융자산평가손익 269, 343
기타포괄손익항목 349
기회원가 237

[ㄴ]
나이(미회수기간)계산법 216
내부거래 102
내부거래 인식 101
내부통제 174
내용연수 288
누적적 우선주 341

[ㄷ]
다단계 손익보고 83, 108, 116
단리이자 183
단순평균법 244, 246
단일 현금흐름 182
당기손익인식금융자산 46, 265
당기손익인식금융자산처분(양도)이익 272
당기손익인식금융자산평가손익 269
당기순이익 116
당기총포괄손익 82, 83, 116
당좌거래 176
당좌수표 136, 175, 265
당좌수표의 지급거절 180
당좌예금 173
당좌차월 176
대변(Creditor) 19
대손상각비 6, 216
대손충당금 115, 215, 218
대손확정 217
대응(Matching) 78
대차대조표 43
대체원가(Replacement cost) 14, 243
동태보고서 84

[ㅁ]
매가환원법 249
매각 300
매매계약 해제 177
매입에누리및환출 103
매입채무 50, 207
매입할인 103
매출(Sales) 77
매출수익 76
매출액비율법 216
매출에누리및환입 103
매출원가(Cost of goods sold) 78, 105, 238, 239
매출채권 207
매출총손익 116
매출총이익률법 249
매출할인 103
무이자부어음 220
무형자산 48, 283, 298
무형자산의 가치상각(Amortization) 298
물가상승률 324
미래 경제효익의 창출능력 44
미상각잔액 290
미소멸원가 14
미수금 212
미수수익 212
미수이자 213
미수채권 212
미수항목 31
미실현수익(Unearned revenues) 268
미지급금 50, 209
미지급배당금 51
미지급비용 50, 209
미지급퇴직급여 324
미지급항목 31
미착상품 254
미처분이익잉여금 343
미회수기간(나이계산) 216

[ㅂ]
받을어음 45, 207, 220
발생주의(Accrual basis) 30

발생주의 회계(Accrual accounting) 79
배당 343
배당금수익 267
법인세비용 83
법인세비용차감전순손익 83, 116
법인세비용차감전순이익 83, 116
법인세효과후기타포괄손익 83
변화량(Flow) 8
변화량보고서 84
보고식 84
보수주의 243
보조 개념 22
보충법 218
보통주 1주당 당기순이익(EPS) 348
보통주자본금 55, 341
복리이자 183
복식부기 15
복식부기시스템 12
부도위험 313
부채(Liabilities) 5, 7, 21, 44, 50, 313
부채비율 62, 328
부채증가 75
분개 19, 59, 96, 98
분개의 기본원리 26, 29
분개장 59
분식회계 7, 13
비금융부채 313
비영리회계기준 16
비영리 회계주체 16
비용(Expenses) 5, 21, 78
비용발생 23
비유동부채(Non-current liabilities) 50, 313
비유동자산(Non-current assets) 44, 283
비유동채권 207
비유동항목 50

[ㅅ]
사외적립자산 325
사용가능가치 292
사채 52
사채상환손익 80
사채액면이자율 186
사채이자 270
사채이자수익 270
사채할인발행 187
사채할인(할증)발행차금 270
사채할인발행차금 미상각잔액 319
사채할인발행차금 상각표 318
사채할증발행 187
사채할증발행차금 미환입잔액 321
사채할증발행차금 환입(상각)표 321
상각률 288
상각후원가측정금융자산 265, 317
상각후원가측정금융자산의 가치평가과정 322
상각후원가측정금융자산처분(양도)이익 273
상업어음(진성어음) 220
상표권 48
상호권 48
생산경제주체 10
생산량비례법 289
선급금 210
선급보험료 46, 79
선급비용(Prepaid expenses) 46, 210
선급임차료 46, 79
선급채권 210
선급퇴직급여 324
선급항목 31
선수금 213
선수매출수익 76
선수수익 51, 213
선수채무 213
선수항목 31
선입선출법(First in, first out) 13, 244, 245

성장가능성 5
세무회계 17
소멸원가 14
소비경제주체 10
소액현금 174
소유권(물권) 253
소유주 54
손익(영업)거래 18, 80, 208
손익계산서(Income statement) 8, 75
손익분배비율 340
수량감소 252
수익(Revenues) 5, 21, 75
수익실현 23
수익인식기준(관습) 77
수익인식시점 77
수익적지출 288
순손실 24, 80
순실현가능가치(Net realizable value) 14, 243, 292
순이익 24, 80
순자산 29, 54
시가주의 14
시산표(Trial balance) 61
시송품 254
시장가치율(Market-to-book ratio) 187
시장성 265
시장이자율 185, 186
신용거래 174
실용신안권 48
실지재고조사법 238
실질구매력 173
실질적 감자 342
실체변경 297

[ㅇ]

암호(가상)화폐 136, 173
액면가액법 345
액면발행 314
약속어음 220
어음 265
어음할인 222
연금 현금흐름 184
연령분석법 216
영구계정(Permanent accounts) 75, 101, 116, 118
영리사단법인 11, 16, 340
영리 회계주체 16
영업권 48, 299
영업활동(Operating activities) 9, 142
예금 173
예금이자수익 179
예수금 224
오류수정 101
외부 이해관계인 17
외상매입금(Accounts payable) 50, 207
외상매출금(Accounts receivable) 45, 76, 207, 215
외상매출금 매각(Factoring) 219
외환(외국화폐) 173
용역잠재력(Service potentials) 21, 44
우발채무 327
우선주자본금 55, 341
운전자본 62
원가(Costs) 11, 239
원가－편익 31
원가경쟁력 11
원가모형 292
원가법 345
원가회계정보 11
원재료 237
유가증권 265
유동부채(Current liabilities) 50
유동비율 62
유동성(Liquidity) 44, 173

유동성배열법 44, 108
유동자산(Current assets) 44
유동채권 207
유동항목 50
유보이익(Retained earnings) 343
유상증자 347
유통되는 발행주식수 348
유한책임회사 340
유한회사 340
유형자산 47, 283
유형자산 매각손익 80
유형자산재평가이익 343
유효이자율 320
유효이자율법 318, 319
융통어음 223
은행계정조정표 178
은행수수료 179
이동평균법 244, 247
이월시산표 96
이익(Income) 21
이익잉여금 7, 24, 55, 343
이익획득(영업)활동 18
이자보상비율 328
이자부어음 220
이자비용 77
이자율위험 313
인 339
인식(Recognition) 10
인플레이션 246
일반분개장(General journal) 97
일반적으로 인정된 회계기준(Generally Accepted Accounting Principles : GAAP) 26
임시계정(Temporary accounts) 75, 82, 101, 116, 118

[ㅈ]

자기앞수표 136
자기주식(Treasury stock) 342, 345
자기주식처분손실 342
자기주식처분이익 342
자본(Equities) 5, 7, 21, 44, 54, 339
자본감소 75
자본거래 18, 80, 208
자본금 7, 341
자본변동표(Statement of changes in stockholders' equity) 9, 347
자본잉여금 7, 342
자본적지출 288
자본전환 347
자본조달활동 18
자본조정 342
자산(Assets) 5, 7, 21, 44
자산감소 75
잔액시산표 100
잔여재산분배청구권 56
잔존가치 288
장기어음 284
장기할부구입 284
장기할부지급어음(미지급금)의 현재가치 285
장부가치 6, 12, 29
장부기입(Bookkeeping) 97
재고관리원가 237
재고자산 46, 237
재고자산감모손실 252
재고자산 평가오류의 자동조정(상쇄) 253
재고자산회전율 255
재공품 237
재무건전성 5
재무레버리지(Financial leverage) 효과 313
재무상태 7
재무상태표(Balance sheet) 7, 43, 44
재무제표 6, 43
재무제표일 95
재무활동(Financing activities) 9, 141

재무회계 6, 95
재평가모형 292
저가주의 13, 46, 243
저장량(축적량)보고서 57
적송품 254
적시시스템 237
전기(Posting) 59, 96, 98, 99
전환사채 347
정률법 289
정보 5
정보시스템 5
정보이용자 5
정보제공기능 15, 30
정산표 96, 120
정액법 289, 318
정책변경 298
정태보고서 57
제4차 산업혁명 283
제조기업 250
제품제조원가 239
조정(Adjustment) 100
조정경제주체 10
조정분개 179
조정(수정)전 시산표 96
조정(수정)후 시산표 61, 96, 108
조합 339
조합기업 340
존속기간 298
종류(우선)주주총회 344
주가이익(수익)비율(Price-earnings ratio) 187
주당순이익(Earnings per share) 348
주된 개념 22
주문원가 237
주식 265, 341
주식공모 286
주식발행초과금 342
주식배당(Stock dividends) 141, 346
주식분할 141
주식회사 27, 340
지급어음 50, 207, 220
지분 339
지분법 271
지속(생존)가능성 5
직접법(Direct method) 143
직접법 현금흐름표 147
질권설정 136

[ㅊ]
차변(Debtor) 19
참가적 우선주 341
채권수익률 317
청산 95
체감상각법 290
총계정원장(General ledger) 59, 98, 99, 241
총액법 218
총평균법 244, 248
추정변경 298
축적량(Stock) 7
출자비율 340
출판권 48
충당부채 327
취득원가 6, 12, 29, 288
취득원가주의 14
측정기능 15

[ㅌ]
타인자본비용(이자비용) 313
토지 48
토지손상차손누계액 292
통제계정 241
퇴직급여 324
퇴직급여채무 52, 313, 324
투기자본 339
투자활동(Investing activities) 9, 141

특허권 48, 298
특허권처분이익 80

[ㅍ]
판매가능액 106
판매가능한 재고자산 238
팩토링(Factoring) 219
평균법 13, 244
평균임금상승률 324
포괄손익계산서 24

[ㅎ]
하자보증채무 53
한국채택국제회계기준 27, 82
할부판매 254
할인 103
할인발행 315
할인율 185, 320
할증발행 316, 344
합계잔액시산표 100
합명회사 340
합자회사 340
해산 95
해외주체 10
해제 215
해지 215
현금(Cash) 45, 135, 136, 173
현금거래 174
현금과부족 계정 180
현금및현금성자산 144
현금배당(Dividends) 346
현금성자산 173
현금유입 없는 수익 153
현금유출 없는 비용 153
현금주의(Cash basis) 30
현금주의 회계 79
현금창출능력 21, 44
현금흐름의 미래가치(Future value) 182
현금흐름의 현가계산 316
현금흐름의 현재가치(Present value) 182, 184
현금흐름표(Statement of cash flows) 8, 135, 141
현물출자 286, 344
현재가치할인차금 285
형식적 감자 342
화폐경제시대 207
확정급여형 퇴직급여 325
확정기여형 퇴직급여 324
환어음 220
회계(Accounting) 5
회계가치 5, 28
회계객체(거래) 15
회계관습 6, 26
회계기간 95
회계기준(원칙) 6, 26
회계변경 297
회계순환(Accounting cycle) 96
회계언어 15
회계의 기본 5개념 18, 20
회계이론 28
회계정보 5, 6
회계주체 5, 15
회계항등식(Accounting equation) 25, 54
회사채(Bonds) 265, 314
후입선출법(Last in, first out) 13, 244, 245

* * *

IMF 구제금융 339
T-계정 59

저자소개

홍승범(洪承範)

서울대학교 경영대학 경영학과 졸업(경영학사)
서울대학교 대학원 경영학과 졸업(경영학 석사, 경영학 박사)
한국공인회계사
미국공인회계사 시험합격
현, 덕성여자대학교 사회과학대학 회계학과 교수

저술 : 관리회계(공역, 경문사, 1997)
"경영통제시스템의 변화와 그 요인" 등 논문 다수

IFRS 기초회계학

2021년 1월 10일 초판 2쇄 인쇄
2021년 1월 15일 초판 2쇄 발행

저 자 홍승범
발행인 김광범
발행처 도서출판 시대가치
주 소 서울특별시 마포구 토정로 222, 422-1호(한국출판콘텐츠센터)
전 화 02)3152-2620
팩 스 02)6442-2621
등 록 2017년 3월 23일 제2018-000088호
이메일 timepub2017@gmail.com

ISBN 979-11-89607-12-8 93320

정가 26,000원

이 도서의 국립중앙도서관 출판예정도서목록(CIP)은 서지정보유통지원시스템 홈페이지(http://seoji.nl.go.kr)와 국가자료종합목록 구축시스템(http://kolis-net.nl.go.kr)에서 이용하실 수 있습니다. (CIP제어번호 : CIP2019023445)